Conserver avec
couverture

706

LA

FRANCE ET L'ITALIE

DEVANT L'HISTOIRE

DU MÊME AUTEUR

LIBRAIRIE CHARPENTIER ET FASQUELLE

Voyage en Orient	2 vol.
Les Récidivistes, 2ᵉ édition	1 —
Le ministère Gambetta, 2ᵉ édition	1 —
La Logique parlementaire	1 —
La Politique opportuniste	1 —
Les Manœuvres de l'Est, 4ᵉ édition	1 —
Discours et Plaidoyers de Gambetta	11 —
Dépêches de la délégation de Tours-Bordeaux	2 —

LIBRAIRIE FÉLIX ALCAN

Léon Gambetta, 1 volume petit in-18 de la *Bibliothèque utile*.
Broché 60 cent.; cartonné à l'anglaise . . . . 1 fr.

LIBRAIRIE HACHETTE ET Cⁱᵉ

Essais de littérature et d'histoire . . . . 1 vol.

LIBRAIRIE HAVARD

Les petites Catilinaires . . . . 3 vol.

JOSEPH REINACH

DÉPUTÉ

LA

FRANCE ET L'ITALIE

DEVANT L'HISTOIRE

PARIS
ANCIENNE LIBRAIRIE GERMER BAILLIÈRE ET Cie
FÉLIX ALCAN, ÉDITEUR
108, BOULEVARD SAINT-GERMAIN, 108
—
1893
Tous droits réservés.

LA FRANCE ET L'ITALIE

DEVANT L'HISTOIRE

Au plus haut que l'on remonte dans l'histoire de la péninsule italienne, l'action politique et l'influence de la France s'y retrouvent à chaque pas et partout, sauf de rares exceptions, avec le même caractère. Quelles que soient les causes réelles ou apparentes qui l'amènent, quel qu'en soit, déclaré ou secret, l'objet immédiat, l'intervention de la France dans les affaires d'Italie s'exerce presque toujours dans le même sens qui est le grand courant de la civilisation et de la liberté. Est-ce à dire que nos généraux et nos politiques n'aient jamais poursuivi au delà des Alpes que des projets désintéressés? Non, sans doute, et nous avons connu, nous aussi, dans toute son ardeur et avec tous ses entraînements, cet amour de la conquête dont quelques philosophes ont trop médit, parce que n'avoir plus l'ambition de prendre, c'est, pour un peuple, commencer à perdre. Mais cette conquête française n'est jamais stérile, parce que le génie de la France est le plus fort; le plus souvent, même aux heures des plus douloureux avortements, elle laisse derrière elle, à défaut de réformes pratiques ou d'améliorations palpables, toute une floraison d'idées nouvelles que le temps fera germer. Que reste-t-il où ont passé les reîtres de l'Empire, les durs fantassins d'Espagne, les cavaliers d'Autriche, croates ou pandours ? Des ruines et encore des ruines. La même tristesse s'étend sur la terre et sur les cerveaux.

La cause de ce contraste est-elle seulement dans la différence du caractère des peuples qui descendent ainsi, l'un après l'autre, en Italie pendant une si longue succession de siècles ? Elle est encore dans la forme, si je puis dire, dans l'aspect particulier où cette « expression géographique » qui sera l'Italie apparaît à ses maîtres d'un jour : pour l'Empire, la plus riche terre à butin qui soit au monde ; pour l'Espagne, des Indes moins lointaines et, partant, plus faciles à pressurer ; pour l'Autriche, le plus solide boulevard contre les assauts de l'Occident ; pour la France, même pour les plus durs de ses politiques, l'Italie est une personne morale. Aux époques même les plus désolantes de son histoire, quand elle paraît descendue pour jamais au tombeau ou, pis encore, dans cette maison commune que Dante n'hésite pas à nommer, alors qu'elle semble avoir perdu toute conscience d'elle-même, qu'elle s'abandonne, épuisée et lasse, à la tyrannie étrangère, l'Italie reste encore pour la France la patrie de la Rome antique et je dirais volontiers, malgré l'anachronisme de la formule à cette date, une sœur latine. Chaque fois que l'âme de l'Italie s'endort, c'est la France qui la réveille. Quand on cherche à savoir comment s'est transformée en une nation cette poussière de peuples pour qui, pendant tant et tant d'années, le mot de patrie avait perdu tout sens, il apparaît que cette œuvre de résurrection, sans cesse entravée par l'Allemagne et par l'Espagne, a été presque constamment favorisée par la France. Les politiques les plus contraires, les plus dissemblables, y ont travaillé, parfois sans y songer ; mais, consciente ou non, égoïste ou généreuse, l'intervention française a pour résultat ordinaire d'interrompre la prescription de la liberté. Le ciel reste obscur, mais il s'est éclairé pendant quelques heures. Le génie bienfaisant de la France a soufflé là.

Seulement, — et c'est ici que la mauvaise fée intervient, car

l'histoire de chacune de ces interventions est toujours la même ;
— pas une fois la politique française n'aura la force ou la
sagesse d'aller jusqu'au bout de l'œuvre entreprise ; fatalement,
elle s'arrête à mi-route. Qu'elle ait raison ou tort de s'appliquer à réunir ce qui était morcelé et divisé, c'est une question
qui prête à controverse ; mais commencer et ne pas achever
est certainement une faute. Régulièrement, elle éveille au
premier acte les plus ardentes espérances ; régulièrement, elle
provoque au cinquième les mêmes déceptions, d'autant plus
amères et plus irritées que la confiance a été au début
plus enthousiaste. Paraître sur les Alpes avec ce magique
programme : l'Italie libre jusqu'à l'Adriatique, remporter
deux éclatantes victoires et, au moment d'en cueillir le fruit,
s'arrêter pour laisser Venise à l'Autriche, Florence et Modène
à leurs ducs, Naples au Bourbon et Rome au Pape, cette politique de Napoléon III en 1859 a été la politique traditionnelle de tous les gouvernements français en Italie. La même
fatalité a pesé sur toutes leurs entreprises : donner, retenir.
Après les explosions de joie et d'amour qui saluent chaque
apparition des Français en Italie, on s'étonne des rancunes et
des haines qui éclatent au lendemain de chacun de leurs
départs : en voilà une première raison qui, certes, n'excuse pas
l'ingratitude, — car le service incomplet n'en impose pas
moins une dette — mais qui l'explique. Nous avons l'habitude
de ne rappeler que la face de la médaille ; le misogallisme italien
ne se souvient que du revers : pour être juste, il faut en faire
voir les deux côtés.

CHAPITRE PREMIER

L'ITALIE CARLOVINGIENNE

La preuve qu'il n'y a point de chaos d'où ne finisse par se dégager un certain ordre, c'est que l'Italie franque et impériale est sortie de l'invasion des barbares. L'étiage de l'histoire n'avait peut-être jamais été plus bas qu'à la chute de l'Empire romain; la civilisation ne subit jamais pareil recul. L'Italie, pendant près de cinq siècles, avait été toute dans Rome : Rome tombée, il ne resta plus, à la place de la nation que la ville des Césars avait absorbée, qu'une dispersion de municipes et de cités, également incapables de se réunir et de résister aux avalanches humaines qui descendaient des Alpes. « Ce pays né pour ressusciter les choses mortes », selon la parole de Machiavel, s'est condamné lui-même à la mort : où retrouvera-t-il les sources perdues de la vie? Par un phénomène qui n'est pas isolé dans l'histoire, il les retrouva chez ceux-là même qui lui avaient porté le dernier coup, chez les barbares qui l'avaient tué. Comme la Grèce captive avait pris l'âme de son féroce vainqueur, l'Italie, décimée et dévastée, fera de ses plus farouches envahisseurs des Italiens. La péninsule, dès la fin du ive siècle, était tombée de dix à huit millions d'habitants. La petite propriété avait disparu depuis longtemps ; pour cultiver le peu qui restait de terre arable entre les immenses *latifundia*, les bras même des esclaves manquaient, parce que les derniers Césars, ayant cessé de vaincre, avaient cessé de faire des prisonniers. Déjà Valentinien et Gratien avaient établi en Toscane et en Lombardie des volontaires barbares, Goths et Huns; l'Italie, mélange de populations abâtardies, n'enfantait plus : la Scandinavie, *vagina gentium*, durs fantassins d'Espagne, les cavaliers d'Autriche, croates ou pandours? Des ruines et encore des ruines. La même tristesse s'étend sur la terre et sur les cerveaux.

La cause de ce contraste est-elle seulement dans la différence du caractère des peuples qui descendent ainsi, l'un après l'autre, en Italie pendant une si longue succession de siècles? Elle est encore dans la forme, si je puis dire, dans l'aspect particulier où cette « expression géographique » qui sera l'Italie apparaît à ses maîtres d'un jour : pour l'Empire, la plus riche terre à butin qui soit au monde ; pour l'Espagne, des Indes moins lointaines et, partant, plus faciles à pressurer ; pour l'Autriche, le plus solide boulevard contre les assauts de l'Occident; pour la France, même pour les plus durs de ses politiques, l'Italie est une personne morale. Aux époques même les plus désolantes de son histoire, quand elle paraît descendue pour jamais au tombeau ou, pis encore, dans cette maison commune que Dante n'hésite pas à nommer, alors qu'elle semble avoir perdu toute conscience d'elle-même, qu'elle s'abandonne, épuisée et lasse, à la tyrannie étrangère, l'Italie reste encore pour la France la patrie de la Rome antique et je dirais volontiers, malgré l'anachronisme de la formule à cette date, une sœur latine. Chaque fois que l'âme de l'Italie s'endort, c'est la France qui la réveille. Quand on cherche à savoir comment s'est transformée en une nation cette poussière de peuples pour qui, pendant tant et tant d'années, le mot de patrie avait perdu tout sens, il apparaît que cette œuvre de résurrection, sans cesse entravée par l'Allemagne et par l'Espagne, a été presque constamment favorisée par la France. Les politiques les plus contraires, les plus dissemblables, y ont travaillé, parfois sans y songer ; mais, consciente ou non, égoïste ou généreuse, l'intervention française a pour résultat ordinaire d'interrompre la prescription de la liberté. Le ciel reste obscur, mais il s'est éclairé pendant quelques heures. Le génie bienfaisant de la France a soufflé là.

Seulement, — et c'est ici que la mauvaise fée intervient, car l'histoire de chacune de ces interventions est toujours la même ; — pas une fois la politique française n'aura la force ou la sagesse d'aller jusqu'au bout de l'œuvre entreprise ; fatalement, elle s'arrête à mi-route. Qu'elle ait raison ou tort de s'appliquer à réunir ce qui était morcelé et divisé, c'est une question qui prête à controverse ; mais commencer et ne pas achever est certainement une faute. Régulièrement, elle éveille au premier acte les plus ardentes espérances ; régulièrement, elle provoque au cinquième les mêmes déceptions, d'autant plus amères et plus irritées que la confiance a été au début plus enthousiaste. Paraître sur les Alpes avec ce magique programme : l'Italie libre jusqu'à l'Adriatique, remporter deux éclatantes victoires et, au moment d'en cueillir le fruit, s'arrêter pour laisser Venise à l'Autriche, Florence et Modène à leurs ducs, Naples au Bourbon et Rome au Pape, cette politique de Napoléon III en 1859 a été la politique traditionnelle de tous les gouvernements français en Italie. La même fatalité a pesé sur toutes leurs entreprises : donner, retenir. Après les explosions de joie et d'amour qui saluent chaque apparition des Français en Italie, on s'étonne des rancunes et des haines qui éclatent au lendemain de chacun de leurs départs : en voilà une première raison qui, certes, n'excuse pas l'ingratitude, — car le service incomplet n'en impose pas moins une dette — mais qui l'explique. Nous avons l'habitude de ne rappeler que la face de la médaille ; le misogallisme italien ne se souvient que du revers : pour être juste, il faut en faire voir les deux côtés.

CHAPITRE PREMIER

L'ITALIE CARLOVINGIENNE

La preuve qu'il n'y a point de chaos d'où ne finisse par se dégager un certain ordre, c'est que l'Italie franque et impériale est sortie de l'invasion des barbares. L'étiage de l'histoire n'avait peut-être jamais été plus bas qu'à la chute de l'Empire romain; la civilisation ne subit jamais pareil recul. L'Italie, pendant près de cinq siècles, avait été toute dans Rome : Rome tombée, il ne resta plus, à la place de la nation que la ville des Césars avait absorbée, qu'une dispersion de municipes et de cités, également incapables de se réunir et de résister aux avalanches humaines qui descendaient des Alpes. « Ce pays né pour ressusciter les choses mortes », selon la parole de Machiavel, s'est condamné lui-même à la mort : où retrouvera-t-il les sources perdues de la vie ? Par un phénomène qui n'est pas isolé dans l'histoire, il les retrouva chez ceux-là même qui lui avaient porté le dernier coup, chez les barbares qui l'avaient tué. Comme la Grèce captive avait pris l'âme de son féroce vainqueur, l'Italie, décimée et dévastée, fera de ses plus farouches envahisseurs des Italiens. La péninsule, dès la fin du IVe siècle, était tombée de dix à huit millions d'habitants. La petite propriété avait disparu depuis longtemps ; pour cultiver le peu qui restait de terre arable entre les immenses *latifundia*, les bras même des esclaves manquaient, parce que les derniers Césars, ayant cessé de vaincre, avaient cessé de faire des prisonniers. Déjà Valentinien et Gratien avaient établi en Toscane et en Lombardie des volontaires barbares, Goths et Huns; l'Italie, mélange de populations abâtardies, n'enfantait plus : la Scandinavie, *vagina gentium*, combla les vides. Si elle n'avait point déversé d'elle-même ses flots fécondants sur l'Empire exsangue, peut-être eût-il fallu l'appeler. L'Italie se défendit à peine : qu'avait-elle à défendre? Entre le paganisme expiré et le christianisme encore en enfance, elle n'avait pas encore d'autels ; depuis que Rome s'était fondue dans le cosmopolitisme de la Romanité, elle n'avait plus de patrie. Pour l'honneur des aigles qui avaient tenu le monde dans leurs serres, quelques généraux d'origine barbare, à la tête de troupes mercenaires barbares aux deux tiers, disputèrent bravement le vieux sol, pendant quelques années, à l'invasion. Mais l'Italie elle-même, dans ces drames dont elle était la proie et le prix, fut beaucoup plus spectatrice qu'actrice, résignée et vaincue d'avance. Après les Visigoths, les Hérules et les Huns, quand les Ostrogoths paraîtront aux Alpes de Pannonie, elle souhaitera leur victoire ; après la destruction de la puissance gothique par l'eunuque Narsès, elle sera sans résistance contre les Lombards. D'horribles massacres périodiques changent le Pô et le Tibre en fleuves de sang ; l'herbe pousse dans les rues des villes désertes ; mais, une fois saouls de tueries, les massacreurs s'établissent, se marient. Et alors la douce terre, le ciel plus doux encore, auront leur revanche.

A la fin du viiie siècle, deux cents ans après la dernière invasion lombarde, il n'existe pas encore de nation italienne ; mais les éléments essentiels qui la composeront sont dans l'alambic et les alliages postérieurs n'y ajouteront rien d'essentiel. Telle quelle, moitié gréco-romaine et moitié barbare, l'Italie est encore à la tête de la civilisation. De tous les peuples que la faim a fait sortir du bois depuis cinq siècles, pas un qui ne l'ait prise et violée ; seule cependant, au milieu de ces anciennes provinces de l'Empire qui ont changé de personnalité comme de nom, elle a gardé son apparence extérieure. Au triple point de vue de la culture intellectuelle, de l'ordre social et des lois, elle reste en avance de toutes les nations de l'Europe, à l'exception des provinces grecques de l'Empire byzantin. Seulement

— et ce danger est grave, — le noyau manque autour duquel pourront se faire le ralliement et la cristallisation des races en fusion. Ce centre d'attraction et de rayonnement, chacun a le sentiment qu'il ne peut être qu'à Rome : déchue, ravagée par les fièvres, délaissée par tout ce qui possède et trafique, abandonnée pour Ravenne par l'exarque comme une sous-préfecture malsaine, la Ville qui avait « pris et perdu successivement l'univers » est demeurée encore la capitale morale de la péninsule : mais à qui sera-t-elle ? Et, si elle ne doit être qu'au Pape, il ne manquera qu'une âme à tous les corps qui naîtront des ruines de l'Empire... Tout le problème de l'indépendance de la nationalité italienne est là. Si Grégoire II n'avait point arrêté Agilulf aux portes de Saint-Pierre, l'Italie entière appartenait aux Lombards qui, doués de merveilleuses qualités d'assimilation comme de gouvernement, administrateurs et militaires, paraissaient prédestinés entre tous à former « une nouvelle tête de peuple ». Ce que la Gaule romaine était devenue sous les Francs, la péninsule eût pu le devenir sous les Lombards.

Grandie de toutes les ruines politiques qui n'avaient cessé de rehausser le piédestal de sa grandeur spirituelle, assoiffée déjà de domination, la Papauté, soutenue par la population indigène, ne le permit pas. Quand on relit les chroniques du temps à la lumière des événements postérieurs, on imagine volontiers l'Italie constituant, dès le viiie siècle, son unité sous les Lombards, au lieu d'attendre onze siècles et les Piémontais. Mais on ne refait pas l'histoire. Au lendemain de l'édit iconoclaste de l'empereur Léon, quand Venise, Ravenne et Rome puisent dans leur amour de l'art, dernier vestige du paganisme, une suprême énergie et se soulèvent contre l'exarque plutôt que de sacrifier à l'Isaurien leurs images et leurs statues, Bologne seul se donne à Luitprand. Rome, au contraire, détestant d'une même haine les Lombards et les Byzantins, se proclame ville libre et déclare le Pape *père de la République romaine*. Ariens de croyance, les Lombards ont eu beau se convertir à la foi catholique, multiplier les preuves d'orthodoxie : il s'agit maintenant pour les évêques de Rome d'un autre royaume que celui du ciel. Et comme ce royaume terrestre, c'est pour les Italiens du centre et du midi, beaucoup plus que le symbole, mais « l'arche même de l'indépendance », les Papes n'hésitent pas à faire appel à l'étranger, aux rois francs, pour défendre le Saint-Siège contre les Lombards.

Voilà donc pour la première fois ce pays qui n'est plus la Gaule, mais qui n'est pas encore tout à fait la France, appelé à intervenir en Italie. La famille d'Héristal, qui gouvernait sous les derniers Mérovingiens et qui aspirait à régner à leur place, ne s'engagea d'ailleurs dans cette entreprise qu'après de longues hésitations. Grégoire II et Grégoire III, qui supplient Charles-Martel de leur prêter aide et secours, ne rencontrent que d'obstinés refus : le titre de patricien et de consul des Romains ne dit rien au vainqueur de Poitiers, il connaît à peine de nom les pays dont on l'entretient ; les Sarrasins l'inquiètent autrement que ces Lombards qui avaient noué avec lui de cordiales relations et dont le roi avait adopté son fils. Pépin lui-même, quelque violente que soit son ambition, quelque suppliantes et pressantes que soient les demandes des Papes, ne se décide qu'avec une espèce de crainte et exige un marché en règle. Le Saint-Père consacrera, bien plus, il « ordonnera » au nom de Dieu même, l'usurpation carlovingienne ; Pépin, en retour, octroie au Pape « en légitime propriété » les provinces dont le Saint-Siège a besoin. La double donation, autour de laquelle gravitera tout le moyen âge, porte ainsi sur des objets qui n'appartiennent à aucun des contractants : Zacharie donne l'Empire et Pépin le pouvoir temporel. Mais c'est Pépin qui donne le plus. D'abord, sans les Francs, définitivement abandonné par les Empereurs d'Orient, le Pape ne pouvait résister une heure de plus à la poussée des Lombards : il fallut aux Francs deux campagnes pour arracher au roi Astolphe les provinces romaines et l'obliger, par une formule étrange, mais savamment calculée, à les *restituer* à l'évêque de Rome. Ensuite et surtout, Pépin, qui n'avait qu'à se baisser pour prendre la couronne, reconnaît au Pape le droit de disposer des trônes terrestres.

Le royaume lombard ne fut détruit que par Charlemagne, qui se fit payer la confirmation solennelle de la donation paternelle par la couronne d'Empereur d'Occident pour lui-même et par le titre de roi d'Italie pour son fils. Quand elle passa ainsi de la domination lombarde à celle des Francs, peut-on dire cependant de l'Italie qu'elle ne fit que changer de servitude ? J'accorde sans peine aux historiens modernes que la souveraineté des Lombards, à défaut de donner plus de liberté aux Italiens, eût favorisé, au lieu de la retarder, l'éclosion de la nationalité italienne. Ce n'est pourtant là qu'une vérité reconnue après coup. Précisément parce que les Lombards, quand ils furent supprimés, étaient naturalisés plus qu'à moitié et, après un séjour de deux cent trente-deux ans en Italie, « n'avaient conservé d'étranger que le nom [1], » la popularité incontestable de leur vainqueur est significative et éloquente. Sur l'heure, en l'an 774, quand le roi Didier est précipité du trône pour avoir voulu mettre la main sur l'Arche, l'Italie tout entière acclame Charlemagne qui lui apportait, sinon la liberté dont elle avait perdu l'usage, du moins la délivrance d'un joug qui lui était odieux. De Pavie à Rome, des Alpes au Tibre, toutes les populations de langue latine se précipitent sous les pieds de son cheval ; magistrats, prêtres, écoliers, tous chargés de palmes et de branches d'olivier, jalonnent la route triomphale et ne font entendre qu'un long cri de joie. La souveraineté lombarde n'aurait point eu les vices de la souveraineté sacerdotale : aurait-elle eu ses vertus ? Ce qui est certain, c'est que l'Italie du VIIIe siècle n'hésita pas entre les deux et que les Lombards, n'ayant pas su prendre racine, furent

---

1. Machiavel, *Histoire de Florence* (Ed. Périés, Paris, 1884), liv. Ier, p. 41.

arrachés du sol sans qu'aucune voix s'élevât en leur faveur. L'Italie était trop chrétienne pour n'être point papale, trop romaine encore pour n'être pas impériale. La faute fut donc, non point d'avoir appelé Charlemagne, mais de n'avoir point su le garder ; non de l'avoir proclamé roi d'Italie, mais de l'avoir couronné Empereur d'Occident. Faut-il aller jusqu'à croire, sur la foi d'Eginhard, qu'aux fameuses fêtes de Noël de l'an 800, le vainqueur de Witikind et de Didier ne fût pas entré dans l'église s'il eût connu le dessein du pape Léon de lui mettre sur la tête, pendant qu'il était absorbé dans la prière, la couronne de Théodoric et des Césars ? Charles montra trop d'empressement à se parer de la défroque de Byzance pour qu'il soit permis de prendre au sérieux l'humilité de son secrétaire. L'arrière-pensée du Pape, quoi qu'il en soit, n'en reste pas moins évidente : en élevant l'Empereur, il l'éloignait ; en substituant à la possession que Charles tenait de sa seule épée la légalité nouvelle du sacre, il subordonnait l'Empire à l'Église. Charlemagne, sur la ruine des Lombards, avait fait de la Papauté la première puissance politique de l'Italie.

Besogne utile ou néfaste ? L'atroce et fratricide querelle des Guelfes et des Gibelins agitera pendant trois siècles ce problème sans le résoudre ; aujourd'hui encore, l'histoire elle-même, comme Dante, est tour à tour gibeline et guelfe. Pendant la plus grande partie du moyen âge, le pouvoir temporel des Papes, œuvre du génie chrétien des Francs, sera ainsi, pour les uns, l'ancre de salut, pour les autres, l'écueil de la nationalité italienne. Dans quelles balances peser aujourd'hui le bien et le mal que la Papauté a faits à l'Italie, le bien que n'hésitent pas à reconnaître les plus furieux ennemis des Papes, le mal que les plus dévots admirateurs du Saint-Siège n'osent pas contester ? Qu'on la glorifie d'ailleurs ou qu'on la déteste dans ses développements et dans ses conséquences, le jour où Charlemagne consacra la souveraineté temporelle des successeurs de saint Pierre, fut un jour d'espérance et d'allégresse pour tout ce qui pensait alors en Italie. Après quatre siècles où rien n'avait compté que la force brutale, employer sa victoire à élever au-dessus de toutes les puissances la seule grandeur morale qui eût surnagé, c'était peut-être l'œuvre d'un politique à courte vue : ce n'était point celle d'un esprit fermé à l'idéal. Aussi bien, pour ces Francs qui se regardent comme les fils aînés de l'Église, Église et civilisation, c'est tout un ; ils travaillent de fait à une œuvre de progrès. S'ils ne savent pas plus que les Lombards ou les Goths « s'asseoir » en Italie, ils y ramenèrent, du moins tant que vécurent Pépin et Charlemagne, un ordre et une sécurité qui rappelaient la paix romaine. Pendant des siècles des plus horribles guerres étrangères et civiles qu'aucune partie du monde ait jamais connues, le souvenir en resta à des générations d'Italiens comme celui de l'oasis dans le désert. Au sortir des convulsions, des anarchies et des tyrannies barbares, la régularité dans l'administration, dans la perception des impôts et dans la justice, parurent les bienfaits d'un dieu. Bienfaits précaires qui ne survécurent pas au grand Empereur, mais réels autant qu'éphémères. — Voici maintenant ce qui lui survivra : sinon l'État, du moins la conception et le souvenir d'un État italien. Cet État n'a fait que passer, mais s'il a pu exister un jour, il peut revenir. A la place de la nationalité que les Francs, trop peu nombreux, ne cherchèrent même pas à créer, ils avaient essayé de fonder, dans toute la force relative que ce mot peut avoir au VIIIe siècle, un gouvernement général de la péninsule. Comme Charlemagne a donné l'ordre de rebâtir Florence dont Totila n'avait point laissé, deux cent cinquante ans auparavant, pierre sur pierre, il voudrait réédifier, de la Neustrie au Bénévent, l'organisation romaine. Il n'a évidemment qu'une notion vague de ce qu'ont été les rouages de la plus grande machine administrative et gouvernementale qui fût jamais ; il a reconnu d'autre part, avec une intelligence très ouverte, quelle en a été la force impulsive : la centralité. Le même effort qu'il tente dans les deux pays qui ne seront la France et l'Allemagne qu'un demi-siècle après sa mort, il le tente aussi en Italie. Des deux côtés des Alpes il réagit avec la même vigueur contre l'isolement des pouvoirs locaux, — dans l'ancien royaume des Francs par la belle création des *missi dominici*, dans le jeune royaume d'Italie par les règles qu'il impose à l'institution des comtes, centeniers et dizeniers. Ces assises d'un État régulier disparaîtront ou s'affaibliront après lui, mais la notion même d'un État centralisé, une fois qu'elle a pénétré dans les cerveaux, est de celles qui n'en sortent plus, quitte à y dormir. Durant la longue et sanglante anarchie où l'Empire carlovingien se dissoudra et tombera en morceaux, à cette époque maudite où « l'Italie souffrira ce qu'aucune langue humaine ne saurait dire », où, « chacun marchant dans le sentier qui lui plaît », la chrétienté se déchirera de ses propres mains, la pensée italienne reviendra sans cesse aux jours heureux du grand Empereur [1]. Elle y reviendra, au surplus, avec d'autant plus de tendresse que Charles ne traita jamais la péninsule en terre conquise. Bien qu'elle se soit donnée à lui sans conditions, il a senti profondément que la nature ne l'a point faite pour être une province des Gaules et qu'elle répugne, rien que par des raisons géographiques, à recevoir des ordres d'un gouvernement qui siège aux bords de la Meuse ou du Rhin. Il a donc fait de l'Italie un royaume, sinon autonome, du moins indépendant ; elle relèvera de l'Empire, de ce saint Empire romain qui est d'ailleurs une enseigne protectrice beaucoup plus qu'une domination oppressive, mais elle aura un roi (Pépin) qui ne sera qu'à elle.

Ainsi, pour la première fois dans l'histoire, apparaît l'idée qui sera celle de l'unité de l'Italie, maîtresse d'elle-même, et lorsque Dante rêvera de fonder la nation italienne, c'est l'œuvre légendaire du Franc Charlemagne qu'il pressera le César allemand de recommencer.

---

1. Ferrari, *Révolutions d'Italie*, t. Ier, p. 142.

CHAPITRE II

L'ITALIE ANGEVINE

Pour rencontrer une nouvelle intervention directe de la France dans les affaires d'Italie, on a pris l'habitude de sauter à pieds joints sur six ou sept siècles : l'expédition de Charlemagne a reculé dans un lointain si nuageux que celle de Charles VIII paraîtra comme la découverte de l'Italie par les Français. Non point, sans doute, que tout rapport eût cessé brusquement entre les deux pays. D'abord, au lendemain de la mort de Charlemagne, ses petits-fils, les Carlovingiens de France et d'Allemagne, se disputent pendant quelques années non pas l'Italie, mais la couronne impériale qui ne peut être conférée et donnée légitimement qu'à Rome ; — Charles le Chauve contre Louis le Germanique, Louis le Bègue contre Carloman, — et les armées franques passent vingt fois les Alpes, aussi impuissantes d'ailleurs à défendre le Tibre contre les Sarrasins que la Seine contre les Normands. Ensuite, pendant la période dite de l'Italie féodale et ecclésiastique, à l'époque où naissent les grandes villes libres, où Gênes et Venise, abandonnant la terre pour la mer, lancent leurs flottes sur la Méditerranée, on voit encore les barons et les Papes appeler à plusieurs reprises les Français à leur aide, tantôt contre des ennemis intérieurs, tantôt contre l'Allemagne. Guido, duc de Spolète, gagne alors avec des seigneurs français la bataille de la Trébie et, s'étant fait couronner, grave sur son sceau les mots orgueilleux : *Renovatio regni Francorum*. Mais la France même, en ce moment, est trop occupée à devenir nation pour pouvoir prendre part à l'inextricable anarchie qui fait de l'Italie, dans ce siècle de fer, un champ de carnage et de cette Rome, où elle avait élevé si haut le pouvoir des Papes, « un cimetière visité par les hyènes ». L'Italie, cependant, va apprendre à la regretter. Quand Othon le Grand renouvelle avec le pape Jean XII le pacte de Charlemagne et s'engage à maintenir les dotations du Saint-Siège en échange de la couronne d'Empereur, ce n'est point une alliance que Rome s'est donnée à elle-même et à l'Italie : c'est une servitude, la plus dure qu'elle ait encore subie et qui durera plus de trois siècles. Les pigeons français avaient roucoulé avec les colombes italiennes ; « les éperviers allemands les dispersèrent ». C'est Othon lui-même qui s'en flatte. Le règne saxon et franconien fut proprement celui de la terreur. Rapprochez des chants d'allégresse qui ont salué Charlemagne l'imprécation des patriotes romains au couronnement d'Othon II : « Malheur à toi, Rome, tu as été prise aussi par « le roi saxon, ton peuple est tombé sous son glaive, il t'a « pillée et incendiée, et ses soldats emportent ton or et ton « argent dans leurs bourses ! » Les lettres que l'Empereur franc avait tirées de leur léthargie servirent du moins à maudire l'oppresseur allemand. Les seuls moments où l'Italie respire sont les minorités. Mais, dès qu'un empereur est majeur, elle descend d'un degré de plus dans la servitude, s'en accommodant d'ailleurs, résignée à son esclavage : pour un Crescentius que de valets ! pour un marquis Arduin d'Ivrée que de laquais féodaux empressés à baiser la botte éperonnée du César tudesque ! De temps à autre, comme le malade qui se retourne sur son lit de souffrances, ce qui reste du parti national adresse un appel à la France, au roi Robert, fils de Hugues Capet, qui fait la sourde oreille, à Guillaume d'Aquitaine, qui vient voir et s'en retourne tristement : « Il n'y avait là rien « d'honorable ni d'utile à essayer. » A la moindre velléité d'indépendance, à la moindre rébellion contre le pillage systématique, le sang coule à flots. Le temps, qui allège tant de choses, alourdit le joug, sans qu'aucune sympathie s'éveille entre les deux peuples. « Les habitants de ce pays, » écrit l'historien allemand Dithmar de Mersebourg, « nous sont complètement étrangers ; « soupçonneux et rusés, ils nous détestent : combien de nous ont « trouvé chez eux la mort par le poison ! » Mais le poison et l'invective contre ces durs Allemands, « bêtes à deux pieds, qui ne sa- « vent pas distinguer la main droite de la main gauche », ne sont armes que d'esclaves ; la liberté ne sort point de pareilles sources.

De toutes les puissances italiennes qui s'étaient avilies devant le vainqueur, aucune n'était descendue plus bas que la Papauté ; aux Papes qui nommaient les empereurs avaient succédé des évêques simoniaques qui se faisaient nommer par eux, après avoir acheté à prix d'or les suffrages de la populace. Comme il arrive parfois, ce fut de l'excès même du mal que sortit le bien ; le premier cri de révolte, après tant d'années de muette et plate servitude, ce fut un pape qui le poussa, le plus grand des papes, Grégoire VII. Non pas que la papauté, avec Hildebrand, ait pris en main la cause de la nationalité italienne contre l'Empire, ou seulement conçu la pensée de délivrer les peuples de l'oppression monacale et féodale : ce que ce furieux homme de génie revendiqua contre Henri IV, ce n'est ni plus ni moins que la monarchie universelle et le droit pour le Saint-Siège régénéré de distribuer à son gré les trônes du monde. Le profit le plus certain de ce grand duel sera cependant pour l'Italie. Entre ces « deux moitiés de Dieu » qui se disputent le monde et dont elles épousent alternativement la cause avec un parfait scepticisme, les villes, en effet, les communes et les jeunes Républiques poussent et fortifient. Les Croisades, le merveilleux spectacle de la chrétienté se ruant tout entière sur l'Islam à la voix d'un Pape, grandissent l'autorité morale du Saint-Siège ; mais, dans l'âpre bataille des deux pouvoirs, la féodalité ecclésiastique n'a pas été moins atteinte que la féodalité seigneuriale : elles s'entraînent toutes deux dans le même abîme, et le moment approche où la nation italienne, qui s'est silencieusement formée, pourra entrer en scène. Tout le xii⁰ siècle sera plein du rêve d'Arnaud de Brescia : profiter de la division des maîtres pour se créer une patrie indépendante. Et ici les historiens français de l'Italie sont trop modestes : s'ils payent un légitime hommage d'admiration à cet essor vers la liberté entrevue, aucun n'a marqué avec le relief qui convient la juste part de l'esprit français dans ce double mouvement pour la séparation du temporel et du spirituel, qui est, au xii⁰ siècle, la liberté même, et pour l'affranchissement des communes. Ce héros de Plutarque, Arnaud de Brescia, c'est un Français, le grand Breton Pierre Abailard, qui lui a soufflé son âme de feu et sa doctrine. C'est de France encore, de la cour même de Louis VII où il a trouvé asile pendant sept années, de Paris où il a posé la première pierre de Notre-Dame, que le pape patriote, Alexandre III, « propugnateur de la liberté italienne », donna à la Ligue lombarde son mot d'ordre contre Barbarousse : « Rejetons de nos épaules le joug teuton ! »

La lutte des Guelfes et des Gibelins, qui éclata au lendemain de la mort de l'empereur Henri VI, n'offre maintenant aucune trace profonde d'action ou d'influence française ; tout au plus peut-on noter que les rares chevaliers de Provence ou de Champagne qui paraissent en Italie tiennent au début pour le pape Innocent II contre la maison de Weiblingen et qu'une maison française s'installe en Sicile, avec Gauthier de Brienne, pour donner la chasse aux Allemands. Dans l'universelle guerre civile qui arrose de flots de sang le règne tragique de Frédéric II, « entre les partis qui abandonnent leur drapeau pour rester fidèles à leur principe et ceux qui trahissent leur principe pour conserver leur drapeau », entre les pères qui combattent les fils et les fils qui lèvent l'épée contre leurs pères, la France n'a point de rôle à jouer [1]. Même sa neutralité est si prudente que le roi, qui est pourtant saint Louis, refuse au Pape fugitif,

---

1. Lanfrey, *Histoire des Papes*, p. 234.

qui s'appelle Innocent IV, l'autorisation de pénétrer dans ses États. Il interviendrait assez volontiers comme médiateur pacifique ; mais comment calmer ces enragés ? Après la mort de Frédéric et l'écroulement de la domination souabe en Italie, dans la lutte impitoyable que poursuivront, sous des noms qui n'ont plus de sens que celui de la haine, les factions déchaînées, qu'irait encore faire la France sur cette galère désemparée ? Elle n'eût pas plutôt essayé, à la demande de l'un ou de l'autre des partis, de prendre en main le gouvernail que tous les autres se fussent coalisés contre elle avec une colère redoublée. Pour quel profit compromettre en pareille entreprise « la grande et subite puissance » que lui faisait l'abaissement simultané de l'Angleterre et de l'Empire ? La sagesse commandait également de fermer l'oreille à l'appel des Guelfes et de repousser le calice de la succession gibeline. Et puis, à qui se fier pour plus d'une heure, tant que la rage du moment n'a point trouvé sa pâture ? — Aux villes ? Dans la première fièvre de l'indépendance municipale que leur a conquise la Ligue lombarde, elles ont oublié entièrement la patrie commune : la patrie, c'est la cité ; l'ennemi, c'est le protecteur de la cité rivale ; et la politique consiste exclusivement à faire défendre les arts naissants, le commerce, les franchises communales, par un podestat dont elles entretiennent grassement les mercenaires. Vous pouvez les aider à ruiner les concurrents qui les gênent ; quand elles vous auront payé ce travail de bourreau, elles vous prieront de retourner à vos affaires. — La Papauté, d'autre part, n'est pas plus sûre. Comme elle n'a point compris que son rêve de monarchie universelle est mort de son duel avec Frédéric, elle imagine qu'elle va pouvoir le recommencer sur les ruines de la maison de Souabe ; son unique pensée est de détruire les uns par les autres tous ceux qui tenteraient de lui barrer le chemin par la constitution d'un royaume italien indépendant. Elle détruira Manfred par Charles d'Anjou, parce que le bâtard de Frédéric II a jeté, des Calabres à la Toscane, les bases d'un royaume gibelin où l'Italie risque de revivre ; et elle détruira Charles d'Anjou par Pèdre d'Aragon, parce que le vainqueur de Manfred garde pour lui et les Guelfes, des Alpes au golfe de Tarente, la péninsule qu'il ne s'est point donné la peine de conquérir pour l'offrir au Pape. C'est ce que saint Louis, avec sa claire et droite intelligence, comprit si bien quand il repoussa, sourd aux sophismes flatteurs du légat Pignatelli, le trône de Naples que lui offrait, « comme à son défenseur et au plus « illustre de ses protecteurs », le pape Urbain IV, successeur d'Innocent. De quel droit le Saint-Siège disposait-il d'un trône qui revenait en légitime propriété au petit-fils de Frédéric, le représentant de la maison des Hohenstaufen, le jeune Conradin ? Quelle étrange prétention que d'interdire d'avance « à ce bras de Dieu » de réunir jamais à Naples la Lombardie ou la Toscane ? Louis refusa obstinément pour une pareille besogne l'épée de la France. Comme Rodolphe de Habsbourg, il reconnaissait dans l'Italie l'antre du lion : « Ceux qui entrent là n'en sortent plus. »

Ce n'est donc point la France qui descend avec Charles d'Anjou en Italie : c'est seulement un prince français, au refus du roi de France, avec quelques centaines de chevaliers. Saint Louis, qui avait décliné la couronne de Naples pour lui-même et celle de Sicile pour son fils, eût-il pu interdire à son frère d'accepter les offres du Pape ? On aimerait savoir de quels moyens il disposait pour contraindre cet homme sombre, inébranlable dans ses desseins, avide de gloire et de domination, qui avait concentré entre ses mains, depuis la sanglante conquête de Marseille, toutes les forces de la Provence et que poussait l'ardente Béatrix, la seule des quatre filles de Raymond Bérenger qui ne fut pas impératrice ou reine. S'il ne lui défendit pas d'accepter, il ne lui accorda aucune coopération et même le découragea pendant plus de deux années. A ce moment où l'Église contestait le droit absolu de la royauté, il tint tête, non sans courage, au mécontentement de la gendarmerie française à qui pesait la paix, et qui rêvait de renouveler dans cette Croisade contre les alliés allemands des Sarrasins les exploits des Normands en Sicile.

Aussi bien, cette fameuse expédition de Charles d'Anjou mérite-t-elle toutes les implacables rigueurs des historiens modernes? Charles fut-il plus brutal dans la guerre et plus farouche dans la victoire que la plupart des chefs de bande, ses contemporains? La domination angevine ou, plus exactement, provençale fut-elle plus rude à l'Italie méridionale et à la Toscane que l'avait été celle des Allemands ou des partis italiens eux-mêmes? Si l'on prend d'abord les écrivains italiens les plus rapprochés des événements, ceux du xiv° et du xv° siècle, le contraste est saisissant entre leurs récits et les tumultueuses imprécations des chroniqueurs siciliens et espagnols. Villani est un admirateur décidé de Charles d'Anjou, qu'il montre « sage et prudent dans les conseils, preux dans « les armes, sévère et magnanime, de hautes pensées qui « l'égalaient aux plus grandes entreprises, ferme et fidèle « dans toutes ses promesses, âpre à rendre justice et parais- « sant plus fait qu'aucun autre seigneur pour la majesté « royale[1] ». Machiavel, plus réservé, ne voit pourtant dans les *Vêpres Siciliennes* « qu'un complot tramé entre le pape Nicolas « et Pierre d'Aragon[2] ». Si l'on essaie ensuite de reconstituer l'image de ce règne de vingt ans, l'un des plus longs qu'ait connus la péninsule, on voit mal, sauf l'ordre administratif rétabli, ce qui le distingue des gouvernements qui ont précédé ou qui suivirent. C'est évidemment une seule et même barbarie, mêlée de piété fanatique et de férocité, une même nuit d'ignorance et de violences : le moyen âge. Charles d'Anjou n'a pas un trait commun avec saint Louis ; est-il plus dégouttant de sang que tous les podestats et cardinaux qui passent

---

1. Villani, *Istorie Fiorentine*, t. VII, ch. CLIV.
2. *Histoire de Florence*, liv. II, p. 67.

des villes entières au fil de l'épée, ou que les Empereurs gibelins qui ont soumis avant lui l'Italie, un Frédéric Barberousse qui se flatte qu'après son passage « Rome a été » (*Roma fuit*) ou ce Henri VI, le cyclope de Sicile, que ses propres soldats surnommaient l'impitoyable? La condamnation de Conradin est atroce, mais qui l'a ordonnée sinon le Pape lui-même, au dire de l'Italien Giannone, dans l'implacable billet : *Vita Conradini mors Caroli*[1]? D'un côté comme de l'autre, courage, jeunesse, beauté, sont des circonstances aggravantes dans la défaite : Henri VI fait émasculer, avant de le tuer, ce charmant Guillaume de Lecce, le fils de Tancrède et de Sibylle, et quand l'héroïque Albéric de Romagne, revenu de Terre-Sainte à l'heure du péril, pour sauver sa maison ou périr avec elle, tombe au pont de Cassano, Martino della Torre le fait écarteler, après l'avoir fait assister au supplice de ses fils égorgés, de sa femme et de ses filles brûlées vives[2]. Le bûcher d'Arnaud de Brescia vaut l'échafaud de Frédéric d'Autriche. Pourquoi l'apothéose de la légende à Barberousse et le pilori de l'histoire à Charles d'Anjou? C'est le siècle tout entier qui est abominable. Dirai-je même que le premier souffle de pitié et de respect humain qui ait passé à travers tant d'affreuses répressions date précisément de la Croisade française? Les soldats allemands jettent au Tibre les cendres d'Arnaud, « de crainte qu'elles « ne soient recueillies comme des reliques par l'imbécile reli- « gion de la populace » ; mais les chevaliers angevins ensevelissent pieusement Manfred, tout allié des Sarrasins et sultan de Nocéra qu'il soit, sous un mausolée de pierre. Albéric de Romagne meurt au milieu des huées du peuple en liesse de Trévise ; mais Robert de Flandre, le propre gendre de Charles

---

1. Le propos, contesté par Villani, VII, 29, est affirmé par Giannone, *Histoire civile du royaume de Naples*, t. III, liv. XX, et, en général, par les historiens napolitains, Fazello, Collenuccio. — Cf. Perrens, *Histoire de Florence*, t. II, p. 150, et Cherrier, *Histoire de la Lutte des Papes et des Empereurs de la maison de Souabe*, t. III, p. 276.

2. Giannone, t. III, liv. XX ; — cf. Bryce, *le Saint-Empire romain*, ch. XIII.

d'Anjou, saute sur l'échafaud de Conradin et tue d'un coup d'épée le juge qui lit la sentence : « Il ne t'appartient pas, misérable, « de condamner à mort si noble et si gentil seigneur ! »

Deux causes principales tout à fait étrangères, dans ce siècle de supplices, à l'horreur du sang, ont contribué à renverser la monarchie de Charles d'Anjou. D'abord, sa fidélité au parti guelfe, qui était resté le vrai parti italien, démocrate dans l'âme, poursuivant son but avec une âpre ténacité, se servant de l'Eglise et même la servant tant qu'elle voulut la liberté et l'indépendance, mais violemment résolu à ne point changer un joug pour un autre, l'Empire pour la théocratie. Dès que Charles refusa de mettre aux pieds du Saint-Siège sa victoire sur le parti gibelin ou allemand, la Papauté se retourna contre lui et, sur la réponse du nouvel Empereur, Rodolphe de Habsbourg, « qu'il n'entrerait point dans le guêpier italien », appela dans la péninsule un troisième étranger qui, lui, n'en sortira pas de cinq siècles et fera plus d'une fois regretter la maison d'Anjou. Contre cet impudent qui ne veut être tyran que pour son propre compte, l'Église, par Jean de Procida, s'unit aux schismatiques Empereurs de Byzance, au roi d'Aragon, cousin de Conradin ; après avoir excommunié Manfred pour ses alliances sarrasines, elle se fût entendue contre son vainqueur avec tous les musulmans d'Afrique et d'Asie. — La seconde cause fut la violente et brutale implantation de la fiscalité française en Sicile. A Naples, l'augmentation démesurée des emplois, la nuée de fonctionnaires qui s'abattit à la suite des armées angevines, avaient causé déjà une profonde irritation : que sera-ce dans cette Sicile, encore moitié grecque, moitié arabe, où les pasteurs errants ont gardé leur sauvage indépendance, où les mariniers n'ont jamais soupçonné que le rivage pût être à d'autres qu'aux flots bleus ? quelle stupeur et quelle colère quand le

---

1. Voir les « torrentueuses » imprécations de Nicolas Spécialis et de Barthélemy de Nécocastro. (Michelet, *Histoire de France*, III, p. 236; Sismondi, *Républiques Italiennes*, t. II, p. 512 ; Zeller, *Tribuns et Révolutions d'Italie*, p. 12.)

percepteur français viendra proclamer le droit de bris sur les plages et frapper d'une taxe chaque châtaignier et chaque chevreau! La Sicile eût pardonné, du moins oublié, les exécutions féroces de Guillaume l'Étendard, la proscription des partisans de la maison de Souabe, la boucherie même d'Agousta. Mais le gabelier et le justicier qui le suit n'ont pas plutôt passé qu'ils repassent; on ne meurt qu'une fois, mais il faut payer tous les jours et payer sur tout, la moisson, la chèvre, l'essaim que le vent a emporté, les cocons qui n'ont pas été employés, les tissus de soie que les filles ont travaillés de leurs mains[1]. La mer, la forêt, la montagne, tout est au roi et à ses gendarmes. De toutes les façons de révéler la civilisation il n'en est pas de pire que l'impôt, le fisc inquisiteur qui enregistre toute chose et défend que rien lui soit caché. — Maintenant, faites tomber sur cette terre pressurée l'ordre de celui qui représente le Dieu vivant et qui permet de chasser ceux-là même qu'il a fait venir : ce serait plus qu'un miracle si l'Etna ne faisait pas éruption, si les Vêpres Siciliennes n'éclataient pas.

La révolte de Palerme, longuement et savamment préparée, a peut-être changé la face du monde. A l'heure même où l'indécente maladresse d'un soldat fournit aux conjurés, tous anciens gibelins et nobles, le prétexte du massacre qui mettra entre la Sicile et le *pacificateur* de l'Italie une mer de sang, la flotte de Charles d'Anjou appareillait pour arracher Constantinople aux Grecs de Michel Paléologue et restaurer à son profit l'ancien Empire d'Orient. Quelque lenteur que l'insurrection eût mise à se propager de Palerme au reste de l'île, — ce qui prouve encore que la révolte, comme l'ont très bien vu les historiens espagnols, n'a pas eu la spontanéité que lui attribuent les écrivains siciliens, — Charles ne pouvait partir laissant derrière lui ce volcan en feu et l'armée d'Aragon aux portes de Messine. Il resta et, avec sa flotte incendiée en vue du Phare, perdit la Sicile et l'Empire. Les Turcs n'avaient plus qu'à se présenter aux portes de Constantinople et l'Espagne tenait celles de l'Italie.

CHAPITRE III

LA PAPAUTÉ EN AVIGNON

A la fin du XIIIe siècle et pendant plus de deux cents ans l'Italie n'appartient plus qu'à elle-même, je veux dire à l'anarchie. Comme la maison de Souabe, excommuniée dans la personne de Frédéric II par Innocent IV, avait fait avec Manfred et Conradin deux suprêmes tentatives pour ressaisir la péninsule, la famille capétienne, trahie par Nicolas III, fit avec Charles de Valois, un dernier effort pour reconstituer l'œuvre de la conquête angevine. Mais comment construire sur des ruines? Il faudrait déblayer d'abord celles qui jonchent le sol, et tous ceux qui touchent à la terre enchantée et fatale ne font plus qu'y ajouter. Impossible de ne pas choisir entre les factions qui se disputent la domination des villes; mais comment choisir? Pour avoir épousé dans Florence la cause des Guelfes noirs, Charles de Valois, « capitaine du patrimoine de Saint-Pierre, pacificateur de la Toscane et vicaire impérial de Lombardie », ne recueille, au fond du purgatoire, que l'immortel anathème du guelfe blanc qui s'appelle Dante :

> Senz'arme n'esce, e solo con la lancia,
> Con la qual giostrò Giuda [1]...

Sur cette terre d'amour, la haine seule est vivace et forte; mais la haine n'engendre que la haine, « comme du ventre de la vipère ne peut sortir qu'un serpent ». Les municipalités se battent « *per ragion di confini* » et, ce qu'il y a de pis, la guerre

---

1. *Purgatoire*, XX, verset 15 et sq.

est populaire, naturelle, spontanée. Des villes, dont on ignore aujourd'hui jusqu'à l'emplacement, se livrent des batailles de géants. Il faut voir dans le douloureux livre de Ferrari le catalogue des inimitiés italiennes. Dès le xiie siècle, les guerres municipales donnent 119 guerres chroniques entre quatre-vingt-dix-neuf villes militantes; à la fin du xve siècle, le total des révolutions sera de 7200, plus 700 massacres[1]. La trahison est partout et, sur tant de décombres, une seule passion : détruire. La Papauté, qui a brisé Manfred par Charles d'Anjou, et Charles d'Anjou par Pierre d'Aragon, essaie maintenant de détruire Frédéric de Sicile par Charles de Valois et n'aboutit qu'à un nouveau morcellement : l'Aragonais garde la Sicile sous le nom de Trinacrie; la dynastie angevine, avec Charles le Boiteux, se contente des Calabres et de Naples. Mais l'heure du châtiment a sonné aussi pour la papauté : après avoir abaissé tous ceux qu'elle avait élevés, elle aussi va être frappée par ceux qui avaient le plus contribué à sa puissance. Ce pouvoir temporel que la dynastie carlovingienne avait fondé sur les deux rives du Tibre, c'est une autre dynastie française qui le supprime.

Rien de plus tragiquement rapide que cet effondrement où le roi de France, après avoir appliqué son gantelet de fer sur la joue « du vieil et chétif Pape », emmènera la Papauté elle-même, humiliée et terrifiée, à Avignon, « en la longue captivité de Babylone ». C'est autour d'une question d'argent que commence cette affreuse querelle où, de mère à fils, de l'Eglise au roi, sont échangés les plus terribles anathèmes que la chrétienté ait encore entendus, et qu'elle entend au surplus sans scandale, tant les choses ont vite mûri, dans cette fin du moyen âge, sans qu'on sache d'ailleurs trop comment. Entre la royauté, dont les dépenses augmentaient avec les conquêtes, la féodalité, qui s'est ruinée dans les croisades, et le peuple, que tout le monde a tondu, qui n'a plus, depuis longtemps,

---

1. Ferrari, *Rév. d'Italie*, t. II, ch. vi.

que la peau sur les os, l'Église seule, en effet, est restée riche et continue, en vertu de la force acquise, à s'enrichir tous les jours. Or, quand Philippe eut épuisé tout ce que pouvaient lui donner l'altération des monnaies et l'expulsion des juifs après confiscation préalable, force fut bien d'établir, sous le nom cynique de maltôte, le plus juste des impôts, puisqu'il frappait également les clercs, jusque-là indemnes de toute taxe, et les laïques : pour la première fois, le droit commun entrait dans la fiscalité. Une ordonnance, qui défendait d'exporter hors du royaume les matières d'or et d'argent, suivit bientôt. Naturellement, l'Église se cabra et, tout aussitôt, doublement atteinte par l'un et l'autre décret dans ses sources vives, la Papauté lança ses foudres contre le roi. D'abord, la bulle *Clericis laïcos*, qui commence par la protestation fameuse contre l'application du droit commun au clergé : « Les clercs ont toujours été en butte à l'inimitié des laïques », et déclare excommunié de fait tout prêtre qui paiera, tout laïque qui exigera subvention, prêt ou dû, sans l'autorisation expresse du Saint-Siège. Puis, au lendemain du jubilé de l'année séculaire 1300, où Boniface, ivre d'orgueil, prenant pour lui l'hommage de l'Europe agenouillée au tombeau des apôtres, revêtit les insignes impériaux et se crut à la fois pape et césar, maître du ciel et de la terre, les bulles *Ausculta, fili*, et *Unam sanctam*. Cette dynastie française, — à qui la veille encore le Saint-Siège distribuait les trônes vacants, depuis la Hongrie jusqu'à Naples, et promettait l'Empire latin, l'Empire d'Allemagne et la Castille, — maintenant qu'elle a porté une main égalitaire et sacrilège sur les biens d'Église, les plus furieuses invectives gibelines sont trop douces pour elle. Après les tendres et moelleux avertissements (*l'Église, dans la douceur d'un ineffable amour...*), voici l'accusation de vol et de sacrilège, la menace violente, l'alliance et la réconciliation avec les plus détestés ennemis de la veille, l'excommunication finale. Seulement, la bonne étoile de la France veut que son roi, qui ne respecte rien, ne craigne pas davantage, et que n'ayant, jusque dans les plus solennels serments, nul souci de la foi jurée, il ait au suprême degré l'orgueil de l'indépendance nationale ou royale, ce qui alors est tout un. Cette **Rome** papale, que la France a faite, la France la défera de ses propres mains plutôt que d'en recevoir la loi; la lutte des empereurs gibelins contre la toute-puissance pontificale et l'hégémonie du Saint-Siège sur le monde, ce sont les rois capétiens qui la reprendront. Et, de fait, où la maison de Souabe avait échoué malgré ses victoires, mourant de son triomphe même, le petit-fils de saint Louis réussira, parce que ce brutal ne se contente pas d'opposer une domination à une autre, mais parce qu'il dresse le premier, en vrai moderne, et, si j'osais dire, en positiviste qu'il est, le principe de la société civile contre celui de la théocratie.

« Reconnaître deux principes et deux puissances, écrit Boniface, « c'est être hérétique et manichéen; mon pouvoir, le « pouvoir spirituel, embrasse le temporel et le renferme. — « C'est fort bien, répond Pierre Flotte, mais votre pouvoir « est verbal pendant que celui du roi est réel. »

Et le roi le fit bien voir; il rendit coups pour coups, avec une audace de libre-pensée qui paraît faire avancer le monde, en quelques jours, de plusieurs siècles. Aux accusations d'hérésie, il répond par les mêmes reproches rehaussés des plus incroyables injures, brûle publiquement devant toute la noblesse accourue et le peuple de Paris la bulle *Ausculta*, les impudents avis « d'un père tendre », et fait crier cette exécution, à son de trompe, par toutes les villes; il réveille enfin lui-même, du lourd sommeil où elle a dormi pendant tout le moyen âge, la troisième puissance qui disputera bientôt l'empire aux deux autres et qui débutera par juger souverainement de leur querelle. Aux premiers Etats généraux qui se réunissent, le 10 avril 1302, à Notre-Dame, pour prendre connaissance du différend entre le roi et le Pape, les trois ordres repoussent avec la même fermeté le vasselage du souverain romain.

On connaît le dénouement : l'expédition, atroce et burlesque à la fois, d'Anagni, où Florence donna plus que son or au roi de France pour leur commune vengeance, s'engagea, par Sciarra Colonna et Rinaldi, « pour la vie ou la mort du pape » ; — la folie furieuse s'abattant, « comme un châtiment céleste », sur la tête plus qu'octogénaire du pontife, souffleté et trahi, qui mourut « sans confession, sans marque de foi », « tel qu'un chien », comme il avait été prédit par son prédécesseur saint Célestin V ; — et l'Église alors, après le règne d'un jour de Benoît XI, tombant comme un fruit mûr dans la main de Philippe, le pacte de la forêt de Saint-Jean-d'Angély où l'archevêque de Bordeaux, à genoux, accepte « sur l'hostie » les six conditions du roi de France qu'il lui rendra en « six grâces », l'élection de Bertrand de Goth par le concile de Pérouse, son sacre et son couronnement, non plus à Saint-Pierre de Rome, mais à Saint-Just de Lyon, et la papauté transportée sur les bords du Rhône pour un siècle [1].

Ainsi la France qui avait, de ses propres mains, fondé à Rome la puissance temporelle des Papes, enlevait à la péninsule cette même Papauté dont Philippe le Bel avait besoin pour faire consacrer tout ensemble ses rapines et les fortes assises de la nouvelle centralité politique. Ce que sera la Papauté en Avignon, domestiquée par « les petits-fils du boucher de Paris [2] », Pétrarque l'a dit en vers redoutables : « C'est ici « le labyrinthe où mugit le minotaure ravisseur, où règnent la « Vénus impudique et Pasiphaé, amante du Taureau. Là, point « de guide ni d'Ariane ; pour enchaîner le monstre et gagner « son portier, point d'autre moyen que l'or. Mais l'on y ouvre « le ciel, on y achète Jésus-Christ. » Que deviendra cependant l'Italie ? L'inconséquence de l'âme italienne, quand elle est

---

1. Dupuy, *Histoire du différend de Boniface VIII et de Philippe le Bel;* preuves, n. 192 et suiv. — Cf. Villani, *loc cit.*, t. VIII, ch. LXIII et le continuateur de Nangis.

2. Dante, *Purgatoire*, XX.

abandonnée à elle-même, apparaît ici tout entière. De tous les despotismes qui pesaient depuis plus d'un siècle sur la péninsule, aucun n'avait réuni contre lui plus de haines que la Papauté au moment où Philippe le Bel l'attaqua en face et l'emmena en captivité : c'étaient les Papes qui ne cessaient d'appeler l'étranger, de susciter de nouvelles guerres, et, « sous « prétexte de travailler à la grandeur de l'Église, de pressurer le « peuple pour doter leurs parents, leurs neveux et bientôt leurs « propres fils [1] ». Il semblerait donc que le châtiment et l'humiliante défaite de « l'épouse infidèle » eussent dû remplir de joie l'Italie rendue enfin à elle-même, débarrassée à la fois de ces deux rivaux irréconciliables, le Pape et l'Empereur, qui l'avaient prise pour champ de bataille et ensanglantée si cruellement pendant trois siècles. Ce fut pourtant le contraire qui arriva. Non point que les Républiques italiennes ne surent tirer parti de leur délivrance pour se développer, affirmer leur autonomie, s'enrichir, étendre sur les mers les plus lointaines leur actif commerce, créer de merveilleuses industries, devenir l'entrepôt du monde, fonder le crédit et ranimer la flamme éteinte des lettres et des arts. De toutes les causes qui permirent à l'Italie du XIVᵉ siècle de s'épanouir si vite et d'atteindre en si peu d'années un degré de civilisation et de prospérité inconnues au reste du monde, il n'en est point de plus certaine que l'effondrement successif des deux formidables tyrannies, l'impériale et la théocratique, qui tarissaient toutes les douceurs de la vie et arrêtaient au passage la lumière du ciel. Si funestes pourtant qu'eussent été à l'Italie les Papes et les Empereurs, elle n'eut pas plutôt applaudi à leur double chute qu'elle les regretta. Les petits-fils des guelfes héroïques qui avaient fait la Ligue lombarde, les fils des durs politiques qui n'avaient point connu de repos tant que la tête du dernier Hohenstaufen ne fut tombée sur l'échafaud de Naples, sont les premiers à tourner au-

---

1. Machiavel, *Histoire de Florence*, liv. I, p. 67 et sq.

jourd'hui leurs regards vers le Nord et à rappeler César. De même, les neveux des plus féroces gibelins ne peuvent se consoler du départ des papes et de l'ignominieuse servitude où sont tombés les successeurs de saint Pierre ; ils ne soupçonnent même pas que la translation de la Papauté à Avignon offre à l'Italie une occasion unique de séparer ses destinées de celles de l'Église [1]. Du jour où les rois rivaux ne vinrent plus chercher la couronne du monde au pied des sept collines, l'orgueil romain, fonds et tréfonds du patriotisme italien, n'arrête point de se lamenter. En comparaison des luttes épiques qui ont rempli les siècles précédents de leurs fanfares, combien mesquines et misérables les rivalités qui divisent aujourd'hui les villes, Montecchi contre Capulets, *gras* contre *maigres*, *noirs* contre *blancs*, riches contre pauvres ! Ces déchirements des factions n'ont souvent pour cause que des rivalités et des haines personnelles, chaos où l'histoire a depuis longtemps désespéré de se reconnaître, où les contemporains eux-mêmes se perdent. Ces luttes, pourtant, deviennent presque toutes politiques et surtout sociales, offrant, dans le cadre étroit où elles se déroulent, l'image de la bataille éternelle des démocraties contre les aristocraties, du prolétaire contre le bourgeois ; ne sont-elles pas dès lors, sous leur laideur et leur férocité, le premier bégaiement de la liberté ? Mais que vaut la liberté sans l'ordre ? Et l'ordre, la bienheureuse Paix, qui donc peut l'assurer si ce n'est un Maître ?

Tant que les Papes et les Empereurs se sont disputé la puissance souveraine, le cri de toutes les âmes nobles et fières a été vers la liberté. Aujourd'hui, avec Dante, l'appel désespéré est vers la Paix, vers l'Ordre, qu'un César seul peut donner ou rendre à l'Italie. Quand le moine de la Spezzia rencontre le poète qui revient de l'Enfer, à cette question : « Que cherches-tu ? » Dante ne répond que ce mot : « La Paix », et de là *Divine Comédie* au traité de la *Monarchie* et à la *Vita*

---

[1]. Cf. Renan, *Essais de critique et de morale*, p. 234.

nuova, l'âme tourmentée du grand Florentin ne demande point autre chose. Rodolphe de Habsbourg expie au purgatoire le crime d'avoir laissé sans les panser les blessures de l'Italie. Ce besoin d'un Maître dans un si grand cœur n'est que la soif obstinée de la paix. « Italie, maison de douleur, navire sans « pilote dans la tempête hurlante, tu n'es plus la maîtresse « des peuples, mais un lieu de prostitution ! Cherche, malheu- « reuse, cherche autour de tes rives et dis si la paix habite une « seule de tes provinces[1] ! » Aussi, que le jeune Henri VII de Luxembourg paraisse sur l'Adige et Dante se précipite avec joie à sa rencontre : « Accours, viens, prends la toute-puis- « sance, donne la paix à l'Italie et au monde ! » Et comme ce pâle fantôme des Césars n'a fait que passer sur la péninsule, tel qu'une ombre sur un mur, Dante éclate en sanglots.

Hélas ! celle qui a dissipé son dernier rêve, brisé cette suprême tentative de restaurer l'Empire romain, c'est sa patrie, sa douce et cruelle ville natale, c'est Florence qui, aux heures du fugitif triomphe, s'est laissée mettre au ban de l'Empire « pour son « orgueil unique à l'encontre de la majesté royale » et qui, à l'heure des premières déceptions, a été l'âme de la révolte, « Florence qui s'élève, tandis que Rome s'abaisse ». Florence, en effet, suit son idée avec une inflexible logique ; si elle a été le bras droit de Charles d'Anjou dans la dernière bataille contre la maison de Souabe et le banquier de Philippe le Bel contre Boniface, ce n'est point aujourd'hui pour rappeler le Pape ou l'Empereur, pour leur sacrifier sa tumultueuse indépendance ou sa liberté. Mais elle seule, avec une arrière-pensée de clair-voyante jalousie, a cette sagesse, tandis que la *manie romaine*, si je puis dire, appellera encore sur l'Italie, avec le même cortège d'espérances toujours changées en déceptions, — parce qu'elle prend des souvenirs pour des espérances, — on ne sait combien de fantômes d'Empereurs. A chaque nouvelle

---

1. *Purgat.*, VI.

apparition d'un Allemand quelconque sur les Alpes, le même incorrigible enthousiasme précipite l'Italie entière, Florence toujours exceptée, aux pieds du sauveur annoncé; Pétrarque accueille Charles de Luxembourg comme Dante avait salué Henri VII : c'est toujours l'Empire romain qu'il s'agit de restaurer, l'Empire qui rendra à l'Italie la domination universelle, qui peut seul donner le souverain bien : la paix [1]. Jamais plus tenace mirage du passé n'obséda un peuple, n'arrêta sa marche vers l'avenir. L'archéologie n'est pas une politique ; tous ces Italiens qui saluent toujours dans Rome « la tête de l'univers » et qui, pour un tribun acclamé au Capitole comme Rienzi, ou pour un chevalier de Bohême ou de Bavière sacré dans Saint-Pierre, croient avoir refait la République ou l'Empire qui incarne pour eux la patrie, que font-ils cependant, après Dante et Pétrarque, si ce n'est de l'archéologie politique? Impériales ou républicaines, ces restaurations archaïques ont tout juste la solidité des décors d'opéra ; seulement, elles s'effondrent dans le sang.

En résumé, le grand parti qu'elle eût pu tirer de la ruine de la maison de Souabe et de l'exil de la papauté, l'Italie ne sut même pas l'apercevoir. Quand la défaite de la cause gibeline eut été consommée par la mort de Manfred et de Conradin, les guelfes, vainqueurs avec le Saint-Siège sur toute la ligne, auraient pu tenter un sérieux effort, avec la maison d'Anjou, vers l'unité politique. La Papauté n'ayant voulu user de la commune victoire qu'à son profit exclusif, le parti guelfe, à son tour, succomba à la tâche, se décomposant dans d'infinies divisions, resta volontairement incapable de sacrifier l'individualisme à un but commun, et le Saint-Siège demeura seul debout sur les ruines de la dynastie angevine, frappée au cœur par les Vêpres Siciliennes, jusqu'au jour où Philippe le Bel vengea Charles d'Anjou dans Anagni. L'Italie se trouva

---

1. Voir le *Canzone* sur l'Italie :
    ..... *Chi m'assicura?*
    I'vo gridando : Pace, pace, pace.

alors en présence d'une table rase et dans une situation d'autant plus propice, si les hommes avaient été à la hauteur des circonstances, que la nouvelle dynastie allemande, absorbée par des préoccupations plus pressantes, avait perdu toute envie d'intervenir dans les affaires intérieures de la péninsule ; que la Papauté, à l'engrais en Avignon, guérie cruellement de son rêve de souveraineté, semblait destinée et même disposée à devenir française, — pour ne point dire provençale ou gasconne ; — et que la dynastie capétienne enfin, portée par Philippe-Auguste, saint Louis et Philippe le Bel au plus haut degré de puissance que la France eût encore connue, toute prête à hériter de la suprématie impériale, n'avait aucune vue sur l'Italie et nulle ambition, ses propres querelles une fois réglées, d'y jouer un rôle. Le double service que la France avait ainsi rendu à l'Italie, sans doute elle le lui avait rendu involontairement, — par Charles d'Anjou, qui n'avait même pas l'aveu du roi, comme par Philippe le Bel, à qui le souci d'affranchir un peuple opprimé était complètement étranger dans sa lutte contre le Pape. — Mais l'occasion n'était pas moins favorable, et si les éléments d'une nationalité indépendante et libre avaient existé alors dans la péninsule, l'Italie eût pu se donner une constitution nationale, en même temps, ou à peu près, que la France, l'Allemagne et l'Angleterre. Seulement, ces éléments n'étaient encore qu'embryonnaires, et le moyen âge, mort en Italie plus tôt qu'ailleurs dans les esprits, devait y durer plus longtemps qu'ailleurs dans les institutions. Une Renaissance anticipée, comme un printemps précoce, fleurissait déjà dans les lettres et les arts, que la féodalité tenait encore ses forteresses et ses citadelles aux portes mêmes des villes où régnait, depuis nombre d'années, une société raffinée et délicate. De là, de cette contradiction, l'impossibilité de dégager une nation.

Les jeunes Républiques sont trop avancées dans la civilisation, trop riches, trop intelligentes, trop éprises de la vie individuelle et municipale, pour qu'elles puissent accepter la suprématie d'un Capet lombard ou toscan, d'un Castruccio Castracan ou d'un Martino della Scala, qui aurait mis hardiment la main sur cette couronne en déshérence et tenté, tout soudard qu'il fût, de fonder une royauté indigène. La féodalité, d'autre part, est encore trop puissante et trop forte pour qu'elle puisse consentir à une fédération de Républiques, où elle aurait été étouffée. L'Italie, dès lors, n'a plus qu'à attendre que le temps ait fait son œuvre, et par le renouvellement des hommes et des choses, lui ait rendu la notion de son droit à se gouverner elle-même. Une dernière fois, Pétrarque, tour à tour, comme Dante, guelfe et gibelin, se tourne en suppliant vers l'Empire et vers le Pape. Mais le Trajan rêvé n'a pas plutôt mis les pieds en Italie, « qu'il prend la fuite, seul, sans escorte, maudissant « la terre infortunée qui l'a appelé », et le pontife, à sa suite, déserte sa noble tâche pour prouver qu'il est difficile, « non « de commencer de grandes entreprises, mais d'y persévérer ».

Charles IV, Urbain V, Rienzi, la triple expérience est achevée ; c'est l'impuissance définitive de l'Empereur, du Pape, de l'Italie elle-même à créer l'unité nationale. Pétrarque enfin s'incline devant la fatalité : « Si le Christ ne se lève pour sa propre « défense, c'en est fait » ; et l'Italie, désemparée, se résigne à l'anarchie. Elle appellera à l'aide les arts et les lettres, les sciences et le commerce, pour faire sa honte la plus moelleuse qu'elle pourra ; mais elle ne cherche plus à lutter contre la Destinée ; elle admet, comme un fait accompli, irrévocable, l'impossibilité de devenir un peuple. Son histoire, c'est désormais le *Décaméron*. Elle se sent aussi impuissante contre les fléaux qui vont la ravager que les conteurs et les belles dames des jardins de Pampinea contre la *peste noire :* elle s'en distrait, comme eux, par de jolies histoires qui font passer le temps et par la galanterie. Pétrarque, inconsolable, soupire : « O douce et désirée liberté qu'on n'apprécie qu'après l'avoir « perdue ! » Boccace la remplace par l'amour.

CHAPITRE IV

CHARLES VIII EN ITALIE

Machiavel a résumé d'une phrase terrible l'histoire d'Italie pendant le *grand schisme :* « Elle n'est plus remplie que de chefs « vils et d'ignobles armées [1]. » Ce n'est plus seulement l'anarchie ; c'est la dissolution de tous les éléments politiques d'un peuple qui ne tient plus qu'à une seule liberté : la liberté de la guerre civile. Le sombre Florentin a beau chercher ; il ne découvre rien « qu'une matière corrompue ». A l'heure même où tous les peuples de l'Europe centrale prennent leur forme définitive, l'Italie, par sa haine de toute centralisation, continue à se mettre en dehors du grand courant qui a formé l'esprit moderne. Point de nation sans unité et les *tyrannies* du xive siècle, comme les Républiques du xiie, identifient l'unité avec le despotisme gibelin. Dans l'universel abandon qui succède à l'épuisement des grandes luttes, il ne reste plus qu'une patrie, mais essentiellement cosmopolite : l'Art. Le principe municipal et républicain qui a tant contribué, par Florence et Gênes, à l'échec des dernières tentatives impériales et théocratiques, a subi à son tour le destin de toutes les causes italiennes : il est mort de sa victoire. Pour avoir poussé jusqu'à la folie l'horreur « des souverainetés concrètes et matérialisées », pour avoir surtout, à l'exemple de la Grèce antique, voulu fonder la liberté sans l'appuyer sur les bases de la nationalité, les com-

---

1. *Histoire de Florence*, liv. V, p. 379. — Cf. Giannone, *loc. cit.*; E. Quinet. *Révolutions d'Italie*, liv. II ; Perrens, *Histoire de Florence*, t. V, titre IX, ch. III; Ferrari, *Révol. d'Italie*, t. III, p. 444.

munes se sont vouées d'avance à la plus affreuse des tyrannies, celle qui naît des rivalités même de la liberté. Les condottieri sortent de l'anarchie. Quand elles avaient à se défendre contre les envahissements d'une rivale, ou à tirer vengeance d'une voisine, les villes avaient commencé par se louer temporairement à des chefs de bande; dans le cercle rétréci de leur horizon, ce sont maintenant les factions d'une même ville qui font appel, l'une contre l'autre, aux condottieri, et comme le peuple *gras* est le plus riche, c'est le peuple *maigre* qui succombe dans toutes les luttes, sans autre consolation que de léguer à ses vainqueurs l'insolence du soldat mercenaire qui a gagné la bataille. Les villes qui n'avaient point voulu recevoir la loi des Hohenstaufen ou des Valois, appartiennent aujourd'hui à des soldats de fortune, qui s'appellent Galéas et Malateste, Braccio et Sforza. Après avoir étouffé la passion de l'indépendance nationale, le sentiment de la liberté municipale disparaît à son tour. Doge ou duc, gonfalonier ou roi, le prince ne partage plus le pouvoir qu'avec d'étroites et jalouses oligarchies; changer de maître est la seule liberté qui reste à ce qui fut la démocratie italienne. La fin même du grand schisme, qui rend la Papauté à Rome, fait simplement du Pape un prince de plus, à la manière des Médicis de Florence ou des Visconti de Milan.

Alors même que, plus tard, dans la seconde moitié du xve siècle, sous la domination consolidée des princes et des banquiers, l'ordre règne à la surface, le mal intérieur est-il moindre? Il suffit de gratter légèrement l'éclatant vernis pour se convaincre qu'il n'en est rien, que la vie politique s'éteint de plus en plus, même dans l'ardent foyer qui s'appelle Florence, et que la misère morale va partout croissant. Les fiers et fins profils des Médicis et des Sforza, nous avons pris l'habitude de ne les voir, sur les plus admirables médailles qui aient été jamais gravées, qu'à travers le resplendissement de la Renaissance. Éblouis et charmés par l'éclat incomparable de la philosophie et des arts, entendons-nous assez la plainte du peuple que ces durs et rapaces souverains tenaient courbé sous leur joug? Si nous connaissions aussi bien, si, du moins, nous avions aussi présente à la mémoire la dissolution politique et morale où l'Italie s'enfonce que les chefs-d'œuvre qu'elle enfante au même moment avec une prodigieuse fécondité, peut-être l'art des Brunelleschi et des Léonard se voilerait-il à nos yeux. Pareil divorce n'éclata jamais entre l'idéal et le réel; plus de honte ne s'est étalée en aucun temps à côté de plus de magnificence et de beauté. L'esprit public, l'esprit militaire, l'esprit religieux, tout ce qui fait la force et l'honneur civiques d'un peuple, a disparu dans une immense indifférence. Il n'y a plus d'affaires publiques, personne qui s'en inquiète. La grande bourgeoisie n'est préoccupée que de ses affaires privées et de ses plaisirs : Venise a perdu l'Orient et Florence la liberté, sans même songer à prendre le deuil de ces biens évanouis. Ces forums, qui avaient été aussi bruyants et parfois presque aussi glorieux que ceux d'Athènes ou de la Rome antique, sont plongés dans le silence. Ce qui reste de la politique se traîne dans d'ignobles complots où le poignard a remplacé le glaive, où le poignard lui-même, arme encore trop franche, sera bientôt d'un emploi moins fréquent que le poison. Ce qui reste de la religion est tombé encore plus bas, dans les orgies païennes d'un Sixte IV et les abominations orientales d'un Innocent VIII. A quoi bon chercher à réagir contre une aussi implacable fatalité? « La croyance générale », écrit un contemporain [1], « est que tout dans le monde, et les choses humaines « surtout, n'a d'autre cause que le hasard. » Pour trouver un commencement de révolte contre tant d'opprobre, il faut descendre aux couches les plus profondes du peuple, où la perte de la liberté n'a point la compensation des délices intellectuelles

---

1. Benivieni, cité par Perrens, *Jérôme Savonarole*, p. 44. — Cf. pour le tableau de l'Italie à la fin du XVᵉ siècle, en outre des historiens italiens déjà cités, François Delaborde, *Expédition de Charles VIII en Italie*, liv. I; Michelet, *Histoire de France*, t. IX, liv. I, ch. ɪ et ɪɪ; Henri Martin, t. VII, ch. xlɪɪɪ; Sismondi, *Républiques Italiennes*, t. XII, p. 18; Hallam, *Littérature de l'Europe*, t. I, ch. ɪɪɪ.

et parce que la misère n'y a jamais été plus cruelle, tant par elle-même que par le contraste avec le luxe d'en haut.

Voici maintenant le problème : dans cette dissolution où elle s'abîme un peu plus tous les jours, l'Italie eût-elle été capable de s'arrêter, de se ressaisir pour faire face aux formidables invasions qui la menaçaient des deux côtés opposés de l'horizon, le Turc et l'Espagne, le Croissant et l'Inquisition ?

Les écrivains modernes, italiens et surtout allemands, affectent de croire que le salut serait venu à la péninsule de sa décadence même, et que l'intervention française de 1494 n'eut d'autre résultat que de pousser plus avant l'Italie dans le sépulcre. Au moment même où le paladin français parut sur les Alpes, appelé à la fois par le Pape et par le duc de Milan, *le Prince* allait surgir, en chair et en os, qui aurait balayé la poussière des gouvernements décrépits, opposé à l'invasion de l'Orient et de l'Occident une nation subitement régénérée ou, plus exactement, créée du soir au matin, tirée du néant.

La fable est jolie ; seulement, elle est en contradiction formelle avec les dépositions de tous les témoins oculaires, surtout italiens.

Cette universelle tyrannie qui s'étend à la fin du XVe siècle sur toute l'Italie, ducale à Milan, financière à Florence, aristocratique à Venise, royale à Naples et sacerdotale à Rome, « cette paix dans l'infamie » que flétrit Machiavel, Guichardin la célèbre au frontispice de son histoire comme la plus éclatante prospérité dont le spectacle ait été jamais donné au monde. Soit, la prospérité égalait l'infamie : mais qui l'aurait défendue ?

Le peuple ? Mais quand avait-il été plus malheureux que sous les tyrannies rivales qui ne se contentaient plus de confisquer sa liberté et qui accaparaient maintenant, pour spéculer sur sa faim, tous les produits de la terre ? Abandonné dans les campagnes aux brigands que les princes traitaient en alliés, livré dans les villes à toutes les exactions du fisc, bafoué et raillé par les ministres d'une religion qui revenait par la licence des mœurs au paganisme et se moquait d'elle-même, il n'avait plus de force que pour maudire. Il faut lire dans les sermons de Savonarole l'écho de ces lamentations, les plus désolées que le ciel d'Italie eût encore entendues. Brisé, meurtri, affamé systématiquement, chancelant comme un homme ivre dans ce qui lui restait de foi, « il criait dans le vide du ciel » : comment, pourquoi se serait-il levé? Pour sauver les biens des dix-huit à vingt mille privilégiés qui vivaient de ses dépouilles et de sa servitude? Qu'eût-il perdu à changer un joug pour un autre, celui de ses tyrans indigènes ou aragonais pour celui de l'Allemand ou de l'Espagnol?

Et ce n'était point davantage ces quelques milliers de privilégiés eux-mêmes, le peuple *gras* qui vivait depuis plus d'un siècle du peuple *maigre*, parce que les haines des gibelins et des guelfes n'avaient perdu que leurs causes politiques et n'en étaient devenues que plus violentes. Pendant que le reste de l'Europe chrétienne regarde avec horreur les progrès de cette invasion ottomane pour qui Constantinople n'a été qu'une première étape, Naples, plus qu'à moitié africaine, invoque le turc contre la rivale détestée qui trône sur l'Adriatique; Venise alors, pour se venger, appelle les musulmans à Otrante (*siamo venetiani, poi cristiani*); enfin Rome elle-même, tantôt contre Venise et tantôt contre Naples ou Gênes, négocie avec l'Islam. Quel péril commun eût pu imposer silence à de pareilles haines, pour qui la notion même du péril commun n'existait pas ! Tant qu'une nouvelle domination de l'étranger n'aura point, comme le rouleau sur la glèbe, passé indistinctement sur toutes ces rivalités, elles s'obstineront dans cette lutte impie et, par conséquent, loin de se défendre, se livreront. Comment l'étranger les eût-il réunies quand c'est elles-mêmes qui l'appellent, hier le Turc, aujourd'hui les Suisses et les Allemands, demain les Espagnols? Du premier au dernier jour de ces entreprises françaises, qu'on accuse maintenant d'avoir étouffé la nationalité italienne prête à éclore, les villes ne se disputeront que le bénéfice d'avoir le roi de France pour vengeur de leurs querelles, tour à tour Pise et Sienne contre Florence, Rome et Venise contre Milan, Naples contre Rome, Florence et Rome contre Venise, Venise et Rome contre Florence. Ce sauveur indigène, qu'on imagine après coup, eût été un ennemi cent fois plus détesté que tous les hommes du dehors. En définitive, les gouvernés n'ont de haine tenace au cœur que contre les gouvernants ; — et l'ennemi, pour tous les gouvernants, c'est le voisin.

Ainsi, dans l'état de décomposition politique où était tombée l'Italie, après trois siècles dont, laissée à elle-même, elle n'avait su rien faire pour constituer sa nationalité, l'invasion était redevenue inéluctable. Pauvre, rien que par sa merveilleuse situation au milieu de la Méditerranée, la péninsule eût attiré sur elle les grandes puissances qui venaient de se constituer définitivement autour de ses frontières ; riche, éblouissante de luxe et de civilisation, elle était la proie inévitable de l'Europe. Les interventions qui se préparent à la fin du xve siècle se présentent toutefois avec des caractères essentiellement différents, celui-ci d'abord : selon leurs intérêts particuliers et leurs rancunes du jour, papes, princes et doges appellent indistinctement l'Empire, la France et l'Espagne ; le peuple appelle les Français.

Il est assurément loisible de dire aujourd'hui que le peuple se trompait et que l'alliance impériale, la *Triplice*, eût dès lors servi mieux les véritables intérêts de l'Italie ; on verra à l'œuvre tout à l'heure les Espagnols et les Allemands. Le sentiment public, quoi qu'il en soit, est général, unanime dans toute la péninsule. Depuis la fin de la guerre de Cent ans, depuis le dénouement de la grande lutte où le pays de Duguesclin et de Jeanne d'Arc avait défendu et vengé avec tant de gloire son indépendance, la France avait repris à la tête de l'Europe la place qui avait été celle de l'Empire et que l'Angleterre avait violemment convoitée. Par suite, tous les regards étaient dirigés vers elle et tout ce qui souffrait en Italie, tout ce qui était opprimé, courbé, persécuté, n'avait plus d'espoir qu'en son inter-

vention. Sortie de l'instinct populaire, la parole du prophète florentin avait pénétré jusque dans la dernière chaumière ; la délivrance, le règne de la justice ne peuvent venir que. des Français; le grand désir de *nouvelleté*, comme dit Commines, qui tourmentait l'Italie, est tourné tout entier vers celle dont le nom signifie pour tous : « Liberté. » Dès 1486, bien avant que le Pape ait rappelé à Charles VIII les droits oubliés de la maison d'Anjou sur Naples et que Ludovic le More l'ait attiré dans le Milanais pour soutenir son usurpation, la venue du roi de France avait été prédite et glorifiée à Brescia, dans les sermons enflammés de Savonarole. La péninsule tout entière fermente. A côté des tyrans mitrés ou casqués qui ne poursuivaient que leurs vengeances personnelles, il y avait ainsi un parti français à Gênes qui eût voulu donner la ville aux Valois, un parti français à Florence qui poursuivait les Médicis d'une haine furieuse, un parti français à Naples même qui regrettait ouvertement le bon temps de la monarchie angevine. Et quelle universelle explosion de joie aussitôt que Charles VIII paraît sur les Alpes, que la victoire de Louis d'Orléans à Rapallo établit l'irrésistible puissance des armes françaises ! Ce n'est pas seulement un prophète isolé, comme certains voudraient le faire croire, qui salue le roi de France en termes d'Apocalypse comme le sauveur même et le précurseur du Jugement dernier : « Enfin, tu es
« arrivé, ministre de la justice, ministre de Dieu ; et nous
« te recevons avec un cœur satisfait, avec un visage joyeux. *Ta*
« *venue a exalté les âmes de tous ceux qui aiment la justice;*
« ils espèrent que par toi Dieu abaissera les superbes, exaltera
« les humbles et renouvellera le monde. » C'est bien, tour à tour, le peuple de toutes les provinces, de toutes les villes qui se précipite au-devant du jeune Roi, acclame son vengeur, et de cette expédition dont les vieux conseillers de Louis XI n'avaient parlé qu'avec terreur, fera pendant six mois le plus merveilleux des voyages. « Grand triomphe » à Suse, le 3 sep-

tembre, quelques heures à peine après le passage de la Gravière, et le surlendemain à Turin, où Charles est reçu comme le suzerain; « artisans, bourgeois et seigneurs, tous s'offrent « d'aider et secourir le roi avec grande démonstration et signe « d'amour [1] ». A Chieri, les enfants viennent au-devant de l'armée en portant les lys de France; les applaudissements sont tels que « le roy ni sa compagnie ne trouvent point de diffé- « rence au royaume, tant on y est bien venu, prisé et honoré ». Même accueil à Casal, à Pavie, à Plaisance. Qui ne connaît la fameuse scène au seuil du baptistère de Pise, le chef du peuple faisant au roi l'histoire lamentable de sa ville parmi les pleurs et les cris de tous les citoyens assemblés, le roi, ému lui-même aux larmes, répondant « qu'il ne vouloit que justice et « était content que ceux de Pise eussent leur liberté », et aussitôt, aux acclamations mille fois répétées de : « vive France! » le grand lion, symbole de la tyrannie de Florence, le *Marzocco*, précipité de sa colonne, traîné dans la boue et jeté au fleuve? L'entrée à Florence, au lendemain de l'émeute populaire qui a chassé les Médicis, ne se fait pas au milieu d'un moindre enthousiasme. Après le long défilé où quatre notables n'ont cessé de tenir au-dessus de sa tête un poêle de drap d'or, le roi met pied à terre devant le portail de Sainte-Marie des Fleurs et entre dans l'église, raconte un témoin italien [2], « au milieu d'un tel tumulte « de cris de *viva Francia!* qu'il n'y en a jamais eu d'aussi grand « au monde. Songez qu'il y avait là tout Florence, tant dans « l'église qu'au dehors. Tout le monde criait, petits et grands, « vieux et jeunes, tous d'un vrai courage, sans adulation. Lors- « qu'on vit le roi à pied, il perdit un peu de son prestige aux « yeux du peuple; car, en vérité, c'était un très petit homme. « Mais il n'y avait personne qui ne l'aimât de bon cœur et

---

1. Desrey, *Archives curieuses de l'histoire de France*, I, 210 et sq. — Cf. Guichardin, *Storia*, liv. Ier, et Sanuto, *la Spedizione*, p. 661; Delaborde, *loc. cit.*, 397.

2. Landucci, *Diario fiorentino*, p. 80 (trad. Delaborde). — Cf. Gaddi, *Priorista*, *Archivio Storico*, t. IV, p. 47.

« comme on le devait. Il aurait été facile de lui faire entendre
« que tout le monde a des lys plein le corps. Sorti de l'église,
« il remonta à cheval et alla descendre au palais de Pierre de
« Médicis, toujours aux cris de *viva Francia!* Jamais il n'y eut
« si grande allégresse ni tant d'honneurs rendus de si bon cœur
« et sans rien affecter ». L'accueil des Romains, dans la nuit du
31 décembre 1494, ne fut pas, au dire d'un autre témoin italien,
Sanuto, moins chaleureux que celui des Florentins. Bien que
la nuit fût déjà tombée quand Charles passa la porte du Peuple,
« une foule immense se pressait sur son passage, en le saluant
« des cris de : *Francia! Francia! Colonna è Vincula!* Toutes
« les fenêtres étaient illuminées et de grands feux éclairaient
« les rues ; partout les Romains avaient arboré les armes de
« France [1] ». A Naples enfin, dans sa « bonne ville de Naples »,
telles furent, raconte Commines, les acclamations et telle l'allégresse du peuple « qu'on eût dit que Charles était le père et le
« fondateur de la ville ; jamais peuple ne montra tant d'affection
« à roi ni à nation comme ils montrèrent au roi de France [2] ».
Et Giannone : « Charles fut reçu avec tant d'empressement et
« de joie que l'expression ne saurait atteindre à les bien repré-
« senter. Les personnes de tout âge, de tout sexe, de toute
« condition, marquèrent autant de satisfaction que si elles
« eussent retrouvé le libérateur de leur patrie ; tous souhai-
« taient la domination française [3]. »

Ainsi, c'est vraiment l'Italie tout entière qui s'est levée,
du nord au midi, dans une immense fièvre d'espoir et de foi.
Les rudes barons qui entourent le roi se sentent émus
dans des fibres qui n'avaient jamais vibré jusque-là. « N'oïez-
« vous point comme un chacun crie *Francia!* Les arbres et

---

1. *Espedizione*, p. 162-165.

2. Commines (liv. VII, ch. XIII).

3. Giannone, *Histoire civile du royaume de Naples*, t. III, liv. XXIX, ch. 1ᵉʳ, p. 667 et sq.

« les pierres criaient : France [1] ! » Un intérêt du moment, exclusivement politique, avait poussé en d'autres temps les villes qui s'étaient données, comme Gênes en 1396, au roi de France ou les principautés qui s'étaient réclamées, comme Milan, de son protectorat : elles ne rendaient hommage qu'à la puissance de celui que le doge de Venise appelait déjà « le roi des rois » et le Milanais Metta « *capo de tuti cristiani* [2] ». Cette fois, c'est le peuple lui-même, l'Italie elle-même qui se livre. Évidemment, un pareil amour n'était pas tout à fait spontané; il avait des racines dans le passé, dans la forte et savante diplomatie des premiers Valois qui avaient toujours témoigné une très cordiale bienveillance aux Milanais et aux Florentins, dans les souvenirs de bonne et sage administration que la maison d'Anjou avait laissés à Naples, dans le prestige croissant de la France depuis la défaite définitive des Anglais. Cependant les deux peuples ne s'étaient point encore jusqu'à ce jour trouvés en face l'un de l'autre, ne se connaissaient encore que de réputation. Le contact est maintenant établi et la première rencontre est un embrassement.

A vrai dire, on s'embrasse plus qu'on ne se comprend et ce ne sera pas, hélas ! la dernière fois.

D'une part, quand les Pisans, à la fameuse messe du baptistère, les Florentins, le jour de l'entrée triomphale de l'armée française, viennent crier en foule : « Liberté ! liberté ! » il n'est que trop certain, de l'aveu explicite de Commines, « que le roi « n'entendait pas bien ce que ce mot voulait »; et il ne verra pas beaucoup plus clair dans les visions de Savonarole. Les Italiens, de leur côté, n'entendent pas mieux le mot de « Croisade » que le jeune roi a sans cesse sur les lèvres et se refusent à croire que des « modernes », des contemporains de leurs

---

1. C'est l'aveu du roi de Naples, Alphonse II, au moment de son abdication. (Sanuto, *loc. cit.*, p. 62.)
2. Buser, *Rapports des Médicis avec la France*, p. 418.

grands négociants internationaux, aient pu sérieusement former le dessein d'aller « délivrer » Jérusalem et Constantinople de ce Turc qui est aussi bon, sinon meilleur payeur que l'Allemand ou l'Anglais.

A qui pourtant la plus lourde faute ? Si Charles VIII n'entendait pas bien ce que voulait le mot de liberté, les Italiens eux-mêmes l'entendaient-ils davantage ? Sauf peut-être pour Savonarole, — et encore ses actes comme ses paroles abondent ils en contradictions, — l'idée de la liberté générale ou, pour préciser, de l'indépendance de la péninsule n'a vraiment pénétré encore aucun cerveau italien ; Machiavel seul, encore enfant, en a le soupçon. Si la révolte contre la tyrannie est partout, si elle éclate à chaque pas, cependant ce rêve de liberté ne dépasse guère, pour tous ceux qui en sont hantés, les limites de l'étroite province ou de la cité plus étroite encore où tant de siècles de guerre civile, d'oppression et de honte ont réduit pour les Italiens l'idée de patrie. La grande patrie commune n'existe pas encore ou, du moins, si confusément qu'il eût fallu à Charles plus que du génie pour deviner cette nébuleuse. Peut-être eût-il pu la créer, et Commines en eut le pressentiment, mais il n'est point contestable qu'elle n'existait pas.

Comment se reconnaître d'ailleurs dans ce torrent de haines que l'arrivée du justicier français a déchaînées avec un redoublement d'ardeur ? La liberté que Pise réclame, le premier usage qu'elle entend faire de ses franchises, c'est de se venger de Florence ; et, de même, la liberté que demande Florence ne peut s'accommoder des franchises que le roi a octroyées à Pise déjà menaçante, déjà toute brûlante d'un âpre désir de reprendre la lutte contre l'orgueilleuse dominatrice. Quand les ambassadeurs florentins, conduits par Savonarole, rencontrent Charles à Pontassigna, ils lui posent d'abord cette question : le roi est-il résolu à « encourager » la rébellion des Pisans et ne consentira-t-il pas à prêter main-forte à la République pour la faire rentrer dans le devoir[1] ? Après les tumultueuses négociations qui suivront l'entrée triomphale du roi à Florence et où il sera d'ailleurs beaucoup plus âprement question d'argent que de liberté politique, l'une des premières clauses du traité que la République impose à Charles, c'est qu'il rendra Pise et Livourne aux Florentins : à cette condition seulement, aussi essentielle à ses yeux que le bannissement des Médicis, la Seigneurie lui accorde un subside de 120,000 ducats, rentre « en l'alliance et protection perpétuelles » de la couronne de France et remplace, en signe d'indissoluble amitié, la fleur de lis rouge qu'elle portait dans ses armes par les fleurs de lis d'or de la maison de Valois. Tout ce que le pauvre libérateur peut obtenir des magistrats républicains, c'est qu'il tiendra garnison à Pise « jusqu'à ce qu'il ait recouvré son royaume de Naples » et que Florence « pardonnera » à sa rivale ses offenses d'un jour. Cela, le 26 novembre, dix-sept jours à peine après l'inoubliable scène où le roi, au seuil du Campo Santo, avait entendu, les larmes aux yeux, le récit du long martyre des Pisans, quand le conseiller Rabot s'écria : « Pour Dieu, sire ! « voilà chose piteuse ! vous deviez bien octroyer ! il n'y a jamais « eu de gens si maltraités que ceux-ci ! » et que le peuple jeta le lion florentin dans l'Arno, en acclamant « le nom de « France ».

Voilà donc la première révélation que Charles reçoit des sentiments des Italiens les uns envers les autres, et le spectacle des déchirements intérieurs de Florence n'est pas moins cruellement instructif. Depuis le début de l'entreprise, nul n'avait opposé aux avances du roi plus de duplicité et « de malignité » que Pierre de Médicis : alors que le peuple tout entier, dès qu'il eut appris les desseins du roi, manifestait bruyamment sa sympathie, Pierre, éludant toute réponse franche aux demandes de passage, n'avait point cessé de prêter son concours à

---

1. Guasti, *Archivio storico italiano*, t. XIV, 2ᵉ partie, p. 58 et sq.

toutes les manœuvres de nos ennemis. Le roi de Naples et le Pape qui négociaient « un bon accord avec le Turc [1] » contre la croisade française n'avaient point eu de plus sûr informateur que Pierre ; il avait fait arrêter et condamner à la prison perpétuelle les chefs du parti français, Lorenzino et Jean, fils de Pierfranceso, de la branche cadette des Médicis, pour avoir hébergé l'évêque de Lodève, fils de Briçonnet, qui traversait la Toscane ; même après la victoire de Rapallo, il était resté l'agent le plus actif de l'alliance aragonaise, multipliant les intrigues pour détacher du roi Ludovic le More et entraîner Venise contre lui ; et la bassesse même de sa soumission, après la prise de Sarzana et de Pietrasanta, n'avait fait illusion à personne. Sans connaître le texte des lettres que Pierre écrivait encore à Alfonse au moment même de partir pour le camp français, Charles avait continué à lui trouver visage de traître et la révolution populaire qui chassait les Médicis de Florence n'avait rien qui lui déplût ; l'avant-garde française, qui était entrée dans la ville depuis quelques jours, assista en simple spectatrice à l'insurrection et même au grand pillage qui la couronna. Le Roi, malgré quelques conseils trop probablement payés, n'avait donc aucun intérêt à la restauration des Médicis, surtout dans la personne de Pierre, et il n'en manifesta en aucune occasion le moindre désir. Mais, soit douceur naturelle d'esprit, soit qu'il prît au sérieux le nom de justicier qu'on lui prodiguait, Charles se considérait comme engagé d'honneur à laisser derrière lui l'apaisement et, tout en reconnaissant la Seigneurie comme le seul gouvernement régulier de la République — il avait refusé de traiter avec Pierre de la reddition des villes toscanes, comme n'étant point pourvu des pouvoirs nécessaires, — il demandait l'amnistie pour les Médicis et la restitution de leurs biens. Cela suffit pour changer en méfiance l'affection qui débordait encore la veille dans Florence. Cette tyrannie des Médicis, dont la victoire française les avait

---

1. Grégorovius, *Histoire de Rome*, VII, 209, et Delaborde, *Charles VIII*, p. 373.

affranchis, les Florentins sont persuadés ou se persuadent maintenant que Charles VIII n'a d'autre ambition que de le rétablir. Il a beau affirmer que « sa volonté n'est point de faire de nouveaux « changements, mais de calmer les discordes, de supprimer les « causes de troubles et de mettre la paix entre les citoyens » : ces cœurs, pleins de haine, ne comprennent rien à cette générosité envers d'anciens ennemis et leur astuce l'interprète aussitôt en perfidie. La haine est la grande passion de ce peuple, trop longtemps esclave : qui ne respire pas la vengeance médite évidemment la trahison. Charles se montre surpris de la fureur rétrospective qui va jusqu'à effacer sur le tombeau du grand Côme le titre de *Père de la patrie :* apparemment, il prépare le retour de Pierre. Pour continuer à mériter les applaudissements de la foule, il eût fallu que le Roi se prêtât aux mesures impitoyables que les vainqueurs avaient projetées contre les vaincus. Il s'y refuse et les rhéteurs de carrefour évoquent aussitôt le souvenir des *Vêpres siciliennes*. Livrer aux vengeances populaires les Pisans et les Médicis, voilà donc ce que Florence réclame du roi de France sous le nom de liberté !

Comment s'étonner du dégoût que tant de fureur a si vite causé à Charles et que, repoussant l'idée de se faire le condottiere des diverses cités contre les tyrannies rivales, il n'ait plus pensé qu'à hâter sa marche vers Naples pour « recouvrer son royaume » et préparer la grande expédition contre l'Infidèle ? Qu'on lui règle au plus tôt son indemnité de guerre, il partira aussitôt, laissant les factions se débrouiller entre elles, voilà, nue et triste, la vérité vraie. La parole retentissante de Capponi : « Sonnez vos trompettes, prince très chrétien, nous sonnerons nos cloches ! » on croit d'ordinaire qu'elle fut prononcée en réponse à une menace royale de réduire Florence par la force. Rien de moins exact. Le seul historien italien, Nardi, qui ait pris soin de rapporter les circonstances de cette sommation, dit en termes exprès que ce fut à propos du règlement de l'indemnité[1]. Le roi demandait 150,000 ducats ; la Seigneurie n'en accordait que 120,000. L'héroïque légende, que Guichardin a vulgarisée, de Florence prête à mourir plutôt que de sacrifier sa liberté à un vainqueur qui ne songeait même pas à la menacer, se réduit à une querelle de gros sous. Charles ne s'y méprit point et, souriant, avec un des jeux de mots qui lui étaient familiers : « Ah ! Capponi, Capponi, vous êtes un mauvais chapon ! » Tout le monde rit et, comme le roi céda sur les 30,000 ducats, la grande colère florentine désarma : le traité fut signé le même jour, « pacifiquement et joyeusement », raconte Nardi[2], *pacificamente e lietamente*. On a déjà vu qu'il ne comprenait point l'amnistie des Médicis et qu'il abolissait les franchises pisanes.

Devant ce déchaînement des jalousies locales et des rancunes des factions dont Savonarole lui-même prend sa part, peut-on, sans un violent anachronisme, reprocher sérieusement à Charles VIII de n'avoir pas opéré, dans une vaste fédération autonome, la réconciliation de tous ces frères ennemis ? « De « ses yeux unitaires de français[3] », il voyait, sans doute, le désordre, l'anarchie ; mais il n'eût pu imposer l'union que par la force. Charles ne pouvait y songer et, s'il en avait eu la pensée, l'échec eût été aussi certain que redoutable. Il continua donc sa marche, ayant l'air, tant la résistance s'évanouissait à son approche, d'être venu en touriste, « pour voir l'Italie et non pour la conquérir[4] », mais laissant derrière lui, chez les chefs des diverses factions, autant de déceptions que les progrès de son armée éveillaient partout, chez le peuple, de joyeuses espérances. Ce Roi, qui refuse de servir d'instrument aux vengeances des uns et des autres, qui ne parle à tous que d'unir la chrétienté tout entière pour chasser le Turc, il est

---

1. Nardi, *Istorie*, I, p. 43. — Cf. Delaborde, *Charles VIII*, p. 473.
2. *Istorie*, I, p. 44.
3. Ferrari, *Révolutions d'Italie*, t. IV, p. 161.
4. Guasti, *loc. cit.*, p. 51.

trop *héros de Pulci*, aux yeux des politiques stupéfaits, pour être sincère, et ces « fumées de gloire » d'Orient ne peuvent cacher que de mauvais desseins. Le paladin n'était cependant qu'un paladin, tout à fait incapable de comprendre les finesses et roueries de la diplomatie italienne, croyant bonnement à la loyauté des protestations dont on l'accablait par calcul ou par crainte, et condamné à tomber douloureusement des nues à chaque nouvelle trahison. Presque seul, au début, il avait voulu l'entreprise, contre la plupart des courtisans qui n'avaient point puisé, comme lui, dans la lecture des romans de chevalerie, l'amour des belles aventures; contre les politiques aussi, les Querdes, les Graville, Madame Anne de France, qui avaient accoutumé de dire, avec le sens pratique qu'ils tenaient du roi Louis XI, « que la grandeur et le repos de la France dépendaient « de la conquête des Pays-Bas et non du voyage d'Italie ». Seul encore, il croira jusqu'au bout à la réalisation du pieux dessein dont il avait fait, dès 1491, la confidence au roi d'Angleterre Henri VII, « à savoir de faire triompher par les armes les droits « évidents qu'il avait sur le royaume de Naples, mais de considé- « rer cette conquête comme un pont jeté devant lui pour le mener « en Grèce et, de là, expulser les Turcs de l'Europe[1] ». S'il lui arrivait, sans doute, de descendre de son rêve et, dans l'ardeur de ses vingt-six ans, d'oublier aux bras d'une amoureuse sa mission de « ministre de la Justice et de ministre de Dieu[2] », il faut croire néanmoins que le grand peuple des opprimés continuait à voir en lui un puissant défenseur, puisque tous les tyrans se hâtèrent si vite d'oublier leurs rivalités dans la crainte commune de la France et de conclure, dans le sillage à peine effacé de ses armées, une première Sainte Alliance pour leur faire repasser les monts.

Ce qui gêne, en effet, ce Ludovic le More, qui, le premier, avait appelé Charles en Italie, ce pape Borgia qu'il n'eût dépendu que

---

1. Bacon, *Historia Henrici VII*, p. 81-93.
2. Savonarole, discours prononcé à Pise.

de lui de déposer avec ignominie, et ce doge équivoque de Venise, qui n'avait cessé de lui prodiguer ses menteuses promesses, ce n'est point seulement cette foudroyante conquête de Naples, qui donne à la France la suprématie de la péninsule, c'est encore l'émotion croissante qui s'empare de leurs sujets jusque-là courbés silencieusement sous le joug et réveillés maintenant de leur mortelle résignation, — c'est qu'il a ressuscité « l'âme des guelfes [1] ». Toute la pensée dominante des futurs alliés est dans cette crainte que l'Italie se donnera volontairement à la France, parce que la France seule peut mettre une fin à ses misères. A travers ce roman tissé de chimères d'or et de sanglantes désillusions, Charles eut, en effet, au cœur, du premier au dernier jour de l'entreprise, même après les suprêmes trahisons, le sentiment profond des *pitiés d'Italie*. De quelques inconséquences qu'il se fût rendu coupable, laissant aux pires despotes le sceptre qu'il aurait pu leur arracher d'un simple geste (ici parce que de tendres yeux l'avaient imploré, là parce que la bête féroce portait la tiare sacrée de saint Pierre), le roi de France était resté, malgré tout, « le fils spirituel » de ce François de Paule que Louis XI avait fait venir auprès de son lit de moribond pour le sauver de l'enfer et qui, le premier, avait fait entendre sur les bords de la Loire et de la Seine la plainte suppliante de l'Italie. Proclamé « le restaurateur du droit », assurément Charles ne l'avait point restauré : pourtant le grand mot réparateur n'en avait pas moins été prononcé, lancé avec un fracas de tonnerre à travers le silence de la servitude. Si le roi de France n'avait donné à Pise et à Sienne qu'une heure de liberté, le contre-coup de la victoire de Rapallo avait suffi d'ailleurs pour affranchir Florence des Médicis, les bannis étaient rentrés à Rome et dans toutes les autres villes, il avait enfin chassé de Naples l'horrible gouvernement aragonais. Le génie qui fonde lui faisait défaut; il n'avait eu toutefois qu'à

---

1. Ferrari, *Révol. d'Italie*, t. IV, p. 175.

paraître pour faire craquer l'édifice du passé, pour rendre la
vie à l'espérance, pour ressusciter des idées qui semblaient
mortes à jamais, pour déchaîner les langues. La chétivité
même de sa personne contribuait à réveiller la croyance
consolatrice que la force brutale n'est point tout. « Petit de
taille, grand de cœur, » selon le mot fameux de Brantôme ; la
bonté avait reparu avec lui, pour la première fois depuis trois
siècles, en Italie. Toutes les plaintes, toutes les doléances con-
tenues depuis tant de cruelles années au fond des poitrines,
éclataient naturellement sur son rapide chemin. Trop pressé ou,
si l'on veut, trop frivole pour leur chercher un remède, il les
écoutait avec une grâce bienveillante, ce qui ne leur était
pas arrivé depuis une éternité d'humiliations et de douleurs,
et cela leur avait été déjà un soulagement immense, après tant
de détresses. Quelque chose d'humain passait, comme un
souffle vivifiant, partout où il portait ses armes victorieuses ;
on l'attendait comme les Juifs attendent le Messie [1]. » Puis,
pour petite qu'elle soit, son armée est l'image même de la
France, « une petite France complète, de toute province et de
toute classe [2] » ; et, la première glace une fois rompue, un double
courant de sympathie s'établit très vite : les nôtres découvrent
bientôt, contre leur attente, « que les Italiens sont hommes », les
Italiens que les nôtres ne sont pas des barbares, et l'armée monarchique se fait italienne de cœur. Évidemment, la marche de
pareilles troupes, encore mal affranchies du dur esprit du moyen
âge, ne va point sans désordres ni pilleries ; — ce sera bien
autre chose, tout à l'heure, avec les noirs soldats d'Espagne,
les bandits de César Borgia et les lansquenets impériaux. — Mais,
quoi qu'aient dit, par ordre, les pamphlétaires vénitiens, payés
pour diffamer et mentir, et qui ont été trop facilement crus
par des historiens même français, les outrages aux femmes

---

1. Discours des députés napolitains.
2. Michelet, t. IX, ch. IV.

furent très rares[1] : le témoignage des écrivains toscans est décisif sur ce point. Si les Français s'installaient brusquement, parlaient haut et, lorsqu'ils payaient quelque chose, « payaient les cornes et mangeaient le bœuf », — la guerre a-t-elle beaucoup changé depuis? — au moins, « il n'y en eut pas un, dépose le Florentin Landucci, « qui dît un mot déshonnête à une femme; au con-« traire, ils furent, dans beaucoup de maisons, en compagnie de « femmes de bien et ils ne firent rien de mal[2] ». Et de même le Siennois Tizio : « On n'entendit pas parler de la plus petite his-« toire de femme, ce qui n'aurait certes pas été le cas des Italiens « en France. Plusieurs contrées d'Italie subirent de bien autres « maux de la part des Espagnols et même des Italiens[3]. » — Donc, à aucun moment, ni brutalités, ni violences; bientôt, au contraire, une adoption réciproque, une charmante fraternité qui ne fera que s'affermir avec la mauvaise fortune. « Peu de jours, « peu d'heures souvent suffisaient aux soldats français pour « former des relations avec le bourgeois, avec le paysan chez « qui ils s'étaient établis ; ils s'étudiaient à rendre de petits « services à ceux qu'ils avaient maltraités ; ils travaillaient à « élever la cabane qui devait remplacer la maison brûlée dans « la bataille et ils buvaient en commun avec toute la famille « le vin qu'ils avaient puisé dans les celliers[4]. » Plus tard, le soldat espagnol, *senhor soldado*, ne daignera point « descendre « avec ses hôtes jusqu'à la conversation ». Faut-il rappeler encore les scènes touchantes de Pise, quand une véritable émeute éclata autour du Roi pour l'empêcher de sacrifier à Florence la ville martyre, et que les gentilshommes de la garde, arrachant

---

1. Kervyn de Lettenhove, *Lettres et Négociations de Philippe de Commines*, lettre de Commines à Ludovic le More pour protester contre les accusations des publicistes vénitiens, II, 149; — Cf. Commines, *Mémoires*, II, p. 347; Delaborde, p. 530.
2. Landucci, *Diario fiorentino*, p. 72, 224.
3. Tizio, *Historia Senensium*, Ms. Chigi, G. II, 36, t. VI, fol. 227 (*apud* Delaborde).
4. Sismondi, *Rép. Ital.*, t. IX, p. 120.

leurs colliers et leurs chaînes, offrant leur solde, s'écriaient avec des larmes : « Si c'est de l'argent qu'il vous faut, voici, « prenez, mais ne rendez pas ces malheureux à leurs ennemis [1] ! » La source de sympathie et d'amour qui jaillit de pareilles scènes, faites pour la légende, sera longtemps à tarir. Les Alpes semblaient s'être définitivement abaissées [2].

Si l'on veut se rendre compte de ce que fut vraiment l'entreprise de Charles VIII, ce n'est donc pas les faits brutaux qu'il faut considérer : il faut regarder dans les esprits. L'on aperçoit alors clairement que cette course d'une armée française qui traversa par deux fois l'Italie, dans toute sa longueur, en l'espace de quelques mois, a été vraiment une révolution et qu'une modification profonde s'opère dès lors, de l'un et de l'autre côté des monts, dans les idées des deux peuples. Et, sans doute, l'école matérialiste aura toujours beau jeu à montrer que Charles VIII fit un marché de dupe le jour où, pour assurer ses derrières, il rendit à Maximilien la Franche-Comté et l'Artois, à Ferdinand le Catholique le Roussillon et la Cerdagne, à condition qu'ils ne troubleraient point son entreprise. « On ne faisait « pas réflexion, a écrit Voltaire, que douze villages qui joignent « un État valent mieux qu'un royaume à quatre cents lieues de « chez soi [3]. » Duperie, d'ailleurs, d'autant plus douloureuse que Maximilien et Ferdinand furent à peine rentrés en possession des conquêtes de Louis XI qu'ils protestèrent contre l'expédition de Naples, conclurent la ligue de Venise et, toute sanglante que fût la défaite des confédérés à Fornoue, forcèrent cependant les Français à repasser leurs frontières rétrécies sans qu'il leur restât bientôt un pouce des conquêtes de Charles VIII. Sur la carte, après une année de batailles, de démonstrations

---

1. Commines, II, 440; Portovenere, *Memoriale*, 313-314.

2. Michelet a très bien vu cet état des esprits (IX, ɪ, 1) qui a été, au contraire, tout à fait méconnu par Edgar Quinet. (*Rév.*, VI, p. 319.)

3. *Essai sur les mœurs*, ch. cvii. — Cf. Cherrier, *Histoire de Charles VIII*, I, 247, etc.

théâtrales et de fêtes, la France était ainsi diminuée dans son territoire et l'Italie, plus morcelée que jamais, sous les mêmes tyrans restaurés. Seulement, France et Italie ne sont plus les mêmes peuples. L'âme latine de la France, captive pendant tant de siècles de la scolastique, se retrouve et s'épanouit à la lumière éclatante de la renaissance italienne, et, de son côté, au vif et impétueux contact de la France, l'Italie s'est réveillée à nouveau à la vie publique ; soulevant la pierre du sépulcre, elle a repris conscience d'elle-même, de son droit à l'existence et de sa destinée comme nation.

Que fût-il advenu de la France si, fidèle à la politique dure et froide de Louis XI, docile aux conseils du maréchal de Querdes, Charles VIII se fût contenté d'un rôle vague de médiateur en Italie et eût porté vers le Nord et le Rhin tout l'effort de ses armes? Il n'eût empêché, à coup sûr, ni l'un ni l'autre des deux redoutables mariages de Maximilien, le sien et celui de son fils, qui firent l'énorme grandeur de la maison d'Autriche et devaient fatalement aboutir au combat héroïque de François Ier contre Charles-Quint pour la liberté de l'Europe ; et l'âme française, encore à demi gothique, n'aurait peut-être jamais reçu le chaud rayon, l'ardent coup de lumière italienne qui la fit éclore et fixa définitivement son avenir. Mais combien plus cruel eût été, sans l'intervention française, le sort de l'Italie ! A la rigueur, la France s'en fût tirée, plus tard, avec plus de peine, parce que la poussée qui l'entraînait vers les pays du soleil et de l'art eût fini par être irrésistible ; au pis aller, rudement embourgeoisée par Louis XI, elle fût devenue une manière d'Angleterre continentale. Mais l'Italie était vouée irrévocablement à la mort. A supposer qu'elle eût échappé à l'invasion ottomane, elle tombait, au plus affreux moment, sous la griffe plus terrible encore de l'Espagne ; imaginez Torquemada arrivant à Florence ou à Rome, vers 1492 ou 1494, en pleine renaissance païenne, pour y exercer son métier de bourreau : que devenaient Léonard et Michel-Ange? C'était le génie italien lui-même qui montait sur le bûcher de l'Inquisition [1].

Et j'entends bien que ces sortes de vérité apparaissent surtout après coup ; l'Italie, cependant, à la veille même de l'entreprise française, en eut l'intuition très nette et fut saisie d'horreur. La tolérance religieuse avait été toujours l'une de ses vertus ; la philosophie, en cette fin du xve siècle, régnait souveraine sur la société ; à Rome comme ailleurs, toute pensée était libre, la molle corruption du clergé s'accommodant gaîment des hérésies. Or, au même moment, le sombre fanatisme espagnol avait atteint son paroxysme, les prisons et les échafauds de la *Suprême* ne désemplissaient point, les autodafés flambaient aux quatre coins de l'affreux royaume et, par milliers, sur toutes les routes de l'Afrique méditerranéenne, de la Guyenne, du Portugal, fuyait le peuple proscrit des juifs, emportant avec lui, dans sa détresse, la fortune de l'Espagne, ruinée pour des siècles par son expulsion. Vingt à trente mille de ces malheureux arrivèrent, mourant de faim et de peur, sur les côtes d'Italie, où tous, le Pape aussi bien que les républiques, leur offrirent une cordiale hospitalité. Qu'on juge de l'impression produite par leurs récits bientôt colportés de bouche en bouche et que confirmaient tous ceux, ambassadeurs ou marchands, qui, pleins d'épouvante et de dégoût, poursuivis par le cauchemar des chairs grésillantes et fumantes, revenaient alors d'Espagne en Italie (1492). Le Pape lui-même — et c'était Alexandre VI ! — ne put contenir, bien qu'espagnol, sa réprobation contre tant de barbarie, adressa réprimande sur réprimande à Torquemada, finit par lui envoyer quatre commissaires romains avec mission expresse de réfréner tant de fureur. Et les contemporains, aimables et sceptiques, de Boïardo et de Pulci auraient été livrés à une pareille domination ! Comment,

---

1. Michelet (*Renaissance*, ch. 1er) a fait cette démonstration avec une force irréfutable : « Si l'Espagne n'eût pas eu la rivalité de la France dans la conquête d'Italie, son invasion, à cette époque, aurait été celle de l'Inquisition ; l'Italie serait devenue, elle aussi, un bûcher. Ce malheur n'eut pas lieu. L'invasion, retardée, ménagée, fut toute politique. »

« de tout côté, le peuple d'Italie n'eût-il pris cœur pour la
« France[1] » ?

Les dangers écartés comptent peu dans la reconnaissance des
peuples ; le réveil général de la vie publique fut une conséquence plus sensible, sinon plus réelle, de l'entreprise. Comparez à la désespérante léthargie politique qui précède le passage de Charles VIII l'intense agitation qu'il soulève et qui lui
survit. Assurément, cette agitation que la France a créée ne
tardera pas à se retourner contre elle, croissant tous les jours
de trop de déceptions et de mensonges, grossissant des mille
souffrances nouvelles que la guerre chronique va déchaîner
sur la péninsule, déjà prédestinée à conclure au formidable
chapitre du *Prince* : « Exhortation à délivrer l'Italie des
barbares, » c'est-à-dire de tous les envahisseurs étrangers, sans
distinction. Quelques fautes qu'ait commises l'intervention
française, c'est elle pourtant qui interrompt par une tumultueuse prescription cette indifférence des intérêts généraux, le
plus grand malheur qui puisse frapper un pays ; c'est elle qui
fait redescendre dans les assemblées du peuple, dans la rue, sur
les places, la politique qui, depuis la fin du XIVe siècle, était
devenue le monopole de quelques princes, de quelques capitaines
et de quelques banquiers[2]. L'Italie, qui avait abdiqué tout souci
de sa destinée, a recommencé à s'intéresser à elle-même ; les
révolutions de Florence, les tumultes de Pise, les désordres de
Sienne, les émeutes contradictoires de Milan, c'est, malgré
tout, à la place de cet abandon de soi-même, signe honteux des
servitudes volontaires, la vitalité politique qui renaît, c'est-
à-dire la vie même ; et dès qu'elle renaît, elle aspire à la
liberté. Le roi de France, faible et capricieux, surtout ignorant, a beau méconnaître sa mission, ouvrir l'oreille aux

---

1. Commines, I, VII, 8.
2. Machiavel, *Fragments historiques relatifs à l'histoire de Florence* ; Villari, *Jérôme Savonarole*, etc. — Voir, sur la décadence de la vie politique en Italie, une très belle page de Lanfrey, *Hist. des Papes*, p. 313.

flatteries des anciens tyrans : la liberté s'attache à ses pas. Et la preuve, c'est Florence, — Florence qui a vécu avec lui en perpétuelle querelle, tantôt sur Pise, tantôt sur les Médicis, mais qui, du jour où elle a vu clair, où elle a été convaincue par l'évidence des faits qu'il ne songe pas à restaurer la tyrannie brisée à Rapallo, s'attache violemment à lui, refuse obstinément d'entrer dans la sainte alliance de Venise, repousse avec la même fermeté promesses et menaces, le More et l'Empereur, porte au pouvoir le parti français avec Savonarole, au moment même où la moitié de l'Europe se ligue contre la France, s'obstine à croire et à espérer même après l'abandon, lutte encore et combat pendant que le paladin fatigué n'est plus occupé qu'à raconter ses gestes aux dames d'Amboise. Écoutez la réponse de Lorenzo Lenzi, gonfalonier de justice, à l'ambassadeur de Milan : « Pour rien au monde, ce peuple ne se détachera de la volonté du Roi très chrétien ; les ligues perdent leur temps, tout est réglé avec lui[1]. » Et frère Jérôme, jusqu'à la dernière heure, à la dernière minute, abandonné, misérablement trahi et sacrifié, reste inébranlable dans la prédication de l'alliance française. Quelques mois avant son horrible mort, il écrit encore au roi : « Reviens, reviens vite pour réformer l'Église par l'épée et chasser les tyrans. » Jusqu'au bûcher, il professe sa foi, non plus sans doute dans le Roi maudit, mais dans la France qui, elle, en effet, ne l'avait point oublié, qui protestait d'une seule voix, par Commines, armée et peuple, contre l'inaction honteuse de la Capoue tourangelle (Amboise) et dont l'appel, hélas ! sera entendu trop tard. Le pauvre corps, maigri et décharné, du divin visionnaire, le vrai maître de Michel-Ange, sera à peine brûlé et réduit en cendres qu'une grande lettre anxieuse, suppliante, arrivera de France pour demander sa grâce : le Roi ne se nomme plus Charles VIII, mais Louis XII. Encore une fois, dans Florence retombée sous le joug, en proie

---

1. Manfredi, *Atti e mem.*, IV, 354, 30 juin 1495.

aux *Arrabiati*, Machiavel avait été prophète : « Le succès des
« Français nous a fait perdre à moitié notre puissance; leurs
« revers nous raviront notre liberté [1]. »

1. *Fragments historiques*, note, p. 231.

CHAPITRE V

LES ENTREPRISES FRANÇAISES

Ce qui prouve surtout, contre les déclamations, combien l' « entreprise » française a été, tout compte fait, généreuse et émancipatrice, c'est que le peuple même n'arrête point de nous rappeler, tandis que les autres interventions étrangères ne seront jamais réclamées que par les gouvernants. La péninsule a souffert et sait bien qu'elle souffrira encore de notre invasion, dure nécessairement par elle-même, plus cruelle par les invasions allemandes, espagnoles ou suisses qu'elle provoque et à qui elle sert de prétexte. Si l'Italie démocratique et « guelfe » nous adresse ces nouveaux appels, c'est donc apparemment que la part des maux déchaînés par nos armées a été moins grande que celle des biens passagèrement réalisés, des espérances éternellement renaissantes. Je ne dis point que les Français n'eussent pas pris goût, d'eux-mêmes, au voyage d'Italie; ils y avaient trouvé plus que le plaisir et que la gloire elle-même : la révélation de leur propre génie. Mais ouvrez, de Commines à Guichardin, toutes les histoires et, partout, à chaque page, il est évident que si les Français avaient pu oublier les chemins de l'Italie, les Italiens eussent pris grand soin de les leur enseigner à nouveau. Selon la passion ou l'intérêt du moment, les princes s'adresseront tour à tour à la France et à l'Empire; les masses populaires, les patriotes qui

---

1. Commines, I, VIII, 25.

ont gardé le culte de Savonarole, les *piagnoni*, les villes républicaines n'acclameront jamais, malgré d'amères déceptions, que les Français. A peine Charles VIII a-t-il repassé les monts que Florence, Mantoue, Bologne et Ferrare le supplient de « faire retour en Italie ». Et nul doute que, sans Briçonnet, il fut revenu, tant pour sauver « ses hommes de Naples » que pour châtier le More, convenant d'ailleurs que, « s'il pouvait recou-
« vrer ce qu'il avait perdu, il pourvoirait mieux que par le passé
« à la garde du pays[1] ». Charles mort, le duc d'Orléans, « qui
« aussi bien en frétillait », a eu tout juste le temps de prendre la couronne, que les mêmes supplications, plus instantes, et d'autres encore viennent l'assaillir à son tour ; cette fois, par un mémorable retour des choses, c'est l'Italie tout entière qui invoque la France contre ce Ludovic Sforza, naguère encore, sinon le premier, du moins le plus ardent à faire venir Charles VIII. Venise est à la tête de la ligue contre le tyran du Milanais et, avec elle, les ducs de Savoie qui mettent leur orgueil du moment à passer pour de simples vassaux du royaume de France, Florence où le parti républicain vient de reprendre le dessus contre les Médicis. Dans l'universelle acclamation qui salue le retour des Français, un seul allié reste à Ludovic : le Turc, Bajazet, qui tente une diversion contre Venise en ravageant le Frioul. Un mois suffit à la conquête de la Lombardie. Le peuple vint au-devant de Louis XII à une grande lieue de Milan, saluant le petit-fils de Valentine Visconti comme le libérateur de l'Italie.

N'objectez point que l'Italie, en cette dernière année du xve siècle, n'avait fait encore qu'une seule expérience des Français ; que, prise à la course par les vainqueurs de Rapallo et reperdue aussi vite, elle n'avait point d'eux une connaissance suffisante. Plus la connaissance se resserre, plus, au contraire, vont se multiplier les appels à une intervention qui seule, malgré de lamentables erreurs, peut lui assurer un peu de justice et de liberté. Si Charles VIII n'a fait que passer, presque sans combattre, « la craie à la main [1] », selon le mot fameux d'Alexandre VI, les guerres de Louis XII ont duré près de dix-sept ans, et quelles guerres ! Où trouver un plus affreux massacre que celui de Capoue, une plus stupide alliance que celle des Borgia, une politique plus insensée que celle de Cambrai ? Quelque médiocre usage que Louis XII ait fait d'ordinaire de ses victoires, sa défaite finale, sous les coups redoublés de la Sainte-Ligue, n'en apparaît pas moins, à la moitié de l'Italie, comme la sienne propre. Ce n'est pas seulement La Palisse qui est vaincu sous Pavie et à Novare : c'est Milan qui devient la proie des Suisses, c'est Florence qui retombe du coup pour ne plus se relever, sous la domination des Médicis, plus lourde et plus mortelle que jamais ; c'est Rome même où le pape Jules, sur son lit d'agonie, la rage au cœur, reconnaît que sa victoire contre la France a été la restauration de tous les tyrans, l'installation définitive des Espagnols et des Impériaux, la licence aux plus brutaux des mercenaires de faire main basse sur tout. Et dès lors, l'avènement de François Ier ne sera pas salué en Italie avec moins de joie et d'ardente espérance qu'en France même : il sera Gaston de Foix sur le trône, il sera le libérateur définitif de la péninsule [2].

S'il est une ville italienne qui ait, à cette époque, le droit de maudire l'intervention française, c'est assurément Venise. Alliée fidèle de Louis XII, dès le début de son règne, contre Ludovic, n'ayant rien fait pour démériter de son amitié que de lui dénoncer à temps la fourberie des Borgia et les malédictions dont leurs crimes chargeaient le nom du Roi, tout à coup, sous les excitations haineuses du Pape et de Florence, elle a été déclarée à Cambrai « l'ennemie publique de l'Europe », — parce

---

[1] Machiavel, *le Prince*, ch. XII. — *Col gesso*, parce que le roi n'avait eu rien de plus à faire qu'un maréchal des logis, qui marquerait les logements sur les portes avec de la craie.

[2] Romanin, *Storia documentata di Venezia*, t. V, p. 298 et sq. ; Sismondi, *Rép. Ital.*, t. VIII, p. 201.

que, sans doute, elle avait été son plus solide boulevard contre le Turc, — sacrifiée à l'Empereur, — parce qu'elle était la sentinelle de l'Italie contre l'Allemagne, — livrée à une véritable exécution militaire comme usurpatrice, tyrannique et provocatrice de désordres, — elle qui était, de l'aveu de tous, le meilleur gouvernement du xvie siècle, — dans l'espace de quelques semaines enfin, dépouillée de toutes ses conquêtes lombardes, réduite, une fois de plus, comme aux jours des pires épreuves, à se jeter à la mer. Or, François Ier est à peine roi, que Venise, la première de toutes, rappelle les Français en Italie. Sous les bourreaux qui les tiennent et les écrasent, la Lombardie, en proie aux Suisses, la Toscane, en proie aux bandes d'Espagne, Florence, la plus ancienne et la plus acharnée de ses rivales, en proie aux Médicis[1], vivent dans une telle terreur qu'elles n'osent même plus se plaindre : c'est Venise qui élève la voix en leur nom et, parlant pour tous, supplie la France de repasser les Alpes « dans l'intérêt général de l'Italie ». Le lendemain du sacre de Reims, les ambassadeurs de la sérénissime République, Piétro Pasqualizo et Sabastiano Giustiniano, reçus par le jeune Roi en audience solennelle, l'invitent en deux longues harangues à envoyer au plus tôt des forces nouvelles en Italie : de lui seul, la péninsule peut attendre quelque liberté; lui seul peut l'affranchir de l'atroce domination des Suisses ; Louis XII, dans la dernière année de son règne, avait reconnu ses torts envers Venise et renoué avec elle; menacée de nouveau par la triple alliance de l'Empire, du Pape et de l'Espagne, elle implore la France qui ne refusera pas le secours de ses armées[2]. — On sait de reste que l'espérance de Venise ne fut pas trompée, comment Marignan délivra l'Italie et que jamais victoire, pas même Solférino, ne fut célébrée par elle avec plus de joie.

---

1. Voir les lettres familières de Machiavel.

2. Romanin, *loc. cit.*, p. 299; Guichardin, *loc. cit.*, liv. IV. — Voir le compte rendu de l'audience et la réponse de François Ier, chez Mignet, *Rivalité de François Ier et de Charles-Quint*, I, p. 67.

Que la fierté rétrospective des Italiens se révolte aujourd'hui contre ces appels perpétuels de l'Italie de la Renaissance à l'intervention étrangère, nous n'y trouvons pas à redire ; les faits cependant sont là, relatés surtout par Guichardin avec une inépuisable abondance de détails et, au surplus, sans le moindre étonnement. Il s'applique assurément à mettre en pleine lumière l'ambition opiniâtre des rois de France désireux de joindre à leur couronne celle de Naples et celle du Milanais, à revendiquer les droits qu'ils tiennent du chef de Charles d'Anjou et de Valentine Visconti ; il n'en convient pas moins que la France n'est point descendue une seule fois en Italie sans y avoir été instamment appelée par l'une ou par l'autre des principautés ou républiques italiennes, sans y avoir été saluée, tantôt par Venise et Naples, tantôt par Milan et Florence, comme la libératrice espérée. J'ai beau chercher d'ailleurs dans toute l'Italie d'alors, je n'y puis trouver qu'un homme, un seul, qui ressente l'humiliation de cette plaie, effectivement honteuse, de l'intervention étrangère et qui ait au cœur l'ardente passion de la fermer : c'est Machiavel. Quand il écrivait cependant, après tant de pages d'une dureté calculée et voulue, cette page d'une déchirante éloquence où il met à nu tout son cœur : « Que l'Italie le voie enfin paraître, après une si
« longue attente, ce rédempteur ! Je ne puis trouver de termes
« pour exprimer avec quel amour, avec quelle soif de ven-
« geance, avec quelle fidélité inébranlable, avec quelle véné-
« ration et quelles larmes de joie, il sera reçu dans toutes ces
« provinces qui ont tant souffert des invasions étrangères ! Quelles
« portes pourraient rester fermées devant lui ? Quels peuples
« refuseraient de lui obéir ? Quelle jalousie s'opposerait à ses
« succès ? Quel Italien ne l'entourerait de ses respects ? Y a-t-il
« quelqu'un dont la domination des barbares ne fasse bondir la
« poitrine[1] ?... » à qui adressait-il cette suprême prière et qui donc

---

1. *Le Prince*, ch. XXVI, *in fine*.

avait été le héros de son livre ? Il dédiait cette invocation « au magnifique Laurent », au fils de ce Pierre de Médicis que Florence avait chassé avec tant de mépris et qui, traînant une vie honteuse à la queue des armées étrangères, n'avait cessé de menacer sa patrie d'un retour plein de vengeances, — lui-même, ce Laurent, le plus dur et le plus rapace de sa maison, allié servile des plus insolents envahisseurs, digne fils de son père et digne père de Catherine. Et le héros même du *Prince* avait été ce César Borgia, — calomnié ou non, peu importe ici, dont la scélératesse était tout le génie à moins qu'elle ne l'ait rendu stérile et tué, c'est une autre affaire, — mais dont Machiavel avait déjà dit, pour mettre sa gloire en pleine lumière, « qu'il « apparut à l'Italie comme ayant la France pour arme », *armato de' Francesi*. Ainsi, pour chasser ces barbares, Machiavel lui-même, cet apôtre le plus obstiné et le plus illustre de l'idée de la nationalité italienne, patriote dans les moelles alors qu'il n'y avait point encore de patrie, ne trouve que deux hommes, un Médicis et un Borgia, et tous deux n'ont jamais déployé leurs drapeaux qu'à côté des étendards de l'étranger, n'ont été puissants l'un et l'autre que par l'appui de l'envahisseur allemand ou français.

Aussi bien, cet idéal des patriotes exclusifs, *fara da se*, si l'Italie, par la suite, n'a point été en mesure de le réaliser, comment s'étonner qu'elle ne l'ait pu davantage au xvi° siècle ? Dans l'état de décomposition où elle traînait depuis le grand Schisme, frappée de stérilité politique, par un étrange contraste, à l'heure même de sa plus abondante explosion artistique et littéraire, c'était l'évidence que seul un bras étranger la pouvait relever, lui donner la force nécessaire pour s'émanciper à l'intérieur des tyrannies locales et pour assurer le respect de son indépendance au dehors. Seulement, ce bras, il s'agissait de le choisir et, l'ayant choisi, de le garder jusqu'à ce que l'œuvre fut accomplie. Or, précisément, il n'en fut rien. Si le sentiment populaire fut presque constamment favorable à la France qui avait paru la première sur les Alpes, la plupart des gouvernements et surtout le Pape se faisaient un jeu de changer d'alliance à chaque printemps. Le peuple tenait d'ordinaire pour la France, parce qu'elle avait été saluée au début de ses entreprises comme devant restaurer la justice et qu'elle se souvenait de cette prédiction plus souvent qu'elle ne la méconnaissait; dans les régions où le roi avait commis la faute d'établir sa domination directe, son pouvoir avait été, sauf de rares exceptions, aimable et léger, sans rancunes tenaces contre les ennemis de la veille, protecteur des savants et des artistes, bienfaisant aux pauvres dont Charles VIII dégreva les impôts en Lombardie et à Naples, parfois même assez hardiment réformateur des abus, comme le jour où Louis XII établit le parlement de Milan sur le modèle des cours souveraines de France. Pour ces mêmes causes, les gouvernements princiers et même les républiques étaient trop souvent hostiles et, après avoir appelé ou rappelé la France, invoquaient contre elle, au moindre froissement d'intérêt ou d'ambition, l'Empire, l'Espagne et les Suisses. L'Italie devint ainsi le champ de bataille du monde. Le jour où le pape Alexandre VI bénit la ligue de Venise qu'il avait fomentée contre les Français, ses panégyristes allemands proclament qu'il fonda l'équilibre européen ou, tout au moins, qu'il posa les premiers principes de la politique internationale des temps modernes. Je veux le croire. Mais le certain, c'est que l'indépendance de l'Italie devint, dès ce jour, l'enjeu de la partie : quel qu'il fût, l'Italie serait la proie du vainqueur, la récompense de la victoire.

Si l'on cherche maintenant à déterminer, dans cette lutte, les fautes principales de la politique française, la première, que la plupart des contemporains ont déjà signalée, consista à ménager sans cesse le Saint-Siège qui ne nous en sut aucun gré, à respecter en lui le pouvoir alors le moins respectable de la péninsule et du monde entier. S'il fut jamais un pape contre lequel, avec l'assentiment de toute la chrétienté, il était loisible au fils aîné de l'Église d'avoir recours aux plus extrêmes rigueurs, — sa déposition eût peut-être empêché le schisme de Luther, — c'était Alexandre VI, athée, assassin et incestueux, que l'Italie tout entière proclamait « vil et infâme[1] ». Or, Charles VIII fut à genoux devant lui, et de son fils César, — qui s'appelait César *de France*, — Louis XII fera plus que le représentant, le directeur même de ses affaires en Italie; il regarde « toute brouillerie avec le Pape comme un grand malheur[2] ». Après Fornoue, comme après Rapallo, la politique était de maintenir avec une énergie inébranlable les franchises de Pise contre Florence, — ce qui nous donnait le cœur de toutes les petites cités opprimées, — mais d'indemniser hardiment la république de Savonarole sur les États du Pape, — ce qui nous donnait au centre de l'Italie une base nationale d'opérations. — Charles, dès qu'il fut en présence du Borgia, trembla de tous ses membres et ne sut que lui baiser les pieds. Le cardinal de la Rovère avait réussi à fournir au Roi les preuves certaines des intelligences du Saint-Père avec le sultan, d'une négociation entamée et déjà fort avancée pour combattre la croisade française : peines perdues ! Ce monstre est pape, il donne le chapeau rouge à Briçonnet : qu'il continue à régner ! Il continua à trahir, devint l'âme de la ligue de Venise qui surprit le Roi à Naples et le força à plier bagage.

La diplomatie de Louis XII fut, si possible, plus sotte encore et plus misérable : il ne lui suffit pas de laisser en repos le vieux traître du Vatican, il travaille encore à l'agrandir en lui livrant les Romagnes, « ajoutant ainsi au pouvoir spirituel, « qui lui donne déjà tant d'autorité, un pouvoir temporel plus considérable[3] »; et, sur son conseil, — faute plus lourde encore, — appelle l'Espagnol à partager avec lui le royaume

---

1. *Ann. eccl.*, 1460, t. XXIX, p. 230; lettre du pape Pie II. — Cf. Burchard, *Diarium*, t. I, p. 567.
2. Sismondi, *Rép. Ital.*, t. IV, p. 4.
3. Machiavel, *Prince*, ch. III.

de Naples. « Je me trouvais à Nantes, écrit Machiavel[1], à
« l'époque où le Valentinois (c'est ainsi qu'on appelait alors
« César Borgia) se rendait maître de la Romagne : le cardinal
« d'Amboise, avec lequel je m'entretenais de cet événement,
« m'ayant dit que les Italiens ne comprenaient rien aux affaires
« de guerre, je lui répondis que les Français ne comprenaient
« rien aux affaires d'État, parce que, s'ils y avaient compris
« quelque chose, ils n'auraient pas laissé l'Église s'agrandir à
« ce point. L'expérience, en effet, me fait voir que la grandeur
« de l'Église et celle de l'Espagne en Italie ont été l'ouvrage
« de la France et ensuite la cause de sa ruine dans cette contrée. »
Quelque cruelle qu'elle ait été l'expérience pourtant sera perdue pour Louis XII, et les mêmes fautes qu'il avait commises dans ses rapports avec Alexandre VI, il les recommencera avec son successeur. Ce Jules II, qui avait guidé en Italie, comme cardinal de Saint-Pierre aux Liens, la première invasion française et dont le premier acte, à son avènement, avait été de jeter sur Venise la ligue de Cambrai, était un condottière sur le trône et, de l'aveu même de ses amis, n'avait rien du pontife et du prêtre. « Variable comme le vent de Gênes, » selon la forte parole de Michelet[2], ce Génois n'était invariable que dans sa passion d'enrichir sa famille et d'agrandir sa puissance temporelle. « Je voudrais un seul maître à l'Italie, écrit-il à son frère, le *pontife romain.* » Après avoir joué de la vertu contre les Borgia pour les supplanter, il joue maintenant, pour consolider sa domination, du patriotisme : pour chasser d'Italie les « barbares » français qu'il y a conduits et qu'il vient de mener contre Venise, « peste et calamité de la péninsule », il appelle à l'aide ces autres étrangers, cent fois plus barbares, les Espagnols, les Allemands et les Suisses. « Singulier suc-
« cesseur du Christ, s'écrie un de ses propres lansquenets[3],

---

1. Machiavel, *Prince*, ch. III.
2. *Histoire de France*, t. IX, ch. IX.
3. Ulrich de Hutten, cité par Zeller, l'*Italie et Renaissance*, p. 435.

« qu'on voit recouvert d'une armure et l'épée à la main, la che-
« velure et la barbe hérissées, la fureur dans les yeux et la
« menace à la bouche, acheter la possession de la terre par la
« fraude et vendre le ciel qu'il ne possède pas. » Or Louis XII,
tant qu'il n'a point reçu dans le dos le poignard de la Sainte-
Ligue de 1511, ne sait que se mettre à genoux devant lui.
Citons, ici encore, Machiavel, si hostile cependant aux entreprises françaises : « Pour mettre un pape à la raison, » écrit-il
dans ses *Légations*[1], « il n'est besoin ni tant d'empereurs, ni
« tant de bruit. Si, par le passé, ceux qui ont fait la guerre
« au Pape ont pu, comme Philippe le Bel, le faire renfermer
« dans le château Saint-Ange par ses propres barons, ceux-ci
« ne sont pas si bien éteints qu'on ne puisse trouver le moyen de
« les rallumer. » Il faut croire que la race en était morte.

Si jamais, depuis les invasions sauvages du v⁰ siècle, l'Italie
avait été menacée de mort, c'était par l'avalanche suisse que
Jules II y avait fait descendre et qu'un flot d'Uri et d'Unter-
walden, toujours nouveau, grossissait sans cesse. Dans la
journée épique de Marignan, où François Ier combattit vraiment
avec Venise pour la liberté et la vie même de l'Italie, tous les
vœux du nouveau Pape, toutes ses ardentes prières, sont cependant pour les bandes helvétiques qui portaient sur l'épaule et sur
la poitrine la croix de Saint-Pierre. Le premier jour, à la fausse
nouvelle de la victoire des Suisses, des feux de joie avaient été
allumés dans Rome et Léon X, souriant, avait annoncé lui-
même à l'ambassadeur de Venise la déroute du roi de France.
Le lendemain, Marino Giorgi apprend la vérité de la Seigneurie;
il s'empresse de venir porter la nouvelle au Pape qui était
encore au lit et sortit de sa chambre à moitié habillé.
« Saint-Père, dit l'ambassadeur, hier Votre Sainteté me
« donna une nouvelle mauvaise et fausse; aujourd'hui, je vous
« en apporte une bonne et vraie. » Léon X parcourt les

---

1. 3⁰ *Légation*, lettre IX, de Blois, le 9 août 1510.

lettres de la Seigneurie et pâlit affreusement. « Qu'adviendra-t-il
« de nous et de vous aussi? — Nous sommes avec le Roi Très-
« Chrétien, répond Giorgi, et votre Sainteté n'a rien à craindre
« de lui, non plus que le Saint-Siège; n'est-il pas le fils aîné de
« l'Église? — Nous verrons, répliqua le Pape, ce que fera le Roi ;
« nous nous mettrons entre ses mains en demandant miséri-
« corde[1]. » L'aimable Léon X n'eut, en effet, qu'à se jeter entre
les bras du vainqueur pour obtenir tout ce qu'il voulait : en
échange du Concordat et de Parme, la garantie de toutes les
possessions d'Église que Léon tenait ou « pourroit recouvrer »,
les Romagnes et les Marches pour ses neveux et le maintien des
Médicis « dans l'état où ils étaient en la cité de Florence[2] »,
c'est-à-dire le sacrifice du parti républicain et français. Est-
il besoin d'ajouter que le jour même où Charles-Quint, élu
empereur, réunit en sa personne l'Espagne à l'Allemagne,
l'honnête Pape se tourna vers lui pour livrer au nouveau César,
contre la condamnation de Luther, Naples et Milan, Gênes et
Parme, les trois quarts de l'Italie?

Telle fut la première grande faute de la politique française en
Italie, faute gratuite, duperie sans compensation qui, à elle
seule, suffisait à paralyser ailleurs les plus vigoureux efforts,
les plus généreuses tentatives ; faute, hélas ! tellement invété-
rée, si j'ose dire, et inhérente à toute action de la France monarchique dans la Péninsule, que les petits-fils des vainqueurs
d'Agnadel et de Marignan la recommenceront telle quelle,
identique, trois siècles plus tard.

La seconde faute capitale ne devait pas être moins traditionnelle. De toutes les puissances européennes dont les
armées paraissent en Italie, la France est la seule qui n'eût
jamais la conquête comme but exclusif; le destin, son génie
veut que mille espérances ardentes la saluent chaque fois

---

1. *Sommario della relazione di Roma*, di Marino Giorgi, dans Mignet, t. Ier, p. 191.

2. Recueil de Léonard, t. II, p. 137.

qu'elle se montre et qu'elle vienne toujours pour réaliser, aux yeux des Italiens, une œuvre de liberté et de justice. Mais chaque fois, après Rapallo, après Fornoue, après Alexandrie, après Ravenne, après Marignan, la France s'arrête court; pas une fois, elle ne livre la bataille jusqu'au bout. Quand descendent des Alpes les Allemands ou les Suisses, quand les Espanols débarquent à Naples ou à Gênes, point de doute, tout le monde sait pourquoi ils viennent : les Espagnols pour conquérir, les Suisses pour piller, les Allemands pour piller et conquérir tout ensemble. Dès lors, point de déception possible; voire, quand la crainte, chose rare d'ailleurs, a été en dessous de la réalité, un tel soulagement qu'on dirait de la reconnaissance et de la joie. Rien de tel avec la France, parce que nos promesses, imprudentes autant que généreuses, les espérances que fait naître la magie de notre approche, restent toujours en deçà de l'effet[1]. D'un bout à l'autre de cette histoire, on dirait que nous prenons surtout à tâche de justifier par avance les ingratitudes. Nous autorisons l'Italie à oublier ce que nous avons fait en sa faveur pour ne se souvenir que de ce que nous n'avons pas fait, après l'avoir laissée attendre. L'amant infidèle fait verser plus de larmes que le mari brutal : nous sommes cet amant. Assurément, dans ces marches triomphales où nous suit la foi de tout un peuple, nous ne nous arrêtons pas toujours de nous-mêmes, par ignorance, par versatilité d'esprit, par superstition dès que le Pape est en cause, pour un misérable caprice d'amour, comme François Ier, le soir de Marignan, dans les bras de la *fornarina* empoisonnée de Lodi.

---

1. Quinet, après tant de vues fausses sur les expéditions françaises en Italie, résume admirablement ce phénomène : « L'amour se tourna en haine; elle fut d'autant plus profonde qu'on avait espéré davantage. Il s'y mêlait une sorte d'indignation que les Allemands n'ont jamais fait éprouver. La déception qui souvent suit une promesse, est peut-être la raison pourquoi nous seuls avons l'art de provoquer contre nous des Vêpres siciliennes et des Pâques de Vérone. Plus on croit en nous, plus nous inspirons de colère, si nous manquons à cette attente; quand nous opprimons, nous semblons non seulement des barbares, mais des traîtres. » (*Rév. d'Italie*, p. 320.)

D'autres circonstances sont vraiment atténuantes, parce qu'elles sont du fait même de l'Italie : l'essor chevaleresque de l'armée de Charles VIII, c'est Florence même qui le brisa par la dureté de ses rancunes contre Pise ; les bonnes volontés de Louis XII, c'est la jalousie féroce de toutes les rivales indigènes de Venise qui les fait dévier. Mais le fait matériel n'en subsiste pas moins: l'abandon chronique. De là, contre nous, malgré tant de services rendus, des haines que l'Allemagne et l'Espagne ne connaîtront qu'après de longues années de tyrannie, haines intermittentes sans doute, avec de rapides et violents retours d'amour et de confiance, mais qui ne sont peut-être que plus terribles. Nous semons et nous arrosons de notre sang la bonne graine : nous n'avons ni le courage, ni la patience de laisser mûrir la moisson à notre profit. Ce qu'on appelle aujourd'hui, avec un affligeant mépris de l'idéal, le *don Quichottisme* n'est vraiment une faute que s'il ne s'obstine pas. Persévérer n'est point diabolique, mais divin : nous ne savons pas persévérer. Si j'ai tant insisté sur le désolant épisode de Pise, c'est qu'il résume et caractérise la faiblesse, la versatilité de toute notre politique pendant les soixante années des guerres italiennes. Notre véritable force : le sentiment populaire qui nous soulève ; notre arme la plus redoutable : le génie révolutionnaire qui était déjà en nous, nous ne cessons pas de les méconnaître. Le fin des fins de la diplomatie pour un Briçonnet, un Georges d'Amboise, un Duprat, c'est de contracter alliance avec les oppresseurs de l'Italie, dès que nous les avons vaincus, contre les opprimés. Nous nous affaiblissons ainsi nous-mêmes, pour le plaisir, par vanité, en fortifiant nos ennemis naturels, le Roi catholique, l'Empereur, le Pape.

A ces deux fautes capitales de la politique française en Italie, — et je n'en ai rien dissimulé, — il faut évidemment ajouter d'autres reproches et d'autres blâmes que je ne chercherai point à diminuer davantage, mais que nos rois et nos soldats ont mérités pourtant à un bien moindre degré que leurs ennemis. Rien de moins établi assurément que le droit de la maison de Valois sur Naples et sur Milan ; les droits que réclamaient Maximilien, Ferdinand le Catholique et Charles-Quint étaient pourtant plus douteux encore et Voltaire a formulé ici, comme ailleurs, le jugement définitif : « Le droit public féodal, toujours incer- « tain, ne pouvait être interprété que par la loi du plus fort[1]. » Dans la rudesse des temps et des guerres d'alors, il n'est point douteux que de graves excès n'aient été commis par nos armées : le massacre de Capoue, Alexandrie mise au pillage, les garnisons vénitiennes passées au fil de l'épée, autant de pages qu'on voudrait effacer de l'histoire. La brutalité, la cruauté surtout, ne furent toutefois que des exceptions de notre côté, tandis qu'elles étaient de règle chez les autres envahisseurs, et même chez les chefs italiens. Si Chaumont était un « méchant homme », qu'était-ce Sforza qui payait un ducat d'or chaque tête de Français qu'on lui portait ? La froide férocité des Espagnols, la sauvagerie rapace des impériaux, la barbarie grossière des Suisses contrastaient, de l'aveu même de Guichardin, avec la douceur générale de nos mœurs. A quoi comparer les razzias systématiques des Allemands contre Florence, leurs exécutions en Vénitie, leur sac de Rome où sept à huit mille prisonniers furent tués à coups de piques et de hallebardes, les femmes violées pendant huit jours de suite, le pillage prolongé pendant sept mois, saturnales furieuses qui font pâlir les exploits des Huns et d'Alaric ? Et, sans doute aussi, nos chevaliers demandèrent très souvent aux belles Italiennes la récompense la plus charmante de la victoire : marquises et boulangères mirent-elles tant d'empressement à se dérober ? La comtesse Tomasina Spinola, qui meurt de douleur à la nouvelle de la maladie de Louis XII, n'avait point dû être violentée... Dans l'horreur croissante de ces guerres, ce ne sera

---

1. *Essai sur les mœurs*, ch. cx.

point en tout cas le crime de la France qui dictera à Michel-Ange la stance douloureuse de la Nuit endormie :

> Grato m'è'l sonno e più l'esser di sasso.
> Mentre che il danno e la vergogna dura.

L'opprobre, la honte ne viendront pas de nous. C'est quand passent et repassent les durs lansquenets du prince d'Orange, les arquebusiers implacables de Ferdinand de Gonzague, réinstallant toutes les tyrannies et abattant jusqu'aux ruines de la liberté, c'est alors que « ne plus voir, ne plus sentir est le bonheur ». La Florence de Savonarole s'éveillait à l'approche de Charles VIII et la République rajeunie ne suppliait le jeune Roi que de parler plus haut ; c'est à Charles-Quint que la Florence vaincue, assommée, de Michel-Ange adresse la lamentable prière :

> Pero non mi destar ; deh, parla basso !

Malgré tant d'erreurs et tant de fautes, voici donc ce qui juge en dernier ressort les entreprises françaises dans la Péninsule : pour l'Italie elle-même, la défaite finale de la France fut la sienne propre et sa cause, pendant tout ce lugubre cinquième acte qui va de Pavie à Saint-Quentin, elle l'identifia avec la nôtre.

Non point sans doute que l'Italie eût compris dès le début de cette nouvelle lutte où était son intérêt : François Ier, après Marignan, avait porté trop de défis à la fortune ; ivre de sa première victoire, il en avait fait trop de sottises. Cette Lombardie qui s'était donnée à lui, débordant d'enthousiasme et de gratitude pour le vainqueur de ses tyrans suisses, il l'avait livrée à Lautrec qui, grossièrement, pendant cinq années de suite, « bon à com-
« battre en guerre et frapper comme un sourd, mais non à gou-
« verner un État », l'avait traitée en pays conquis [1]. Cette puissance morale qui faisait de lui l'arbitre de la péninsule, il l'avait gaspillée, sans même en soupçonner le prix, dans des combinai-

---

1. Verri, *Storia di Milano*, t. II, p. 170-177.

sons douteuses et sans profit, prêtant main-forte aux Médicis qui le trahissaient déjà sous main, sacrifiant à une cajolerie de Léon X les droits du duc de Ferrare qui avait été fidèle entre tous ses alliés, encourageant et décourageant, selon le vent du jour, ses amis de Naples, violentant Gênes, brusquant Venise elle-même. Cette hégémonie de l'Europe, qu'il avait conquise en deux jours de bataille, à l'heure même où la terreur des invasions turques faisait de lui le chef acclamé de la chrétienté, il l'avait compromise enfin dans la foire électorale de Francfort où la sagesse la plus élémentaire lui commandait de n'intervenir que pour empêcher, au profit d'un tiers, l'élection du roi d'Espagne. Le miracle eût été qu'avec une pareille politique, il n'eût point ligué contre lui les trois quarts de l'Europe, l'ambition du magnifique soldat qu'il était, semblant plus redoutable à tous que celle du débile élève que paraissait alors l'héritier de Jeanne la Folle ; il eût fallu surtout à l'Italie plus de sens qu'elle n'en avait depuis longtemps pour ne point s'abandonner aux rancunes de ses déceptions. Le rétablissement de la puissance de Charlemagne que le Roi chrétien avait rêvé, c'était donc le Roi catholique qui l'avait réalisé, à prix d'or sans doute, mais la couronne impériale valait bien encore trente millions [1]. « Trois ans après l'élection, avait « dit François Ier à l'ambassadeur d'Angleterre [2], je jure que « je serai à Constantinople ou que je serai mort. » Quatre ans après l'élection, c'est Charles-Quint qui paraît aux portes de Marseille à la tête d'une coalition vraiment universelle, puisqu'elle comprend, avec l'Empire, l'Espagne, les Pays-Bas, l'Angleterre, l'archiduc d'Autriche, Naples, Milan, les républiques de Florence, de Sienne, de Venise et de Gênes, et, naturellement, le Pape.

---

1. Les dépenses de Charles-Quint, presque toutes employées à acheter les voix des électeurs, se montèrent exactement à 514,075 florins, plus 70,400 florins de pensions viagères, soit un peu plus de 29 millions et demi de notre monnaie.

2. Conversation du 28 février 1519 ; dépêche de Thomas Boleyn.

De ce que la politique française avait fait trop souvent fausse route en Italie, il ne suit point — on le sait déjà — que l'Italie n'ait pas commis, de son côté, moins de fautes. La plus grave, après sa propre division qui déroutait les meilleures volontés, était la perpétuelle mobilité qui la détachait de ses alliances aussi vite qu'elle l'y ramenait. L'amertume des désillusions qui suivait régulièrement les plus belles espérances explique ces fluctuations : les justifie-t-elle toujours ? Sans insister sur le souvenir, si vite oublié, de Marignan, il n'en reste pas moins que, seule, la plus étrange aberration pouvait, en 1520, pousser l'Italie dans la ligue de Charles-Quint. Il est permis peut-être, en politique, de ne considérer que l'intérêt ; encore faut-il que l'intérêt soit sérieux, solide, incontestable : où était l'intérêt de l'Italie ? Il était, il pouvait être si peu avec le colosse qui venait de s'élever que la péninsule tout entière avait fait des vœux contre l'élection du Roi catholique à l'Empire, et que le Pape avait été le plus ardent à se jeter dans la mêlée en faveur de François Ier, distribuant à pleines mains les promesses et l'argent. Que Léon X se fût retourné ensuite vers l'Empereur, cette volte-face se comprenait encore : le prix du marché était la condamnation du moine de Wittemberg qui venait de jeter au feu les bulles de Rome. Mais l'Italie, en suivant le Pape sacrifiait son indépendance et se donnait le plus redoutable des maîtres sans retarder d'une heure la victoire du schisme luthérien. Au lendemain de l'avènement de Charles-Quint, la France, malgré les erreurs de sa politique, restait donc plus que jamais le dernier boulevard de ce qui restait de liberté à l'Italie ; les Français chassés de Milan, c'était l'absorption de la péninsule tout entière dans l'énorme empire sur lequel le soleil, déjà, ne se couchait plus. Machiavel, du fond de sa retraite de Ruccellaï, vit le danger ; mais, une fois de plus, personne ne l'écouta. Veut-on savoir à quelle besogne, dans cette fatale année 1521, l'Italie employa le génie de son plus grand politique? Le conseil des Huit de la Pratique envoya Machiavel auprès des moines de Carpi pour obtenir du chapitre qu'il fît du domaine de Florence une province à part et, comme il s'acquitta bien de l'affaire, les consuls de l'art de la Laine daignèrent charger « l'ambassadeur de la République auprès des « frères mineurs » de leur trouver un bon prédicateur pour le carême. Il y avait neuf années que Machiavel avait été congédié par les Médicis et il avait fallu toute la faveur du cardinal Jules pour lui ménager cette rentrée[1].

« Je n'ai jamais vu personne qui, à l'approche du mauvais « temps, ne cherche à se mettre à l'abri : il n'y a que nous qui « voulions l'attendre au milieu du chemin, et à découvert. « En conséquence, si quelque malheur arrive, on ne pourra pas « dire que l'on nous ait arraché la souveraineté, mais qu'elle « nous est tombée traîtreusement des mains. » Cette dure sentence d'une lettre familière de Guichardin à Machiavel résume toute l'histoire de la plus lourde faute que l'Italie eût encore commise : elle-même, de ses propres mains, s'est attachée au col le carcan impérial. Quand elle s'aperçut qu'elle s'était trahie en trahissant la France, il était trop tard; la faute était désormais irréparable. De quelque côté qu'elle se tournât maintenant, elle n'apercevait plus que les drapeaux vainqueurs de l'étranger, espagnol ou allemand, qui la considérait comme sa chose. Prosper Colonna à Gênes, Schinner à Milan, Lannoy à Florence, Pescaire à Rome, la tenaient aux quatre membres et la saignaient. On chantait encore la victoire de Charles-Quint sur Lautrec qu'il fallut commencer à la payer. Le commerce des grandes cités marchandes est frappé de telles contributions qu'il en sera paralysé pendant vingt ans; les campagnes sont livrées au pillage systématique des bandes déchaînées. Comme les sauterelles voyageuses ne quittent un champ qu'après y avoir dévoré le dernier épi, les troupes espa-

---

1. *Lettres familières*, XLIX et suivantes, à Francesco Guicciardini.

gnoles ne passent de Lombardie en Toscane et de Toscane dans les États de l'Église qu'après avoir vidé derrière elles jusqu'au dernier écu le trésor de leurs imprudentes alliées. A la moindre plainte, au moindre murmure, le vice-roi de Naples double la contribution et dresse ses gibets[1]. C'est la mise en coupe avec la Terreur. Pour comble de honte, un Flamand, l'ancien précepteur de Charles-Quint, Adrien d'Utrecht avait été porté, *par accès*, au trône de Saint-Pierre. Le « pontife barbare » ne va-t-il point saisir la première occasion de transférer le Saint-Siège en Espagne? Les cardinaux, qui avaient fait le coup, mettaient leur extravagance sur le compte du Saint-Esprit en démence[2], lequel n'en pouvait mais, et, plus morts que vifs, devant la colère populaire, « n'osaient aller parcourir les rues.[3] » et s'enfermaient chez eux. On afficha sur les murailles : *Roma locanda*, « Rome est à louer ». Mais l'Italie n'était plus même à louer : elle était prise.

La gloire de la France, pendant les années qui vont suivre, est d'avoir sauvé l'Europe du plus terrible danger qu'elle ait couru depuis l'invasion sarrasine : la monarchie universelle de l'Espagne[4]. Et, sans doute, de douloureuses défaillances, — je ne parle point surtout des défaites sur le champ de bataille, — marquèrent plus d'une fois cette lutte. Si François Ier put écrire à sa mère, le soir de Pavie, que « de bonnes choses ne « lui était demeuré que l'honneur », il n'hésitera pas beaucoup un peu plus tard, à sacrifier un peu, sinon beaucoup de cet honneur, pour recouvrer sa liberté. Seulement, cette liberté n'était pas seulement la sienne, c'était celle de l'Europe. Mensonges, perfidies, capitulations de conscience, trahisons de ses alliés, devoir sacrifié au plaisir, il y a beau jour que la vive

---

1. Guichardin, lib. XIII.
2. Guichardin, lib. XIV. — Cf. *Relazione di Gradenigo*, p. 74.
3. Dépêche de Pins à François Ier, mss Bellême, 5, 91, dans Mignet, I, 319.
4. Henri VIII, après Pavie, se rendit compte du péril. (Dépêches du cardinal Wolsey, juin 1525.)

lumière de l'histoire est faite sur toutes ces vilaines pages d'un long règne. Multipliez-les cependant par tel facteur que vous voudrez : il n'en reste pas moins que ce roi ne désespéra point de la cause dont le destin l'avait fait le défenseur ; qu'il préféra, étant captif, abdiquer que de souscrire à des conditions qui eussent fait de la France la vassale de l'Europe; qu'une fois libre, ayant pesé sa foi de gentilhomme fait chevalier par Bayard et l'intérêt de son royaume, il ne balança point; que, Roi très chrétien, s'il ne sut pas se servir de la réforme, il n'hésita pas à mettre sa main dans celle du Turc pour prendre son ennemi à revers et que, vaincu, captif, humilié dans son orgueil, il ne toucha jamais la terre que pour se relever. S'il fut trahi de la plupart de ses alliés qu'il trahissait d'ailleurs, lui-même, sans se gêner de scrupules, dès que son intérêt semblait en jeu, il en fut un, du moins, qui lui demeura fidèle jusqu'au bout, parce qu'il ne cessa jamais de compter sur lui : cet allié s'appelait le Temps. Il lassa ainsi le sort qu'il n'avait pas su conjurer et la liberté de l'Europe fut sauvée.

Ce que fut la France pour l'Italie pendant cette cruelle bataille, tous les contemporains sont d'accord pour le dire : elle fut sa dernière espérance. Les deux années qui avaient suivi la défaite de Lautrec avaient suffi à lui apprendre ce qu'était la domination espagnole; elle ne vit pas plutôt reparaître François Ier sur les Alpes, à l'automne de 1524, qu'elle se redonna à lui d'un grand élan. Déjà, la défaite de Bourbon et de Pescaire devant Marseille, la retraite précipitée de l'armée espagnole qui avait fondue comme neige au soleil de Provence, l'avaient remplie d'une joie insolente. On avait plaisamment affiché sur la statue de Pasquin, à Rome : « Il s'est « perdu une armée dans les montagnes de Gênes; si quelqu'un « sait ce qu'elle est devenue, qu'il vienne le dire! il lui sera « donné une bonne récompense[1]. » Dès que François Ier fut ren-

---

1. *Relacion* de Juan de Oznaya sur la campagne de 1524, dans Mignet, t. II, p. 8.

tré à Milan, le parti national prit les armes pendant que les plus timorés, la Seigneurie de Florence, Venise, le Pape, se hâtaient de dénoncer les traités de garantie conclus avec l'Empereur. Dans l'attente presque unanime d'une victoire française, ce fut, au XVIe siècle, le dernier beau jour de l'Italie. Pescaire, d'autre part, jouait contre la liberté de la péninsule la fortune même de Charles-Quint et l'existence de son armée. Il adressa à ses soldats un discours qui offre avec la fameuse proclamation de Bonaparte à l'armée d'Italie une singulière ressemblance : « Enfants, la fortune nous a placés dans une telle extrémité que, « sur la terre d'Italie, vous n'avez pour vous que ce qui est sous « vos pieds ; tout le reste vous est contraire. La puissance « entière de l'Empereur ne parviendrait pas à vous donner « demain un seul morceau de pain. Nous ne savons où en « prendre, sinon dans le camp français qui est sous vos yeux. « Là, tout abonde : le pain, le vin, la viande[1]. » De même, Bonaparte : « Soldats, vous êtes mal nourris et presque nus. Le gou« vernement vous doit beaucoup, il ne peut rien pour vous. « Votre patience, votre courage vous honorent, mais ne vous « procurent ni avantage, ni gloire. Je vais vous conduire dans « les plus fertiles plaines du monde ; vous y trouverez de « grandes villes et de riches provinces, vous y trouverez hon« neur, gloire et richesse. Soldats d'Italie, manqueriez-vous de « courage ? » — A trois siècles de distance, ce furent les affamés qui l'emportèrent ; avec cette différence cependant : Bonaparte, en 1796, rapportait à l'Italie la liberté qu'elle avait perdue devant Pavie sous les coups de Pescaire, le 25 février 1525.

La défaite de la France était si bien, cette fois, la défaite de l'Italie, le coup de grâce porté à sa liberté, que, pour la première et pour la seule fois de son histoire, elle resta fidèle au vaincu. Sans doute, à la première nouvelle du désastre et de la captivité de François Ier, les États italiens, par vieille habitude

---

1. *Relacion*, t. IX, 480.

de félonie, avaient essayé encore d'un revirement nouveau : Venise, par une solennelle ambassade, avait assuré « Sa Majesté « Impériale et Catholique de la joie qu'elle avait ressentie de sa « glorieuse victoire [1] »; le Pape envoyait le légat Salviati féliciter Charles-Quint à Madrid et, grands ou petits, tous les potentats se prosternaient devant le triomphateur. Mais la protestation populaire, dont le signal vint de Lombardie, « se déchaîna « comme un torrent » contre tant de bassesse, et les hautains refus de l'Empereur-Roi n'avaient point eu le temps encore de leur parvenir que le Pape, les Vénitiens, les Florentins, les Seigneuries de Sienne, de Lucques et de Mantoue préparaient déjà avec le duc de Milan, vingt jours après la bataille de Pavie, la *Sainte ligue pour la défense et les libertés de l'Italie*[2]. Devant la vision, enfin claire et nette, de l'asservissement que les impériaux réservaient à la péninsule, l'esprit d'indépendance se ranime des Alpes à l'Etna, et ce flambeau, qui va s'éteindre, jette alors sa plus vive lueur. Ces derniers soulèvements de l'Italie contre le joug hispano-autrichien ne sont qu'une longue suite d'espérances trompées et de sanglantes déceptions : après la trahison de Pescaire, la paix des *Dames;* après les abandons successifs de François Ier qui, du moins, ne jurait jamais un traité humiliant sans avoir juré au préalable, par un serment plus solennel, qu'il le romprait à la première occasion[3], la défection irréparable de Henri II à Cateau-Cambrésis. Elle luttera pourtant jusqu'au bout, les yeux toujours tournés vers la France, et, ayant tari elle-même les sources fécondes de la vie, donnera au moins un bel exemple en l'art de bien mourir.

Cette histoire est vraiment celle d'une agonie. Jamais peuple, si l'on excepte la Pologne, n'a payé plus cher les divisions

---

1. Délibération du Sénat du 11 novembre 1525.
2. Lettres de l'évêque de Bath à Wolsey, du 19 mars 1525, dans Mignet, t. II, p. 125.
3. Isambert, *Anciennes lois françaises*, t. XII, p. 337.

séculaires qui l'avaient condamné, selon la prophétie de Savonarole, à devenir la proie de l'étranger. On a déjà vu ce qu'avait été l'invasion des Suisses ; notre commune défaite de Pavie livrait cette fois la péninsule à de véritables bandes de brigands qui, hors la bataille, ne connaissaient aucune discipline, faisaient trembler leurs chefs, à commencer par l'Empereur luimême, ne vivaient que de meurtres et de pillages. Sous les menaces et les insultes d'une soldatesque débridée, les villes s'épuisaient en perpétuelles contributions de guerre. Milan, sous les généraux espagnols, ne tarda pas à regretter Lautrec lui-même ; selon expression du connétable de Bourbon, *ils tiraient jusqu'au sang*[1]. Florence, si gaie, si bruyante, ne vit plus que dans la terreur du silence ; c'est l'heure où, désespéré, se croyant à jamais dégoûté de la politique, Machiavel signe ses lettres : « Nicolas, historien, comique et tragique. » A Naples, l'exaspération contre les Espagnols sera bientôt telle qu'à défaut des Français le peuple et la noblesse s'adresseront un jour aux Turcs pour chasser leur vice-roi. Mais l'horreur, c'étaient les campagnes où l'impunité était assurée aux crimes les plus affreux, où les bandits à la solde de l'Empereur brûlaient, torturaient et tuaient pour le plaisir ; on compte par centaines les villages que les habitants épouvantés évacuèrent en masse, préférant l'asile farouche des Apennins ; des milliers de paysans meurent de faim et la peste, à l'état chronique sur cette terre de dévastation et de carnage, guette les survivants.

L'excès du mal était tel que l'Italie n'attendit point, comme précédemment, le signal de la France et, véritablement, la provoqua. « Il n'y a plus un moment à perdre, » écrit Machiavel qui se reprend d'un suprême espoir et croit enfin avoir trouvé dans Jean de Médicis le héros rêvé de l'émancipation. Si François Ier avait pensé, à aucun moment, à tenir le double serment qu'il avait prêté pour sortir des prisons de Madrid, le premier qui

---

[1]. Guichardin, II, liv. XVI ; Sismondi, t. VIII, p. 389.

l'eût détourné de cette naïveté et provoqué au parjure eût été le Pape lui-même. En même temps que l'annonce solennelle du traité, Clément VII avait reçu de son ambassadeur auprès de Charles-Quint le fameux billet : *Non stant fœdera facta metu*[1], et, tout de suite, sans perdre une heure, il avait entamé à Cognac les négociations qui devaient aboutir à la Sainte-Ligue. Quand les ambassadeurs du roi d'Angleterre, enfin dégrisé de l'alliance espagnole, viendront affirmer à François Ier que « l'observation du traité l'exposerait aux plus grands dangers « et ouvrirait le chemin qui mènerait l'Empereur à la monarchie « de la chrétienté[2] », nul n'appuie leur démonstration avec plus de force que le chevalier Capino di Cape, nonce du Pape. Le zèle même du Grand Turc pour la cause française est moins véhément que le sien. Un serment extorqué, affirme l'ambassadeur, ne saurait engager; il est nul et de nul effet, un seul intérêt compte et s'impose : « Affranchir la république chré- « tienne[3]. » La ligue n'est pas encore ratifiée que le Pape « lève « le masque tout et oultre[4] », sonne ses trompettes et appelle les Vénitiens aux armes. Dans la fameuse audience où Charles-Quint proposa son premier cartel au parjure François Ier, quand l'ambassadeur français *somme* l'Empereur-Roi de conclure une bonne paix avec le roi de France et de lui rendre ses enfants contre une honnête rançon, le nonce Balthasar Castiglione appuie ouvertement la requête du président de Calvimont. Le Pape était ainsi l'âme même de la révolution qui, des Alpes aux Abruzzes, éclatait aux cris répétés de : « Meurent les Espagnols[5] ! » Une moisson de piques et d'escopettes se lève à

---

1. *Lettere di negozi del conte Baldessar Castiglione, nonzio apostolico all' imperatore Carlo Quinto,* t. II, p. 38.

2. Instructions de mars 1426, signées par Henri VIII.

3. Préambule de la Ligue de Cognac, dans Du Mont, *Corps diplomatique,* t. IV, Ire partie, p. 451.

4. Lettre de Nicolas Racine à François Ier, du 9 juin 1526; — dans Mignet, II, p. 225.

5. Dépêche de M. de Pena à l'Empereur, de Rome, le 24 juin 1526. — *Archiv. imp. et roy. de Vienne.*

sa voix et les ambassades se succèdent auprès de François Ier
pour hâter l'arrivée de ses armées. Il faut lire dans les historiens contemporains (Burigozzo, Guichardin), le récit des soulèvements de Milan et de Florence, les appels furieux à l'intervention française. Observez, d'ailleurs, ici la différence profonde entre la politique française et la politique espagnole. Le Roi très chrétien n'a jamais rien de plus pressé que de sacrifier aux moindres remontrances du Pape ses intérêts les plus évidents, les plus nobles causes qu'il avait prises en mains; le Roi catholique, lui, répond hardiment aux sommations par des injures [1], aux actes de guerre par la plus féroce exécution de l'histoire moderne, le sac de Rome. Puisque le Pape s'entend contre lui avec le roi de France qui s'est lui-même entendu avec le sultan, l'Empereur livrera Rome au pillage des luthériens allemands. C'est au cri de : « Carnage ! sang ! sang ! » que le prince d'Orange, après la mort du connétable, donne l'assaut de la ville sainte ; la papauté, depuis la fin du grand schisme, de catholique, c'est-à-dire d'universelle qu'elle était, est devenue simplement italienne ; les Espagnols la traitent comme un simple fief d'Italie. Florence, quelques mois plus tard, entendra le même cri de mort et subira, dans toute son atrocité, la même vengeance.

A travers la longue série de guerres, le plus souvent malheureuses, qui va de Pavie à Saint-Quentin, l'Italie pouvait-elle être autre chose pour la France que la rançon de ses défaites? Quand l'intégrité de son propre territoire est perpétuellement en jeu, quand elle lutte pour son existence même comme nation, la France est fatalement condamnée à jeter d'abord au vainqueur, qui d'ailleurs ne s'en contente point, ses provinces italiennes et la sûreté de ses alliés. Après Pavie, quand le duc de Bourbon offre au roi d'Angleterre la couronne de France que Henri VIII, alors dans la première fièvre de sa gloutonnerie,

---

1. Voir notamment la lettre du 18 septembre 1526.

se hâte d'accepter; à Madrid, quand Charles-Quint réclame de son prisonnier la Bourgogne avec l'Artois pour l'Empire et la Provence pour le connétable : le moyen de discuter encore des destinées de l'Italie! De même en 1529, après l'avortement de la ligue de Cognac; en 1538, à Crépi, après la double invasion de la Champagne et de l'Artois. A chaque nouvel effort, la chute devenait ainsi plus profonde, d'autant plus cruelle au surplus que la fortune commençait toujours par sourire aux défenseurs de l'indépendance italienne et par les amuser de brillants espoirs. Au début de la conspiration de Morone qui aurait donné à la péninsule, si Pescaire ne s'était trahi lui-même, un chef « exquis « en paix, comme en guerre [1] », le succès semblait si bien assuré que le patriote dataire Giberto écrivait avec joie : « Je pense « voir se renouveler le monde et, d'une extrême misère, l'Italie « arriver à la plus grande félicité [2]. » Même confiance quand François Ier publie la Sainte-Ligue (8 juillet 1526) et, renonçant à toute ambition de conquête, ne voulant plus être que le protecteur de la liberté italienne, lance Lautrec qui, d'un bond, va de Lyon aux portes de Naples. Mêmes espérances plus vives encore et plus ardentes, le soir de Cérisolles (1544), quand la victoire du jeune d'Enghien, entrant d'assaut dans la gloire, fait prendre aux deux tiers des Milanais la croix blanche de France et fermer devant Guasto furieux les portes d'Asti. Dernier tressaillement enfin de ce qui reste du vieux parti guelfe quand la flotte franco-turque paraît (juin 1553) sur les côtes de Calabre et de Sardaigne, quand Fiesque soulève Gênes au cri de : « Vive la liberté! » quand François de Guise, à la Noël de 1556, paraît sur le Pô suivi d'une foule de jeunes nobles accourus « pour voir choses nouvelles » et, bousculant devant lui toutes les résistances, repousse les Espagnols jusqu'aux confins des Abruzzes. Mais le mari de Vittoria Colonna trahit lui-même

---

1. Mot de François Ier.
2. Lettre à Ghinucci, dans Mignet, II, p. 134.

le complot qui l'eût fait roi. Comment poursuivre les victoires de Lautrec ou de d'Enghien quand Charles-Quint, qui savait le mot de Louis XI « qu'on prend la France dans Paris[1] », menace l'Artois ou envahit la Champagne ? Le jour même où Sienne relève pour la dernière fois le drapeau républicain en Italie, où Paul VI offre au duc de Guise la couronne de Naples s'il jette à la mer « ces schismatiques d'Espagnols, damnés de « Dieu et véritable lie du monde », arrive la nouvelle que la bataille de Saint-Quentin est perdue et que Philippe II marche sur Paris. Dirai-je que tant de troupes, parfois les meilleures, engagées en Lombardie ou à Naples, eussent été plus utiles en Champagne ou en Picardie, qu'elles y auraient évité à la fois des désastres à la France et d'horribles effondrements à l'Italie ?

Alors même que le roi de France, François Ier ou Henri II, avait renoncé à ses droits sur Naples et sur Milan, la France cependant ne pouvait se résigner à abandonner l'Italie ; à la moindre éclaircie, elle en reprenait comme d'elle-même le chemin, marqué de ses tombeaux ; laisser à ses bourreaux ce peuple qui mourait avec son nom sur les lèvres, semblait la part la plus humiliante de la défaite. Et ce fut la grande douleur de la paix de Cateau-Cambrésis, le crime contre son génie que la France ne devait point pardonner aux Valois. C'est quand Henri II cède à l'Espagne et à ses alliés ce qui nous reste d'Italie, le Montferrat avec Casal, cette héroïque république de Sienne, la Corse avec Bonifacio, Valenza et les deux tiers du Piémont, la porte même des Alpes, que les protestations éclatent avec le plus de colère. Montluc, Tavannes, le duc de Guise, Brissac, de Villars, n'ont point alors assez de paroles amères contre cette paix misérable, cette paix infâme « qui « donne en un jour ce que n'auraient point ôté trente années de

---

1. Michelet, X, 405.

« revers [1] ». Pendant que les vieux soldats ne pouvaient bannir de leur mémoire Cérisolles et Marignan, les princes ne pensaient plus qu'à exterminer l'hérésie.

1. Mém. de Villars, p. 316.

CHAPITRE VI

HENRI IV ET LA LIBERTÉ D'ITALIE

L'Italie, renaissante sous nos entreprises du xv⁰ siècle, nous avait voulu mal de mort de n'avoir point poursuivi nos premières victoires; notre abandon final la trouva sans colère, tant un siècle de guerre l'avait épuisée et avait fini par tuer en elle, à coups de déceptions, jusqu'à la révolte morale contre le destin. Puisque décidément la liberté, sans cesse entrevue, toujours repoussée, ne voulait point d'elle, à quoi bon lutter davantage ? Haletante, exsangue, ayant perdu plus du quart de sa population rurale, trahie par tous ses chefs, elle retombe lourdement dans la servitude et, chose plus triste encore, s'en accommode[1]. A l'heure même où éclate la touchante protestation des soldats français contre le triomphe de la Maison d'Autriche, l'immense majorité des Italiens ne songe plus qu'à se concilier les grâces des nouveaux seigneurs. Les Allemands sont de vieilles connaissances; il y a moyen toujours de s'arranger avec eux. Pourvu que leur table soit bien garnie, qu'ils aient bon coucher et le reste, les impériaux se tiennent pour satisfaits. Bien repus, ils auront la digestion philanthropique. La servitude, avec eux, ne tardera pas à devenir pire que haïssable : populaire ; le *gemüth* germanique fera perdre jusqu'au regret, au souvenir de la liberté. L'accommodement avec les Espagnols est plus difficile. A Milan et surtout à Naples, le maître, c'est vraiment, dans toute la force du terme, l'en-

---

1. Cantu, *Histoire des Italiens*, liv. XIV, ch. cxlix. — Cf. Denina, *Révolution d'Italie*, XXII, 4 ; Quinet, *Révolutions d'Italie, l'Invasion* ; Schlegel, *Tableau de l'Histoire moderne*, ch. ix ; Sismondi, *Rép. Ital.*, t. X, p. 195.

nemi. Plus dur que l'Allemand et plus rapace que lui, l'Espagnol ne sait point, comme lui, jouir grassement des biens de la domination. Sa victoire reste sombre. Il prend, non pour dépenser, mais pour prendre, et, dès lors, n'est jamais rassasié. S'il ne se préoccupe point d'assurer la sécurité des campagnes contre les brigands qui deviendront bientôt les véritables rois des Calabres et des Marches, il a le souci jaloux, enragé, du salut des âmes; sa mission est de convertir et son règne celui de l'Inquisition. Comment adoucir un pareil tyran? comment le dérider? Toute la politique des deux Siciles est réduite désormais à ce problème. Rendons justice au polichinelle napolitain : il déploiera, à le résoudre, tout ce qu'il a reçu de son beau ciel de grâce, de souplesse et de gaieté; s'il n'y réussit pas, qui donc n'y aurait échoué?

Ce ressort de l'âme italienne, que nos entreprises avaient tendu comme un arc, a été si complètement brisé par la défaite que les vainqueurs, le plus souvent, n'ont même pas eu besoin de recourir à l'annexion. Rien de plus salutaire qu'une défaite qui exaspère; le véritable péril pour un peuple est l'ignominie de la résignation. L'Italie s'est si entièrement résignée que le vainqueur a pu faire, presque partout, l'économie du gouvernement direct; il règne par délégation. Les rajahs de l'Inde anglaise donnent la plus juste idée de ce qu'étaient devenus, dans leur servilité dorée, les princes de l'Italie. Este à Ferrare, Médicis à Florence, Farnèse à Parme, gouvernent pour le compte du Roi catholique, ayant à peu près l'indépendance d'un préfet ou d'un colonel; la Seigneurie de Gênes n'est pas soumise à une obéissance moins étroite; le duc de Savoie, gendre de Philippe II, est surtout son lieutenant et son intendant. Sous l'apparat extérieur de la souveraineté que rehausse encore son caractère sacré, Rome enfin n'a point échappé davantage au commun asservissement. Morceau par morceau, tout ce magnifique pouvoir s'en est allé. Pendant ces cinquante dernières années, devant le spectre toujours grandissant de la maison de

Charles-Quint, pas un pape qui n'ait rêvé, au début de son pontificat, d'affranchir l'Italie de l'étranger ; pas un, vite déçu et durement humilié, qui n'ait fini par enfoncer un peu plus avant dans la domesticité hispano-autrichienne la péninsule un instant galvanisée. Clément VII, après la défaite de la Sainte-Ligue de Cognac dont il avait été l'âme, a posé lui-même les deux couronnes d'Italie et d'Allemagne sur le front de Charles-Quint et lancé sur Florence, pour y rétablir les Médicis, les bandes du prince d'Orange. Si Paul III n'a fait à aucun moment, comme ses prédécesseurs, des vœux contre le Roi catholique en faveur des insurgés luthériens, il a essayé cependant, lui aussi, d'arrêter la conquête espagnole et de défendre, notamment à Milan, la liberté italienne ; puis vaincu, « abandonné des astres », il a abaissé devant Charles-Quint jusqu'à son pouvoir spirituel et, sur l'ordre impérial, convoqué le concile de Trente, reconnu les jésuites et réorganisé le tribunal de l'Inquisition. Après le règne de Jules III, qui ne fût qu'une villégiature, et celui de Marcel II qui ne dura qu'un entr'acte, Paul IV (Caraffa) s'est révolté à son tour contre la domination espagnole, allant, dans sa furieuse passion, jusqu'à frapper Philippe II d'anathème et à faire alliance, non seulement avec les Français et les Suisses, mais avec les luthériens de Saxe et les Turcs eux-mêmes. La fortune cependant est restée ennemie, gibeline plus que jamais : après Saint-Quentin, le dernier pape guelfe courba, lui aussi, la tête, se retourna contre ses collaborateurs qu'il maudit comme des traîtres et mit l'Inquisition aux pieds de Philippe II. Avec Pie IV maintenant, le pape n'est plus que le premier dignitaire ecclésiastique de la monarchie espagnole ; le même pontife que le concile de Trente proclame, au-dessus de tous les évêques, juge souverain de la foi, « attend la « bonne volonté du Roi catholique » ; il laissera Philippe II opposer la formule de l'*exequatur* à ses propres décrets[1]. Il ouvre

---

1. Fra Paolo, *Hist. du Concile de Trente*, liv. V.

la série des papes infaillibles, mais, sous son règne, quand Madrid a parlé, Rome s'incline et se tait.

Soumission en haut, soumission en bas : les princes ont perdu toute indépendance, les peuples toute liberté ; après avoir donné un monde nouveau à l'ancien monde, il ne reste plus à la terre natale de Colomb quoi que ce soit qui ressemble à une patrie, et le mot même en est devenu suspect : voilà, après la victoire définitive de l'Espagne sur la France, l'Italie du xvi° siècle. Moralement, elle n'a jamais été plus misérable. Au temps passé, aux époques les plus lamentables de ses divisions, la grande masse du peuple avait conservé la foi, tout au moins dans *la main forte*, tant annoncée par Machiavel, qui guérirait les *plaies gangrenées*. La main forte est venue et le mal n'a fait qu'empirer ; le corps tout entier n'est plus qu'une plaie. Les patriotes, dès lors, ne sont plus que des gêneurs, la *setta de' Ostinati*[1] : les plus robustes avouent qu'ils n'ont plus aucune espérance « que les affaires humaines s'améliorent » ; les plus fiers conviennent que l'Italie, dans la bataille des peuples, « n'est plus qu'une récompense ou qu'un jouet[2] ». Faut-il redire le mot de Stendhal : « Les Espagnols ont perdu l'Italie en l'avilissant[3] ! » « Son histoire idéale, écrit Cantu, fut interrompue par l'interposition étrangère[4]. » La poésie et l'art vont fuir ce peuple qu'elles avaient tant aimé malheureux, mais qu'elles ne pourront supporter rampant et vil. Les Carraches couvrent des arpents de toile d'une peinture sans âme. Quand Bellarmin triomphe avec Baronius, le miracle serait que le Tasse ne fût point au cachot, que Bruno ne montât pas au bûcher. Le paganisme romain, corrompu, mais tolérant, vicieux, mais libéral et aimable, contre lequel la pieuse Alle-

---

1. Nervi, *Commentaires*.
2. Cantu, *Histoire des Italiens*, liv. XIV, ch. clxix ; — Cf. Quinet, *Révolutions*, p. 309 ; Rott, *Henri IV et la haute Italie*, ch. 1er.
3. Stendhal, *De l'amour*, ch. xlvii.
4. Cantu, *Histoire*, XIX, cxlix, p. 5.

magne avait cherché en vain à élever, sur le sol italien, la protestation de la Réforme évangélique, ne résiste pas maintenant à l'assaut du dur catholicisme espagnol. La politique religieuse, qui va prévaloir désormais dans la péninsule, est celle de l'Inquisition et des jésuites. Les mœurs n'en deviendront pas plus pures, mais plus hypocrites. L'Italie croyait avoir subi l'invasion de toutes les barbaries, elle ignorait encore la pire de toutes : ce grand pays de lumière va subir celle de l'obscurantisme. Fermer les académies pour remplir les prisons, voilà la nouvelle formule de gouvernement. Même aux heures des servitudes politiques les plus humiliantes, la pensée n'avait pas cessé d'être libre ; elle va devenir plus esclave que les corps eux-mêmes. Que peut la philosophie contre une théologie dont les seuls arguments sont, de son propre aveu, le feu, le fer et la force ? Que pourra la science, même avec Galilée, contre l'Inquisition ?... Et toutes ces hontes, une si douloureuse décadence, ne sont même point compensées par la prospérité matérielle : l'agriculture ne revît point dans les campagnes dépeuplées, en proie aux bandits organisés ; le commerce meurt dans les villes esclaves : Pavie, Crémone, Alexandrie se transforment en déserts ; Milan fait banqueroute ; jamais l'impôt n'a été plus cruellement stupide, tarissant à plaisir jusqu'aux dernières sources de la richesse ; un arbitraire vénal et féroce, c'est la justice.

Que faisait cependant la France dont la venue avait donné à l'Italie du xve siècle un si puissant réveil et dont la défaite, après ce merveilleux ébranlement, avait été pour elle cause de tant de maux ? Se déchirant de ses propres mains, elle était absorbée tout entière dans l'abominable tourmente des guerres religieuses. Si elle avait infligé autrefois à l'Italie Chaumont et Lautrec, elle avait reçu bien pis en échange : Catherine de Médicis. Quand le problème de son histoire est de garder libre, contre le fanatisme espagnol des Guises, l'âme si profondément française des réformés, comment aurait-elle le loisir de se préoccuper de la tyrannie qui pèse sur les Italiens? A travers cette série d'atroces convulsions, elle restait pourtant le suprême espoir de ceux des Italiens, — et, certes, ils étaient peu nombreux, — qui se souvenaient et avaient encore l'audace de regarder vers l'avenir. « Que ne puis-je passer les Alpes, « aller en France et voir enfin un royaume libre ! » s'écriait fra Paolo Sarpi. Pour que la France des Médicis et des derniers Valois parût au grand historien de Venise, au précurseur — plus qu'à moitié luthérien — de Bacon, de Locke et de Harvey, le modèle et le proto-type des pays libres, que devait être alors l'Italie? Aussi bien, les successeurs de François Ier avaient eu beau retirer leurs armées et se désintéresser des affaires de la péninsule, l'Italie gardait cette impression que la France, malgré ses fautes politiques, avait compris son génie qui resterait toujours lettre close pour l'Allemagne et, plus encore, pour l'Espagne. Ce génie, qui avait si brillamment hâté l'éclosion de son âme encore emmaillotée des langes du moyen âge, la France, en effet, lui était restée tendrement reconnaissante et continuait, même aux dépens du sien, à s'en inspirer. N'ayant pas réussi en ses jeunes années à faire l'Italie française, François Ier grisonnant s'était essayé à faire la France italienne. Jacques d'Angoulême, Jean Juste, Corneille de Lyon, Janet, Claude de Troyes, avaient été renvoyés indistinctement à l'école d'André del Sarte, le peintre sans défaut, et de Cellini, de Serlio et du Rosso, du Primatice et de Vignole. Le temps ensuite, loin de l'atténuer, avait exagéré encore la part faite à l'influence de l'art italien. Sans doute, la Renaissance française ne fut vraiment elle-même, ne s'épanouit dans toute sa grâce délicate qu'après avoir trempé ses lèvres à la coupe profonde de l'Italie. Le lendemain de cette communion, elle réalisa vraiment à Blois, dans la cour et l'escalier du château, la merveille de l'architecture moderne, la pierre qui devint fleur et femme sans rien laisser de sa solidité. Plus tard, cependant, elle but trop à la source et s'enivra, perdant alors, dans ce vin trop riche, sa légèreté, sa simplicité et sa franchise. — Il y a du château de Blois à celui de Chambord deux heures de voiture; vous mesurerez toute la décadence. — Quelle que soit cette erreur, c'est elle toutefois qui mérita à François Ier son plus beau titre : *père des lettres et des arts*, et ses héritiers, même les plus médiocres, avaient continué cette partie de son œuvre. Artistes, politiques ou soldats, tous les exilés d'Italie n'avaient qu'à se présenter au Louvre pour y être reçus à bras ouverts, comblés d'attentions et d'honneurs. Pise vaincue avait peuplé la Provence de sa fière et forte race; le même accueil continue à être réservé aux proscrits de Milan et de Florence. Méprisés par les Allemands et brutalisés par les Espagnols, les Italiens n'étaient plus chez eux qu'à la cour de France : d'esclaves, ils s'y retrouvaient hommes; trop souvent même, ils y devenaient maîtres. Que l'Italie du xve siècle ait été le tombeau des armées françaises, le mot fut dit alors. Mais les deux peuples n'en avaient pas moins découvert leur fraternité intellectuelle; les diplomates eux-mêmes la saluaient, même aux heures de la plus formidable toute-puissance de Philippe II [1].

Parler, au xviie siècle, d'un réveil politique de l'Italie serait faire un usage ironique des mots. Entre le xvie et le xviie siècle en Italie, il y a cependant quelque différence. Le temps qui suit la victoire de l'Espagne est celui de l'absolue léthargie, du découragement sans limites et sans fond, de l'abdication même de l'âme italienne devant le conquérant étranger; au xviie siècle, l'excès du mal va rendre aux Italiens le sentiment de leur décadence et cette pudeur retrouvée donnera naissance à des efforts isolés, à des tentatives individuelles et locales, qui échoueront, sans doute, pour la plupart, mais qui permettront au moins à la France de rentrer en scène. Or, tant qu'a duré l'éclipse de la France, l'Italie n'a été qu'une proie aux

---

1. *Correspondance du résident vénitien à Rome*, décembre 1859.

mains de ses dominateurs; « l'histoire néglige ses habitants
« pour ne s'occuper que du sol militairement occupé[1] ». Dès
que la France reparaît, les hommes recommencent à compter pour quelque chose. Alors même que le désastre de l'invincible *Armada* aura montré les pieds d'argile du colosse, se
soulèveront-ils pour réclamer la liberté? Leur audace, sauf
à Naples, n'ira point jusque-là. Mais ils s'agiteront pour
demander qu'on les maltraite moins. « Le libéralisme, avoue
« Cantu, consistera presque exclusivement à résister, je ne
« dis pas aux rois d'Espagne, mais aux gouverneurs du
« Milanais ou des Deux-Siciles, et ce but, on l'atteindra en
« embrassant le parti des Français[2]. » Et, sans doute, ni
Henri IV ni Richelieu ne se feront grande illusion sur les sentiments intimes de leurs alliés; quelque fragiles que soient ces
tortueuses alliances, ils comprendront cependant que favoriser
les résistances, exciter l'amour-propre et bientôt l'ambition des
princes feudataires, encourager les rêves du saint-siège, soutenir les misérables que l'atroce tyrannie du fisc finira quelquefois
par transformer en révoltés, c'est travailler encore au succès
de ce qui est alors notre grande politique traditionnelle : abaisser l'Espagne, abaisser l'Autriche. Ainsi, la cause de la France
sera de nouveau celle de l'Italie, puisque son but déclaré, son
véritable dessein est de briser la formidable puissance dont
Charles-Quint a été le fondateur et qui, sous ses successeurs,
ne pèse nulle part plus lourdement et plus durement que sur
la péninsule.

Le soir où Philippe II apprit la mort de Henri III, immolé
aux mânes du duc de Guise, le solitaire de l'Escurial fit un rêve
monstrueux : il ajouterait, sur sa tête, aux couronnes d'Espagne et d'Italie, la couronne de France. Ce rêve de glouton
mystique, qui parut un instant réalisable et précisément parce
qu'il le parut, fut la véritable cause où échoua, se brisa à jamais

---

1. Cantu, liv. XIV, ch. CXLIX, p. 6.
2. Cantu, liv. XIV, ch. CXLIX, p. 12.

la fortune du Catholicon. Du jour où le roi d'Espagne jetait le masque, proclamait son ambition de faire sa fille reine de France et recommençait ainsi l'entreprise pour la monarchie universelle, il devait nécessairement grouper derrière Henri IV, dès que la lumière se serait faite sur les desseins du Roi catholique, d'abord tous les Français réconciliés, et bientôt, les deux tiers de l'Europe. Du coup, les guerres de religion allaient finir en France ; du coup, après un entr'acte de cinquante ans, la France allait reparaître au dehors, reprendre sur la scène du monde la place qu'elle avait abandonnée.

On a déjà observé que l'Italie a parfois des instincts admirables de clairvoyance, de vrais accès de divination alternant avec de longues crises d'aveuglement. Venise et Florence, à l'avènement de Henri IV, éprouvèrent l'un de ces bienheureux accès. Dans ce Béarnais sans le sol et presque sans armée, abandonné de tous ses grands, ne tenant de l'héritage royal que le camp qu'il occupait devant Arques, honni et repoussé par Paris qui l'appelait « chef de brigands » et, plutôt que de le reconnaître, posait la couronne de France sur la tête d'un vieux cardinal imbécile, la Seigneurie de Venise ne perdit pas une heure à saluer « le champion de la liberté de l'Europe contre « l'Espagne[1] ». Le Pape, encore dans sa première fureur de voir un hérétique sur le trône de saint Louis, Philippe II, qui n'a, semble-t-il, qu'à étendre la main pour faire de la France une province espagnole, ont beau menacer : Venise ne s'intimide point ; tranquillement, à la face de la catholicité, la Seigneurie reconnaît Henri IV, expose son portrait aux portes de Saint-Marc, lui envoie une solennelle ambassade. Pour que cette plus prudente et plus circonspecte des républiques se livre de propos délibéré à pareille manifestation, il faut bien qu'elle ait le sentiment profond que, dans cette lutte entre l'inquisition et la liberté, la victoire finale doit rester au roi de France.

1. De Thou, *Histoire*, liv. XCVII.

« Si la France succombait, dit fra Paolo Sarpi, le monde
« serait en proie à l'Espagne. » Belle confiance qui décida
aussitôt des résolutions de Florence et de Mantoue. Le sage
entre les sages, le grand-duc de Toscane, qui a déjà congédié sa milice espagnole pour la remplacer par des soldats italiens, se déclare à son tour pour Henri IV; pour amorcer sa
grande affaire, le mariage de sa nièce Marie de Médicis, il prêtera d'un coup jusqu'à 300,000 écus; les Gonzague suivent.
Évidemment la haine de la domination espagnole est le principal facteur de ces manifestations : devant cette rapide renaissance du parti français, à la première éclaircie du ciel, il faut
renoncer en tout cas à la légende que la France n'a laissé derrière
elle, dans la péninsule, que d'inexpiables rancunes. La France
des Bourbons désavoue l'humilité basse des derniers Valois,
relève les défis d'Espagne; il suffit : après cinquante années de
muette servitude, un souffle d'indépendance traverse aussitôt
l'Italie, souffle léger sans doute, très léger, mais ceux qui
savent écouter entendent l'avertissement. Rien de plus remarquable à cet égard que les lettres de ce sombre Alexandre
Farnèse, le plus grand général du siècle. Déjà, en 1586, après la
mort de son père, le vainqueur de Gembloux, las de servir,
avait voulu quitter le commandement des armées espagnoles
pour réintégrer son duché de Parme. Il écrit maintenant au Roi
catholique pour lui montrer la folie de son entreprise contre
la France, alors qu'il laisse derrière lui tant de mécontentements ; il lui dit toute la vérité : « Vous lâchez la proie pour
« l'ombre. »

Quelle sera la nouvelle politique de la France à l'égard de
l'Italie, j'entends après la paix de Vervins, car jusque-là,
pendant les neuf années de la guerre espagnole, Henri IV
a eu assez à faire de conquérir son royaume et tout l'effort
de sa diplomatie de l'autre côté des Alpes a dû consister à s'assurer l'amitié de Rome ? Il est certes loisible de regretter la
conversion de Henri IV, de dire encore qu'il n'avait nul

besoin d'entendre la messe pour avoir Paris et de faire « le saut périlleux » pour avoir la France. L'abjuration une fois consommée, — faute morale, selon d'Aubigné, sage résignation à la nécessité politique, selon Sully, non moins bon protestant pourtant que le fougueux batailleur, — n'en point tirer parti pour mettre Rome dans son jeu, c'eût été en perdre pour le plaisir les plus sérieux avantages, et Rome, faut-il encore le dire? ne donne rien pour rien. Au cours des longues négociations entreprises sous les auspices de Venise et de Florence, on doit croire qu'il en coûta plus d'une fois à Henri IV de subir les mépris de Sixte-Quint, les perfidies de Clément VIII. Mais relever les lis auprès de la cour de Rome était le seul moyen d'arracher à l'Espagne la domination du monde catholique — et comment les relever autrement qu'en achetant du Pape par des concessions politiques la reconnaissance de cette abjuration que l'Italie avait fêtée comme un événement national? L'impérieuse diplomatie d'Espagne, multipliant ses efforts et ses violences pour empêcher le Pape de déclarer Henri reconcilié avec l'Église, montrait clairement au surplus où était l'intérêt. Quand le duc d'Olivarès faisait un crime à Sixte-Quint d'avoir reçu en audience particulière M. de Luxembourg, extraordinaire querelle où, de représailles en représailles, le vieux Pape alla jusqu'à menacer d'excommunication le Roi catholique; lorsque les cardinaux espagnols quittaient Rome pour protester contre les négociations qui devaient aboutir à la solennelle cérémonie du 8 septembre 1598 et que le duc de Gessa jetait sur les États de l'Église les bandits débridés des Abruzzes, — il eût fallu être aveugle et sourd pour ne point mettre, au moment de toucher au but, tout amour-propre de côté. Henri passa donc, et avec raison, par où voulait le Pape; et, de même encore, un peu plus tard, dans l'affaire de la succession de Ferrare, aux risques de froisser Venise et de mécontenter pour un temps le grand banquier de Toscane. Assurément, le refus de l'investiture à César d'Este était un déni de justice, mais c'eût été folie que de risquer, pour les beaux yeux du duc autrichien de Modène, le retrait de l'absolution papale, alors surtout que Clément VIII, pour avoir Ferrare, consentait à ne plus exiger la réception du concile de Trente[1].

L'acte diplomatique qui avait été signé à Vervins le 2 mai 1598, trois jours après la promulgation de l'édit de Nantes, était une trêve bien plus qu'un traité de paix, simple suspension entre deux épisodes de la lutte de la France contre la maison d'Autriche. S'il confirmait simplement, après un demi-siècle de guerres, le traité de Cateau-Cambrésis, c'est que l'épuisement des belligérants ne permettait alors ni à la France, ni à l'Espagne de procéder à un règlement définitif des grandes affaires qui les divisaient. Henri IV devait momentanément se contenter d'avoir reconquis son royaume, Philippe II de n'avoir rien perdu de l'héritage de Charles-Quint. Il était clair toutefois que l'un et l'autre, dès qu'ils auraient reconstitué leurs armées et surtout leurs finances, ne pourraient échapper à la fatalité d'une nouvelle lutte. Seulement, bien que le traité réservât d'une manière formelle la faculté pour les contractants de faire valoir en temps opportun leurs prétentions, le Roi très chrétien sur l'Italie espagnole, le Roi catholique sur la Bretagne et la Bourgogne, il était déjà arrêté dans l'esprit de Henri IV et de Sully que l'enjeu de cette lutte nouvelle ne serait ni le Milanais, ni le royaume de Naples. Le propre frère de Sully, Philippe de Béthune, ambassadeur à Rome, avait eu beau soutenir, avec une passion parfois éloquente, la thèse contraire : le véritable sacre de la nouvelle dynastie, c'était, selon lui, de reprendre en Italie la suite de la politique conquérante des Valois. Henri, après mûre réflexion, avait jugé et pesé ce conseil. A quoi ces conquêtes brillantes d'Italie, ces guerres aux belles victoires, avaient-elles conduit la France? Elles avaient gaspillé nos

---

1. Sur les négociations de Henri IV avec le Saint-Siège, cf. d'Ossat, *Lettres* (Amsterdam, 1708), t. Ier, *passim;* de Thou, t. V, p. 520; Loti, *Vie de Sixte-Quint,* part. II, l. VII; Ranke, *Hist. de France,* t. III, ch. II.

forces, arrêté notre essor vers le Rhin et les Flandres, servi de prétexte à la coalition de l'Europe entière contre nous et installé finalement dans cette Italie même, au lieu de vingt principautés rivales dont la France était la médiatrice naturelle, les formidables puissances de l'Espagne et de l'Autriche. Quelque avantage intellectuel que la France ait retiré de ces guerres en s'affinant au contact de sa voisine, la plus lourde faute serait de les renouveler. Il n'y a déjà, au surplus, avec la reine florentine, que trop d'Italiens au Louvre ! Dès lors, c'est à la politique de Louis XI qu'il faut revenir, à l'expansion territoriale vers l'Est et le Nord-Est. Rendre à la France tous ces pays de langue et de tradition françaises, Artois et Franche-Comté, que le traité de Senlis avait si misérablement sacrifiés au mirage napolitain, Savoie, Lorraine et Flandre, qui sont les boulevards indispensables de la vieille Gaule, voilà désormais le but. Quand les députés bressans vinrent rendre hommage à Henri IV : « Puisque vous parlez « naturellement français, leur dit le roi, vous devez être sujets au « roi de France. Je veux bien que la langue espagnole demeure à « l'Espagnol, l'allemande à l'Allemand ; mais toute la française « doit être à moi [1]. » Voilà le vrai *Grand projet*, celui qui devait périr, le 14 mai, au coin de la rue de la Ferronerie, — qui reste encore, après trois siècles, à réaliser.

Si la langue espagnole doit être à l'Espagnol et l'allemande à l'Allemand, il s'ensuit que l'italienne doit être à l'Italien et telle est, en effet, bien qu'il ait négligé de la formuler, la pensée constante de Henri IV dans ses rapports avec la péninsule. Comment nier pourtant que l'Italie, au même moment, recommençant la politique de Ludovic le More, pensait toujours ne pouvoir se libérer d'un oppresseur que par un autre conquérant ? De 1599 à 1606, Henri IV n'arrêta point d'être sollicité par les différents partis italiens de passer les Alpes et de rasseoir en Lombardie, sous de nouveaux prétextes, la domination française.

---

[1]. Mathieu, *Histoire de France depuis 1598 jusqu'en 1604* (Paris, 1606), t. II, p. 444.

Les Vaudois d'abord, au nom de tous les réformés d'Italie :
« Sire, Dieu vous a donné la Gaule; s'il le veut, la Gaule
« transalpine vous appartient; Milan sera à vous; nous nous
« vouons à vous, à jamais, pour vivre et mourir, nous et nos
« enfants[1]. » Les Lombards, un peu plus tard, ne sont pas
moins ardents à solliciter Henri IV; ils n'en peuvent plus, leur
patience est à bout avec leurs dernières ressources; en quarante
ans, ils ont payé à l'Espagne plus de 260 millions d'écus, qui
feraient aujourd'hui près d'un milliard ; « ce duché de Milan, qui
« souloit être le mouton mignon de toute l'Italie, est aujourd'hui
« si descharné, si exténué que la pauvre Champagne ou Picardie
« n'est point plus misérable[2] »; leur régime, sous le comte de
Fuentès, est celui de l'état de siège, de la mort lente : que les
Français libérateurs repassent les monts ! Venise, enfin, n'est
pas moins impatiente, multiplie les ambassades au Louvre
pour appeler l'intervention de Henri IV, lui déclarer qu'elle n'a
point d'autres ennemis que les siens. « Je suis journellement
« visité, écrit Fresne-Canaye, de chevaliers et de seigneurs
« qui brûlent du désir de voir les fleurs de lis deçà les Alpes. »
Pour qui commence à connaître l'Italie, est-il nécessaire
d'ajouter que la haine seule de l'étouffante oppression espagnole ne dicte point tous ces appels? Si tous, sans exception,
invoquent Henri IV contre le Roi catholique, chacun des États
italiens qui se font nommer les *stati liberi* espère aussi profiter de son intervention pour se venger du rival qui le gêne.
Rome contre Modène, Turin, Venise et Parme, Venise
contre Florence, Florence contre Turin, Modène et Lucques
contre Florence, Parme contre Mantoue, s'adressent à Henri IV.
La domination étrangère, pour rude qu'elle ait été, ne l'a pas
encore été assez ou, du moins, n'a pas encore assez duré pour

---

1. Rott, *Henri IV et la Haute Italie*, ch. III, p. 140; Michelet, XII, 332; Hanotaux, *Etudes historiques, la France sous Henri IV*, p. 162.

2. Fresne-Canaye, ambassadeur de François Ier à Venise, dépêche du 20 mars 1602.

avoir tari, épuisé, les haines locales. L'arbitre, le justicier souverain, c'est le roi de France.

Si l'on considère que les Italiens n'étaient point seuls à exprimer le vœu ardent d'être conquis par la France, et qu'au même moment ou un peu plus tard les Flamands formaient les mêmes souhaits, que la Hollande elle-même, désespérant de conserver son indépendance, allait, elle aussi, demander à devenir française, on conviendra peut-être enfin, contre tant de légendes accréditées, que Henri IV, à repousser tant de séductions et d'entraînements, fit preuve d'une sagesse et d'un sang-froid qui ne sont pas fréquents dans l'histoire. Les femmes seules le troublaient, lui faisaient commettre des sottises; —beaucoup moins cependant qu'on n'a dit. — Dans les affaires d'Italie notamment, Henri fit montre d'une fermeté et d'une clairvoyance à toute épreuve. A méditer sur les entreprises du siècle précédent, il avait appris d'abord à se méfier de ces appels si pressants tant que la France est loin, si vite suivis de défections et, en tout cas, payés de si peu de concours dès qu'elle a passé les monts et engagé la lutte irrévocable. « Il « faut confesser la vérité, lui écrit Fresne-Canaye[1], qu'il n'y a « prince ni Etat en ce pays qui veulent croître sa dépense d'un « écu pour l'amour de cette belle dame de liberté italienne. » Henri IV attendra donc, pour répondre autrement que par de bonnes paroles, que cet amour soit devenu moins platonique. Ses discours, qu'il ne se fatigue point de répéter, ceux de ses ambassadeurs et envoyés, peuvent dès lors se résumer ainsi : la politique des Bourbons ne sera point en Italie celle des Valois; le roi de France n'entend rien conquérir au delà des limites naturelles de son royaume; le véritable rôle libérateur de la France dans la péninsule doit consister d'abord à réconcilier entre eux tous les États ennemis, ensuite à former entre eux un faisceau assez fort pour donner

---

1. Dépêche du 22 octobre 1602.

à l'intervention ultérieure du roi une base résistante et solide. Pour expulser les Espagnols d'Italie, il faut commencer par liguer entre eux les États autonomes de la péninsule.

L'idée d'une ligue italienne, d'une confédération nationale de tous les États de race et de langue italiennes, s'est-elle, dès le début, présentée à la pensée de Henri IV avec la netteté qu'on lui trouve plus tard dans les mémoires de Sully, son principal conseiller en cette affaire ? Je sais bien — la démonstration n'est plus à faire, — que Sully, dans ses *Économies royales*, a plus d'une fois condensé en formules positives les idées qui flottaient seulement devant le cerveau du Béarnais et qu'il lui a prêté en outre les « chimères et imaginations », comme il disait lui-même, qu'il avait conçues de son côté[1]. En ce qui concerne cependant la ligue d'Italie, ou bien il faut renoncer à expliquer autrement que par le hasard la politique constante et invariable de Henri IV dans la péninsule, ou il faut convenir que, si la conception première appartient sans doute à Sully, Henri sut faire siens, avec une étonnante obstination, le mot et la chose. Voyez-le à l'œuvre, en effet, depuis 1602, pendant huit longues années, jusqu'à sa mort, et cherchez à le trouver une seule fois en défaut pour la réussite de ce plan. Évidemment, avec cette résolution de ne rien précipiter, de ne point faire un pas avant d'avoir cimenté fortement la ligue, il compte avec les circonstances et avec les hommes. C'est un politique qui sait patienter et ruser : ce n'est point un maniaque à la poursuite d'une idée fixe. Mais tous les actes de sa diplomatie, son mariage, si exclusivement politique, avec la nièce du grand-duc de Toscane, le traité de Lyon, si habile, si méconnu, avec le duc de Savoie, sa médiation entre Venise et le Saint-Siège, ses négociations avec les ligues Suisses, tout tend au même but : certain des sympathies allemandes et hollandaises, il veut y joindre le faisceau des forces italiennes pour défier plus

---

1. *Économies royales*, t. II, ch. CLXXV.

sûrement à leur tête, au jour venu, la maison d'Autriche. La ligue n'est point le but; elle n'est, ne peut être que l'un des moyens qui doivent conduire à réaliser sa conception générale de la politique européenne, non point la chimère de la République chrétienne aux cinq dominations électives, — elle n'appartient qu'à Sully, — mais cet équilibre qui sera fondé, trente ans plus tard, au traité de Westphalie et dont Sully a bien résumé cette fois, sous son inspiration directe, les conditions principales : « La première à réduire la Maison d'Autriche à
« une domination si bien ajustée et proportionnellement com-
« posée qu'elle délivre tous les États et dominations chrétiens
« des craintes et appréhensions qu'elle leur a toujours donné
« à prendre, d'être opprimés et asservis par elle; la seconde,
« que tous ceux de cette maison soient persuadés, par raisons
« convenables, à se départir de leurs anciennes avidités pleines
« d'extorsion, afin qu'ils ne pensent jamais à choses dom-
« mageables à autrui; à quoi il semble impossible de les
« pouvoir faire résoudre, tant qu'ils posséderont une quan-
« tité d'États et de royaumes outre ceux que contiennent les
« Espagnes[1]. »

Voici donc, à l'égard de l'Italie, l'évolution de la politique française sous Henri IV, évolution qui n'aura point de conséquences immédiates, mais qui marque la plus importante étape dans l'histoire de la péninsule. Henri IV n'abandonne rien de la tradition séculaire qui fait de la France la protectrice des aspirations italiennes; mais il l'épure, si je puis dire, en posant comme condition première de son intervention armée que les États italiens auront fait la paix entre eux; ses prédécesseurs escomptaient leurs discordes, il veut pouvoir compter sur leur union : et d'avance, il renonce à toutes conquêtes de là les monts : il aidera les populations opprimées à chasser les Espagnols, mais il ne se

---

1. *Économies royales, lettre de M. de Sully au roi, de laquelle l'on a trouvé les brouillards parmi ses papiers*, t. IX, n° 27 de l'édition Petitot.

substituera point à eux. Non point, d'ailleurs, qu'il ait l'intention de jouer dans la péninsule le rôle d'un simple don Quichotte : il est bien décidé, au contraire, à faire payer son concours. Seulement, le payement qu'il réclame, ce ne sont plus ces terres italiennes qui ne nous ont jamais porté que malheur et qu'une diplomatie routinière s'obstine seule à regretter : ce sont les terres françaises. Il rendra l'Italie aux Italiens, à tous ceux qui parlent la tendre langue des amoureux ; mais la France reprendra, avec la frontière des Alpes, toutes les provinces égarées qui n'ont point cessé de parler français.

Je sais combien Fontenai-Mareuil est un guide sûr pour l'histoire diplomatique de son temps ; cependant comment ne pas infirmer le jugement qu'il a porté sur les affaires de Savoie[1] et que la plupart des historiens ont ratifié depuis sans autre examen ? Après les refus réitérés de Charles-Emmanuel à exécuter en ce qui le concernait le traité de Vervins, après l'avortement des trahisons qu'il avait ourdies à la cour même de France, il est parfaitement certain que la foudroyante conquête de la Savoie ouvrait toute large à Henri IV, dans cette première année du XVIIe siècle, la vieille route de la Lombardie et que « l'Italie tout entière s'attendait « alors à voir le vainqueur d'Ivry descendre dans la vallée du Pô ». A supposer que la victoire lui fut restée fidèle et que les princes italiens eussent tenu leurs promesses, à quoi lui eût servi pourtant de renouveler l'entreprise de Charles VIII ? Rien qu'à rallumer la guerre générale, alors qu'il n'avait encore refait solidement ni ses finances ni son armée, et qu'à offrir prématurément à l'Espagne la revanche de Fontaine-Française. Après avoir châtié, avec une étonnante promptitude, la déloyauté de Charles-Emmanuel, Henri IV fit donc, une première fois, preuve de sagesse, en refusant de tenter davantage la fortune. Il fait autre chose pourtant que d'arrêter ses troupes victorieuses

---

1. *Mémoires* (collection Michaud), t. V, p. 10 et suiv.

sur la crête des Alpes, de les détourner de ce mirage italien qui, plus séduisant que jamais, exerce à nouveau sur l'âme française, malgré tant de déceptions, une fascination troublante; il profitera encore de la paix qui lui est demandée et qu'il dictera selon son plaisir pour amorcer par des actes précis et nets la nouvelle politique qu'il entend inaugurer en Italie. La cause même de la guerre contre Charles-Emmanuel a été ce marquisat de Saluces, la dernière des possessions italiennes de la France, que le gendre de Philippe II avait enlevé, en pleine paix, vers la fin du règne de Henri III et qu'il prétendait garder contre les stipulations formelles du traité de Vervins; Henri IV y renonce en échange de ces terres essentiellement françaises, la Bresse, Gex, Château-Dauphin, le Bugey, le Val-Romey. « Ce « fut, dit le fougueux Lesdiguières, agir non en prince, mais en « marchand. » Voyons d'abord ce que valait le troc en lui-même. Contre un pays de 250,000 âmes, enclavé dans le Piémont et séparé du Dauphiné par les Alpes, qui était, sans doute, l'une des clefs, mais non point l'unique clef de l'Italie, il acquérait avec la Bresse une riche et fertile contrée, qui avait été surnommée le grenier de la Savoie et donnait plus de 200,000 écus de revenu; avec le Bugey et le Val-Romey, la libre navigation du Rhône jusqu'à son entrée dans le lac de Genève; avec le fort Barroux, « la bride de la Savoie », et avec Gex enfin, le trait d'union entre la France et les cantons, la forte situation qui lui permettait de lutter utilement contre l'influence espagnole en Suisse. En passant ce traité d'une si habile générosité avec Charles-Emmanuel, Henri IV commence ensuite à détacher de l'alliance espagnole celui de tous les princes italiens qu'il importait le plus au Roi catholique de garder avec lui, parce que, à cheval sur les Alpes, le duc de Savoie tenait à la fois la porte de l'Italie à Turin et, à Chambéry, la porte de la France. Et, sans doute, ayant déjà par deux fois éprouvé la trahison de Charles-Emmanuel, Henri ne s'exagérait point la reconnaissance que lui garderait le Savoyard, « pêcheur en eau trouble » de pro-

fession, « le plus menteur et le plus brouillon des hommes[1] ».
Mais il a reconnu, de son clair coup d'œil de montagnard, que
la maison de Savoie n'a déjà d'autre règle, dans sa tenace ambition, que l'intérêt, et qu'il n'est rien au monde qu'elle ne soit
toujours prête à sacrifier à « sa passion de gagner ». Il s'agit
donc de tourner cette convoitise vers sa véritable destinée. Ce
Charles-Emmanuel qui, pendant vingt ans, dupe de l'alliance
espagnole, a rêvé de toutes les couronnes de l'Europe, depuis
celles de France et de Provence jusqu'à celles d'Albanie, de
Pologne et de Chypre[2], et qu'il a réduit, en quelques semaines
de campagne, à la condition « d'un duc sans Savoie[3] », Henri IV
le poussera, dès lors, vers l'Italie, avec la ferme volonté de
faire de lui, à sa grande surprise, l'instrument même de la
libération de la péninsule, le restaurateur de la nationalité.
Devançant ainsi de plus de deux siècles la marche des événements qui se sont accomplis de nos jours, devinant le premier
la pente naturelle de l'histoire, Henri IV fait du Piémont la
pierre fondamentale de la ligue italienne. Au traité de Lyon, il
a échangé Saluces pour la Bresse ; si le *Grand dessein* aboutit,
il donnera au duc le Milanais pour la Savoie et Charles-Emmanuel, une fois maître de Milan, deviendra roi de Lombardie.

On peut discuter sur les détails de la carte d'Italie telle que
l'avait conçue Henri IV pour le jour où il aurait chassé les
Espagnols de la péninsule ; il était trop avisé pour ne point
réserver la part des circonstances et n'avait dès lors arrêté, à
Venise comme à Turin, que les grandes lignes de son plan. Au
nord-ouest, sous la maison de Savoie, le Piémont, le Milanais
et le Montferrat réunis pour garder les Alpes, ressuscitant l'ancien royaume de Lombardie[4] ; au nord-est, la République de

---

1. *Mercure français*, t. X.

2. Khevenhuller, *Annales Ferdinandei*, II, p. 187, 225. — Péréfixe, *Histoire de France*, p. 266.

3. Lettre à Marie de Médicis, 22 décembre 1600.

4. Traité de Brusol, du 25 avril 1610, chez Dumont, *Corps diplomatique*, t. V, p. 188.

Venise avec la Giralde ; au centre, le grand-duché de Toscane formant avec Gênes, Parme et Mantoue une seule République ; au sud, sous Paul V, le royaume de Naples réuni aux États romains ; c'est-à-dire pour la première fois, l'Italie aux Italiens, en échange de quoi la Savoie avec Nice retournera à la France. En résumé, si d'autres chapitres du *grand dessein* n'ont existé que dans l'imagination de Sully, rien de plus certain, au contraire, que la partie du projet qui a trait à l'Italie. Non seulement, Fontenai-Mareuil si hostile à l'abandon des revendications italiennes de la France [1], et Richelieu, si hostile à Sully, le confirment en termes formels [2] ; mais la pensée de la confédération italienne domine encore, éclatant à chaque ligne de cinq cents lettres et dépêches, toute la diplomatie de Henri IV depuis la signature du traité de Vervins jusqu'à cette affaire de Clèves qui devait mettre enfin « le feu aux étoupes » et jusqu'à la convention de Brusol, qui est comme le préambule de la déclaration générale de guerre.

Le grand-duc de Toscane, dès le premier jour, a adhéré au projet de son gendre avec toute l'ardeur d'un banquier pour une spéculation qui lui paraît infaillible ; il s'est offert comme courtier auprès de Venise, proposant à Henri IV de s'emparer tout de suite du port, alors important, de Monaco, insistant pour que la ligue, qui doit lui donner les présides, soit proclamée au plus tôt [3]. Sans doute, le duc de Savoie, toujours « plein de précipices », a hésité plus longtemps avant de se déclarer ; avec cette manie de trahir qui paraît innée à sa maison, il négocie à la fois avec l'Escurial et avec le Louvre ; quand il s'est décidé pour de bon, par cette considération qu'il tiendra beaucoup plus sûrement de la France, qui a renoncé à toute conquête d'outre monts, que

---

1. *Mémoires*, t. I, p. 10.
2. *Mémoires*, t. VII, liv. I, p. 110.
3. Siri, *Memorie recondite*, I, p. 326 ; lettres de Henri IV à Fresne-Canaye, 26 octobre 1604 ; d'Angelo Baduer au Sénat de Venise, 26 avril 1605 ; de Francesco Priali au même, 27 février 1606 ; de Henri IV au cardinal de Joyeuse, 7 mars 1605.

de l'Espagne, qui fait du quadrilatère la forteresse vivante de la péninsule, cette « terre promise » du Milanais qui lui assurera l'hégémonie politique de l'Italie, lui aussi, comme Ferdinand de Médicis, ne comprend rien aux prudentes temporisations de Henri IV; désigné « comme général du roi en « Italie », il voudrait partir aussitôt en guerre[1]. Pour Venise enfin et le Saint-Siège, l'affaire, engagée avec d'infinies et vraiment admirables précautions, n'a pas été moins sûrement menée. Henri IV ne les informe de son dessein qu'après avoir apaisé le différend qui a éclaté entre eux pour une histoire de moines accusés de divers crimes et qui, sans la médiation française, eût risqué d'allumer la guerre religieuse dans la péninsule. Il n'aborde même expressément la République de Saint-Marc qu'après le règlement des affaires grisonnes. L'intérêt de la Sérénissime n'est-il pas évident? Si elle se dérobe à la Ligue, le Pape en formera une autre avec l'Espagne, l'Empire et la Toscane pour enlever au Turc l'Albanie, la Morée et « les trois quarts du golfe », ce qui achèvera de ruiner le commerce maritime de Venise. D'ores et déjà, la Seigneurie promit 12,000 hommes de pied et 2,000 chevaux[2]; les Vénitiens, ainsi préparés, « firent moins de difficultés « de s'engager que pas un des autres[3] ». A Rome, vu le délabrement des finances pontificales, le duc de Nevers ne sollicitait qu'un appui moral; Paul V finit cependant par déclarer qu'il prendra les armes, avec 10,000 hommes de pied et 1,500 chevaux, aussitôt après Venise et la Toscane[4]; il pousse

---

1. Siri, *Memorie*, t. I, p. 334, 354, sq; lettres de Fresne-Canaye à Henri IV, 17 juin 1604; de Priuli au Sénat, 28 janvier et 18 février 1607; d'Ubaldini à Borghèse, 20 janvier 1608; instructions à M. de Vaucelas s'en allant en Savoie, avril 1608; instructions au sieur de Bullion, Fontainebleau, 23 octobre 1609; dépêches de Caueva au roi d'Espagne, de Venise, mai-déc. 1609. — Cf. Carutti, *Storia della diplomazia della Corte di Savoia*, I, p. 38; Fontenai-Mareuil, *Mém.*, t. I, p. 38; Flassan, *Histoire de la diplomatie*, II, p. 209.

2. Bassompierre, *Mémoires*, t. VI, 2ᵉ série (édit. Michaud), p. 68 B, 69.

3. Fontenai-Mareuil, *Mémoires*, t. I, p. 28.

4. Dépêches de Fresne-Canaye à Henri IV, de Foscarini au sénat, de la Cueva

publiquement, autour de lui, à la révolte contre l'Espagne et se met à armer lui-même, « sous le spécieux prétexte de la « défense de ses États, mais à dessein de s'en servir, en toute « autre occasion, pour le bien de son service, celui de « l'Église et de ses amis, alliés et confédérés[1] ».

Au printemps de 1610 et malgré tous les efforts de Henri IV, les flûtes italiennes étaient-elles aussi bien accordées, comme il écrivait lui-même, que les flûtes allemandes? Les adversaires sceptiques de Sully n'ont point eu peine à démontrer que non[2] et la promesse des luthériens allemands avait certainement une autre solidité que celle des princes italiens. Une grande parole n'en avait pas moins été dite pour la première fois, formule qui ne sera plus oubliée et qui restera pour la France un titre incomparable d'honneur : l'*Italie aux Italiens*. Et tout ce que peuvent faire pour la réussite d'un grand dessein la prudence, la sagacité et la ruse, le roi de France l'avait tenté; « l'opinion était que rien ne « pourrait lui résister[3] ». Sans doute, malgré cette opinion, les *Stati liberi*, le duc de Savoie excepté, ne se déclaraient point avec toute la confiante audace qu'on eût voulu. Quand l'Espagne, qui voyait toute l'étendue du péril, accumulait en Lombardie, sous Fuentès, les approvisionnements et les troupes, plus de cinquante mille hommes, et, par les jésuites, répandait à travers l'Europe la prédiction que le roi de France mourrait dans la cinquante-neuvième année de son âge, c'est-à-dire précisément en 1610[4], comment d'ailleurs leur en vouloir plus que de raison d'attendre ainsi la première victoire avant de couper les ponts

---

à Philippe III, de Puysieux à Paschal. — *Mémoires* de Fontenai-Mareuil et de Bassompierre, *loc. cit.*

1. Bassompierre, *loc. cit.*; Sully, ch. ccxvii.

2. Notamment M. Rott, dans son livre sur *Henri IV et la Haute Italie*, livre si documenté, abondant en renseignements inédits, mais dont la conclusion est en contradiction avec la plus grande partie de l'exposé historique — M. Poirson (*Histoire de Henri IV*, t. IV, p. 85 et suivantes) conclut dans le sens opposé à celui de M. Rott.

3. Fontenay-Mareuil, *Mémoires*, I, p. 215.

4. Michelet, XIII, ch. ii.

derrière eux? Il faut reconnaître — et l'événement l'a trop montré — que c'était, de leur part, sagesse et prudence, après tant de déceptions et de trahisons de la fortune. Mais s'ils attendaient encore pour agir, ils n'hésitaient plus, du moins, à parler ; d'un bout à l'autre de la péninsule, de Naples encore meurtrie et toute sanglante de l'équipée de Campanella, à la frontière des Alpes où paraissaient déjà les avant-gardes des Cantons, l'Italie frémissait comme à l'approche de l'orage et appelait, tout comme à la fin du xive siècle, l'épée de la France. A Venise, surtout, sous les yeux de la Seigneurie, l'enthousiasme populaire éclatait pour Henri IV, le nouveau David comme l'appelaient les Saxons, le nouveau Charlemagne, comme le saluaient les Suisses. « Nul ne doutait plus que les confédérés ne fissent
« tout ce qu'il faudrait, aussitôt que le roi de France aurait
« commencé, pour chasser les Espagnols, et cela sans crainte
« de lui donner trop d'avantages en lui ôtant le contrepoids,
« tant était grande la déférence qu'ils avaient et l'assurance
« qu'ils prenaient de ses promesses [1]. »

Ravaillac, sur ces entrefaites, arriva à Paris.

---

1. Fontenay-Mareuil, *Mém.*, t. I, p. 29-30.

CHAPITRE VII

RICHELIEU ET L'ITALIE

Les pièces du procès ayant disparu des archives du Parlement le soir même du jugement, l'on n'aura jamais la preuve matérielle que l'assassin fut l'instrument d'un grand complot des jésuites et qu'il ne s'était point armé lui-même. Brûlée la déposition de la d'Escoman sur les lettres envoyées de Madrid qu'elle dénonça en vain, si peu de jours avant l'attentat, à la reine qui ne voulut rien entendre ; déchiré en mille morceaux comme son misérable corps, l'aveu de Ravaillac racontant le voyage qu'il fit à Naples, pour le duc d'Épernon, et comment la première idée de tuer le roi lui vint au moment précis de la rupture définitive de Henri IV avec l'Espagne. On ne sait que trop, en revanche, à qui le crime profita : l'Espagne n'avait jamais été plus terriblement menacée ; la voilà sauvée et un même cri de joie féroce éclate, sans pudeur, à Madrid comme à Vienne. Non seulement elle garde l'Italie, mais elle va mettre la main sur le gouvernement de la France. Le corps de Henri IV est à peine refroidi que Marie de Médicis ordonne le renversement des alliances au profit des puissances catholiques. Tous les gages qui lui sont demandés, la Régente, moins fière d'être reine de France que petite-nièce de Charles-Quint, les accorde sur l'heure, et y ajouterait plutôt : licenciement de l'armée, rupture du traité avec le duc de Savoie, abandon des princes protestants d'Outre-Rhin et des Morisques, renvoi de Sully, double mariage entre le jeune roi et l'infante Anne d'Autriche, entre l'aînée des sœurs de Louis XIII et le prince des Asturies. En échange, rien que la promesse de Philippe III qu'il n'assistera point les « brouillons », c'est-à-dire le prince de Condé, qu'au besoin il enverra contre les protestants une armée de secours[1]. L'Espagne qui, la veille, tremblait à l'Escurial, commande maintenant au Louvre avec le maréchal d'Ancre et d'Épernon ; son ambassadeur a l'entrée au conseil secret de la reine.

Si la France est ainsi livrée à sa vieille ennemie, que sera-ce de l'Italie ? Il faut remonter ou descendre très loin dans l'histoire pour y trouver l'exemple d'une pareille défaillance, faute deux fois grave, parce que les confédérés de la Ligue se déclaraient prêts à tenir leurs engagements et qu'un pareil abandon va tuer, pour longtemps, la foi de la péninsule dans la parole française. Si c'était pour la rendormir aussitôt, à quoi bon l'avoir réveillée ? Pourquoi lui avoir fait honte de sa servitude si c'est pour l'y ramener si vite, avec un dépit de plus, un courage de moins ? Tout habituée qu'elle fût aux déceptions, celle-ci parut à l'Italie trop dure, trop injuste, vraiment trop imméritée : quel argument décisif dans l'avenir à tous les conseillers de prudence et de lâcheté ! Quoi ! cet Espagnol contre qui le roi de France, hier encore, appelait aux armes la moitié du monde, c'est lui qui préside maintenant au gouvernement de sa veuve ! Et cette veuve, par une dernière ironie du sort, est Italienne, de cette race des Médicis fatale entre toutes à la liberté ! Encore si la Régente se bornait à ajourner les projets du mort : mais il suffit de ne leur avoir point été hostile pour être désormais suspect. Qu'un conflit s'élève entre l'Espagne et l'un ou l'autre des États qui s'appellent encore les *Stati liberi*, l'on peut être assuré de trouver la Régente et son amant florentin du côté du roi catholique. Pour une fois qu'un duc de Savoie n'a point été le premier à se tourner vers le soleil levant, en a-t-il été

---

1. *Mémoires* de Fontenay-Mareuil, V, 36.

assez cruellement puni? Au lendemain de la mort de Henri IV, Charles-Emmanuel avait écrit à la reine qu'il n'attendait qu'un signe pour jeter dans le Milanais une armée piémontaise, seul et dernier rempart de l'Italie : « Si je désarme, ajoutait-il avec une fierté qui ne lui était pas habituelle, il n'y aura plus « d'hommes libres dans la péninsule ; elle ne contiendra que « des traîtres et des esclaves. » On n'essaya même pas de lui ménager un accommodement honorable avec l'Espagne et il fallut que le Pape intervînt. Charles-Emmanuel enverra son fils à Madrid demander pardon à genoux au Roi catholique d'avoir projeté la libération d'Italie, d'avoir voulu être l'allié de la France. A cette condition seulement, il conservera son duché[1]. Un peu plus tard, dans l'affaire du Montferrat, la Régente se mettra avec l'Espagne pour chasser le duc de sa petite conquête.

Rien de plus douloureux à constater que ces faiblesses non seulement parce qu'elles sont honteuses, mais parce qu'une fois de plus, en quelques heures, du fait d'une étrangère que le peuple n'a point adoptée un seul jour et sans que la France même y soit pour rien, on voit s'effondrer et crouler de toutes parts le lent et patient travail d'une diplomatie vraiment française. Voici notre rocher de Sisyphe : cette confiance et cette sympathie des Italiens, sans lesquels nous ne pouvons rien dans la péninsule, à peine les avons-nous relevées à travers mille difficultés, que nous les laissons échapper dans une heure de lassitude ou d'abandon, et tout est à recommencer. Seulement, quand on recommencera, il sera trop tard. A l'origine de nos interventions, il suffisait que notre avant-garde parût sur les Alpes pour que tous les cœurs fussent avec nous. Maintenant, trop d'espérances ont été trop souvent et trop cruellement déçues ; la sève est épuisée de la végétation spontanée qui se dressait de toutes parts, drue et forte à notre approche ; c'est sur un sol

---

1. Vittorio Siri, *Memorie recondite*, p. 416-425.

jonché de ruines et de décombres qu'il faut semer la moisson qui, parfois, se lèvera encore, mais pauvre et maigre comme cette terre elle-même, ravagée par les invasions et qui a fait son deuil de la liberté. Puisque, à chaque nouvelle tentative, le joug espagnol s'alourdit davantage, ne serait-il pas plus sage de renoncer une bonne fois à une lutte devenue impossible? La servitude, au moins, ne sera pas plus dure. Ce conseil de la prudence et du découragement a été déjà bien des fois entendu par l'Italie; elle s'y est abandonnée de nouveau, et comment lui en vouloir? Quand le mariage de Louis XIII avec Anne d'Autriche consomme le mélange du sang de Henri IV et du sang de Philippe II, quand la France se fait espagnole, comment s'étonner que Florence et Milan, Naples et Gênes se résignent à le rester? La chose qui surprend plutôt, en présence d'un pareil abandon, c'est que la soumission n'ait été jamais générale et complète. A défaut des grandes cités glorieuses qui ne cherchent plus, Venise exceptée, qu'à se concilier le maître, quelques petites villes continueront toujours, sinon à parler, du moins à rêver d'indépendance. Il y aura tel jour où le cœur, si tristement ralenti, de l'Italie ne battra plus qu'à Parme ou à Mantoue. Quant au « duc des marmottes », s'il se terre dans ses montagnes savoyardes, se fait tout petit et joue le mort, cependant il n'oublie pas; cette couronne de Lombardie que Henri IV lui a promise sera désormais l'ambition héréditaire de sa race; dans les nuits froides de ses Alpes, il y pense comme au Paradis. Indécise pendant tant de siècles entre la France et l'Italie, la maison de Savoie a définitivement orienté son histoire[1] : elle tiendra l'Italie de Dieu ou du diable, mais elle la prendra.

Quelque désolante que soit cette nouvelle éclipse de la France, elle a pourtant, aux yeux mêmes des Italiens, une circonstance atténuante qui permet à l'espoir de ne point mourir tout à fait :

---

1. Cantu, *Hist. des Ital.*, t. IX, ch. CL.

la France même, armée et peuple, n'a point cessé de condamner l'alliance espagnole. Cette paix de 1612, qui est surtout cruelle aux États italiens, c'est des transfuges italiens qui l'ont faite et s'y obstinent, les Concini d'abord, puis, après leur mort, encore un demi-Florentin, ce Luynes,—il s'appelait en réalité d'Albert, du nom de sa grand'mère, Alberti [1] — et qui ne fut pas moins misérable et moins vénal, qui ne trahit pas avec moins de cynisme ses deux patries. Mais le sentiment public, vraiment français, a toujours été ouvertement et parfois insolemment hostile au Roi catholique. Aux États généraux de 1614, quand Marie de Médicis sollicite un vote d'adhésion aux « mariages et alliances d'Espagne », le tiers état, s'il se résigne à remercier la Reine d'avoir conclu la paix, biffe résolument de son cahier le mot d'*Espagne* et n'ajoute pas un seul mot de commentaire à ce compliment ambigu [2]. Les confesseurs du Roi (le Père Cotton, le Père Arnoux) essaieront de faire croire, par la suite, que les seuls protestants, par esprit de secte, répudient les nouvelles alliances. Rien de moins exact. A l'exception des « catholiques à gros grains », pour qui l'hérésie est la seule ennemie, mais qui sont, de leur propre aveu, une minorité, la plus grande partie de la noblesse et toute la bourgeoisie sont du sentiment de Richelieu quand il écrit, lors de son premier ministère, à l'ambassadeur de France en Espagne, M. de Schomberg : « Il ne faut voir « dans les mariages qu'un événement de famille, lequel ne fera « point embrasser au Roi les intérêts, soit de Rome, soit de « l'Espagne, au préjudice de nos anciennes alliances et de nous-« mêmes, vu que nul catholique n'est si aveugle d'estimer, en « matière d'État, un Espagnol meilleur qu'un Français hugue-« not [3]. » Cardenas lui-même, l'ambassadeur du Roi catholique, ne se fait, au surplus, aucune illusion et ne tient les

---

1. *Archives de Simancas, ap.* Capefigue, *Richelieu et Mazarin*, t. II, p. 279 et 32. — Charles d'Alberti avait pris ce nom de Luynes d'une petite métairie provençale.
2. *Relation* de Flot. Rapine. *Etats généraux*, t. XVII, p. 68.
3. *Relation*, p. 210 et 39.

auteurs mêmes de l'alliance que par l'argent : Concini, qui n'est préoccupé que de « bien manger », et Luynes, qui, du premier jour, a estimé son concours à une pension annuelle de dix mille ducats[1]. Mais cette trahison dorée des favoris, les rentes qu'ils tirent de leur bassesse envers l'Espagne et « les assassins du roi Henri », sont pour moitié au moins dans le dégoût qu'ils inspirent : l'esprit public a beau être privé de direction, il aperçoit cependant, avec beaucoup de netteté, que les intérêts réels de la France sont sacrifiés en pure perte, et que la religion qu'on invoque n'est que le masque de la rapacité politique. « Les Espagnols, » dit Faucan dans son *Discours salutaire*, « donnent le surnom de catholique à leur « Roi, non au sujet de la religion, mais de l'empire et de la « domination universelle. » Voilà bien le sentiment général, et il suffit dès lors d'être l'ennemi de l'Espagne pour passer héros.

Parmi les choses bizarres de ce commencement du grand siècle, rien de plus singulier que la situation du maréchal de Lesdiguières qui, gouverneur royal du Dauphiné, agit dix ans de suite en prince indépendant, défie, quoique protestant, les plus redoutables cabales de la cour et, devenu le plus intime ami de son vieil ennemi, le duc de Savoie, ne manque jamais une occasion, sans consulter au préalable qui que ce soit, de lui envoyer ou de lui mener lui-même des renforts contre les Espagnols du Milanais. Or, chaque fois que le « vieillard dauphinois » descend ainsi guerroyer en Piémont, l'opinion tout entière lui fait fête, et ses moindres promenades sont célébrées comme des victoires. « Son parti, dit Vedel[2], fut toujours le plus fort », et l'ambassadeur d'Espagne le sait si bien qu'il ne néglige aucun effort pour le gagner ou pour le perdre. A condition qu'il abandonne Charles-Emmanuel à son destin et à la juste vengeance du Roi catholique, le maréchal n'a qu'à dire un mot :

---

1. *Archives de Simancas, apud* Capefigue, *Richelieu et Mazarin*, t. II, p. 289.
2. *Histoire du Connestable de Lesdiguières* (Grenoble, 1650), p. 553 et 39.

Cardenas a « un pouvoir écrit de son maître pour lui offrir « telle somme qu'il lui demandera en quelque lieu de l'Europe « qu'il la voulût ». Naturellement, Lesdiguières repousse avec colère ce suprême abandon de l'Italie : « Il est sans doute, » dit son historien en traduisant sa réponse, « qu'entre tous les charmes « qui agissent le plus puissamment sur l'esprit des hommes « ordinaires, il n'y en a point dont ils se défendent moins que « de l'or ; mais les âmes élues, et qui tiennent de la pureté de « leur origine, y résistent courageusement et le regardent sans « se laisser éblouir. » Sur quoi, comme le maréchal a fait raconter sa belle action à tous venants, sa popularité redouble, les manifestations en son honneur deviennent de plus en plus bruyantes, et Cardenas ne voit d'autre manière d'en finir que « ce moyen plus court », dont la Régente, d'ailleurs, ne voulut point, d'appeler Lesdiguières au Louvre et de l'y faire mourir [1].

D'année en année, les ennemis de l'Espagne haussent le ton de leurs reproches. Les chroniqueurs italiens ont apparemment exagéré l'importance de la conspiration du duc d'Ossuna, ce Vice-Roi de Naples, qui rêva de se faire proclamer Roi indépendant des Deux-Siciles ; c'était pourtant l'évidence qu'il y avait là un mouvement à encourager, et quand Luynes repoussa les propositions qui lui étaient faites, allant peut-être jusqu'à avertir le cabinet de Madrid, les mots de « trahison » et de « poltronnerie » furent sur toutes les lèvres. L'ambassade enfin du duc d'Angoulême en Allemagne pour engager les protestants à capituler devant la ligue hispano-autrichienne ne fut pas moins sévèrement blâmée, jusque dans le conseil du Roi où les protestations éclatèrent, pendant plusieurs séances, avec une extrême vivacité. Cette basse politique qui partout, en Italie comme en Allemagne et dans les Flandres, tenait systématiquement contre les opprimés pour les ennemis naturels, traditionnels, de la France devait finir par écœurer

---

1. *Histoire du Connestable de Lesdiguières* (Grenoble, 1650), p. 617.

jusqu'au parti ultra-catholique lui-même. Le jour donc où Richelieu se sentira assez fort pour reprendre ouvertement la politique de Henri IV, une explosion générale de joie lui répondra. La guerre de la Valteline ne fut point, par la force des circonstances et par la faute des protestants, la grande affaire qu'elle aurait pu être ; aucune entreprise ne fut cependant plus populaire, parce qu'elle marquait à la fois la fin de l'alliance, pour ne pas dire de la suzeraineté espagnole et la rentrée de la France dans les affaires d'Italie. Quand Richelieu écrit à Marquemont[1] le fameux billet : « Le Roi a changé « de conseil et le ministère de maxime ; on enverra une armée « dans la Valteline qui rendra le Pape moins incertain et les « Espagnols plus traitables... » le Saint-Siège l'appelle *Cardinal d'État*, ce qui équivaut à une excommunication mineure, mais la France applaudit avec transport.

On a mis au jour depuis longtemps et avec une abondance de renseignements qui laisse peu de chose à glaner, le détail des entreprises de Richelieu en Italie. Les mémoires militaires, d'une franchise si pénétrante, sans l'ombre d'une prétention littéraire (Bassompierre, du Plessis, de la Force), permettent de suivre pas à pas, pendant seize illustres années, la marche des armées françaises qui successivement affranchissent les Grisons et la Valteline, occupent la Ligurie et menacent Gênes, forcent le Pas-de-Suse, enlèvent Pignerol, passent la Vegliana, et le Tessin, délivrent Casal, emportent Ivrée, Turin et Chiari, rapprennent la grande guerre à coups de victoires sur la légendaire infanterie d'Espagne. On a de même, dans les *Mémoires* du cardinal et, mieux encore, dans la belle publication de ses *Lettres, Instructions et Papiers d'État*, par M. Avenel, le récit au jour le jour, précis autant que lumineux, de ses négociations diplomatiques avec tous les États d'Italie, grands et petits, tour à tour ennemis ou alliés, associés à sa fortune ou faisant son

---

1. Ambassadeur à Rome.

jeu, complices intelligents de ses desseins ou simples pions en marche sur l'échiquier de la péninsule. Oserai-je dire pourtant que la synthèse même de la politique italienne de Richelieu reste à dégager et que sa pensée maîtresse, aussi constante que forte, si elle a été clairement indiquée à plusieurs reprises par l'éditeur de ses papiers, a été méconnue jusqu'à présent par la plupart de ses historiens, sans en excepter Michelet? Et j'entends bien qu'il est toujours périlleux de résumer dans une formule tant d'années de diplomatie et de guerre, alors surtout que le politique qui les dirige est le plus attentif à user des circonstances, à jouer des hommes et à prendre le vent. Mais quand cette formule a été donnée par ce politique lui-même, qu'il y revient sans cesse en dépit des obstacles et qu'elle est confirmée par l'ensemble de ses actes, il serait peut-être juste de la mettre enfin dans la pleine lumière qui lui est due.

Voici donc le but précis, constant, certain que Richelieu poursuit dans la péninsule : il ne travaille pas à en chasser les Impériaux et les Espagnols dans le seul dessein d'amoindrir la maison d'Autriche, de couper le pont où Vienne et Madrid se donnent la main; mais dans l'intérêt des Italiens, qui est l'intérêt bien entendu de la France, il a repris, dans l'héritage de Henri IV, le projet « d'une Ligue où tous les États réunis garantiraient « à chacun son intégrité et se promettaient secours et assistance « en cas d'attaque de quelque part qu'elle soit[1]? » Ainsi s'exprime le préambule du traité passé le 3 mars 1629 avec Venise ; ainsi parlera Richelieu jusqu'à la fin. Quel que soit l'incident, parfois le prétexte, qui ramène les drapeaux français de l'autre côté des monts, ce qu'invoque le cardinal, c'est toujours *la liberté d'Italie ;* le mot en revient sans cesse sous sa plume et si l'Italie avait encore compris suffisamment le mot, la chose peut-être se serait faite.

---

1. Sur les divers incidents de la politique française en Italie, jusqu'à l'avènement de Richelieu, cf. les *Mémoires* de Fontenay-Mareuil, le 1er volume des *Lettres de Richelieu* (édition Avenel) ; Watson, *Histoire de Philippe III*.

Pourquoi les historiens ont-ils accordé jusqu'à présent une attention si distraite à cette partie de la politique de Richelieu ? M. Avenel, qui pose fortement la question [1], ne la résout point, parce qu'il lui eût fallu évidemment accuser, avec la mauvaise foi des écrivains italiens que ces souvenirs gênent comme des dettes, une certaine frivolité de nos auteurs qui tous, royalistes ou républicains, n'ont pas encore su rendre à l'incomparable cardinal l'hommage qu'il mérite. La pensée même de Richelieu n'en est pas moins claire. Elle n'éclate sans doute dans toute sa force qu'au Pas-de-Suse, quand Louis XIII vainqueur ratifie le traité de confédération qui a été signé à Venise par d'Avaux, et en lance le préambule à l'Italie comme un véritable appel à l'indépendance. Mais, quatre ans auparavant, tout à fait au début de son ministère, au moment même où il bâcla l'affaire de Gênes, « parce que les « médecins tiennent pour aphorisme assuré qu'un mal interne, « quoique petit en soi-même, est plus à craindre qu'un externe « beaucoup plus grand et douloureux et que, dès lors, il faut « abandonner le dehors pour pourvoir au dedans [2] », alors déjà la conception italienne de Richelieu était complètement arrêtée. Les huguenots révoltés et faisant le jeu du Roi catholique, les grands s'indignant contre ce pouvoir nouveau qui ne veut partager l'État avec personne, la cour en perpétuelle ébullition de trahisons et d'intrigues, lui laisseront-ils le loisir, sinon de réaliser, du moins d'ébaucher ses desseins ? En tout cas, il en laissera le programme à son pays et il adresse au Roi l'admirable mémoire du 5 mai 1625. Dans le passé, à l'époque de ses ambitions transalpines, la France n'a été ni assez prudente ni assez forte pour maintenir ce qu'elle avait conquis. Avertie par l'expérience, il lui faut revenir désormais à la politique de Henri IV, dégagée des utopies de Sully, « parce que notre force

---

1. *Papiers d'Etat*, t. III, p. 239, *en note.*
2. *Ibid.*, t. Ier, p. 81.

« et la prudence des Italiens seront assez grandes toujours pour
« réaliser le seul partage que doit désirer la France en toute
« cette conquête et qui ne doit être que la diminution de l'Es-
« pagne, car l'Espagne prétend égalité avec elle, la veut affai-
« blir et le fait ». Donc, en même temps qu'il faut se préparer à jeter l'épée de la France dans la guerre allemande en faveur des princes protestants qui représentent la liberté germanique contre la prépondérance d'Autriche, il est nécessaire de passer de nouveau les Alpes, de descendre en Lombardie et d'y chercher les Espagnols, mais, cette fois, avec l'intention bien arrêtée de n'y faire aucune conquête. « Je ne dirai point
« que nous avons toujours été assez heureux à conquérir en
« Italie, mais si malheureux à conserver que les lauriers qu'on
« a cueillis ont promptement toujours été changés en cyprès.
« Devenus sages à nos dépens, nous avons dès lors trouvé le
« vrai secret des affaires d'Italie qui est dépouiller le roi d'Es-
« pagne de ce qu'il y tient, *mais pour en revêtir les princes
« et potentats d'Italie*, lesquels par l'intérêt de leur propre con-
« servation seront tous unis ensemble pour conserver ce qui
« leur aura été donné. »

Pour peu que l'on veuille jeter les yeux sur les *Papiers d'État*, on se rendra compte que je pourrais prolonger longtemps ces citations et montrer par plus de cent dépêches avec quelle invincible obstination Richelieu poursuivit l'idée de n'arracher l'Italie à l'Espagne que pour la rendre à elle-même. Dans l'affaire de Mantoue comme dans celle de Gênes, à Casal comme devant Pignerol, et même après la deuxième guerre du Piémont, quand il transfère des Alpes au Rhin son principal effort, le cardinal pousse et conclut toujours à la nécessité de la Ligue, « de la véritable confédération, qui, seule, peut assurer
« la liberté publique contre les troubles et invasions perpé-
« tuelles des Espagnols [1] ». Vingt fois, sous les auspices du Pape,

---

1. *Papiers d'État*, t. IV, 668.

il eût pu traiter avec l'Espagne qui ne demandait pas mieux que de lui laisser les clefs de l'Italie, à condition d'en garder les bénéfices. Vingt fois, Richelieu refuse. « Abandonner à « l'injustice et à l'avidité insatiable de l'Espagne » ceux qui ont eu confiance en la parole française, serait une indignité et la plus lourde des fautes ; « si la réputation du Roi est indi-« cible, c'est que l'Italie attend fermeté de lui au dessein qu'il « a entrepris, mais que s'il fait une paix à de mauvaises con-« ditions, il en déchoira tout à fait[1] ». Au Pas-de-Suse, quand le prince de Piémont insinue qu'une alliance de dix ans serait plus facile à conclure qu'une Ligue perpétuelle : « La France vous « laisse le choix, répond Richelieu, mais elle-même marche si « franchement en ce qui concerne les intérêts des princes d'Italie « qu'elle ne craint point de s'engager pour jamais à leur con-« servation[2]. » — Seulement, pour faire une Ligue, il ne suffit pas d'en concevoir l'idée et d'en démontrer l'utilité; il faut encore des ligueurs, et, quoi qu'il fît, Richelieu ne devait jamais trouver, sauf à Venise et à Mantoue, que des collaborateurs d'un jour. Le premier souffle d'adversité, le premier obstacle emportent les plus solennelles promesses. Le *Mémoire au Roi* l'avait d'ailleurs prévu : « Tous les peuples sont « extrêmement mécontents de leur gouvernement, harassés « et ruinés des gens de guerre qui, n'ayant point été payés, « ont vécu à discrétion et à fond du pays ; *mais les princes* « *attendent à voir qui sera le plus fort pour s'y joindre*[3]. »

Ainsi, une fois encore, c'est le même jeu. L'Italie déteste de toute sa haine cet Espagnol qui, « s'étant présenté à elle toute « gentillesse et tout compliment dans les apparences, n'a point « tardé à se révéler tout orgueil, toute avarice et toute cruauté, « propre à dominer des esclaves, incapable de gouverner des

---

1. *Papiers d'Etat*, III, 707; *Succinctes narrations*, IV, 333, etc.
2. *Ibid.*, III, p. 230.
3. *Ibid.*, II, 77 et 79 (mai 1625).

« hommes libres[1] »; cette paix du despotisme triomphant, elle y reconnaît la paix du sépulcre ; elle se sent consumée d'un lent venin : mais elle n'a ni le courage ni la force d'agir par elle-même et, comme elle continue à être divisée, elle va contrecarrer et paralyser elle-même les efforts d'autrui. Le Pape « hait les Espagnols à merveille[2] », mais il eut le cœur si timide qu'il n'osa jamais signer la Ligue, qu'il n'y adhéra verbalement que la veille même de sa mort ; son grand triomphe fut la comédie de Casal quand, aux premières salves de Schomberg qui avait neuf chances sur dix d'en finir ce jour-là avec l'armée espagnole, veuve de Spinola, l'abbé Jules Mazarin se précipita entre les lignes d'infanterie en agitant une feuille de papier blanc et criant : « La paix ! la paix ! » Parme, Modène et Florence renouvellent à chaque occasion leurs protestations qu'elles ne souhaitent rien tant que l'abaissement de l'Espagne en Italie ; mais chaque protestation est accompagnée d'une humble supplique de la tenir confidentielle et secrète. Le duc de Savoie, enfin, dont l'âge a développé tous les vices et par-dessus tout l'âpre rapacité, ne sait que trahir. En 1629, lié à l'Espagne par un traité en règle, il propose à Louis XIII s'il veut lui sacrifier Genève ; Richelieu, naturellement, repousse une pareille indignité, quitte d'ailleurs à user à peine de sa prochaine victoire et, dès qu'il l'a battu, à aviser aussitôt le duc qu'il le traitera en ami, s'il se comporte « comme il le doit », c'est-à-dire s'il lui apporte résolument un concours qui est la première condition de la Ligue franco-italienne. Charles-Emmanuel, vaincu, n'hésite point, signe tout ce qu'on lui présente, « d'autant plus librement, avouera plus tard le cardinal « détrompé, qu'il ne tenait compte de garder sa parole[3] ». En effet, dès le printemps suivant, le Savoyard repasse à l'Espagne. En vain, devant la catastrophe qui menace l'Italie, au bruit de

---

1. Trajan Boccalini, *Pietra del paragone politico*.
2. Richelieu, *Mémoires*, liv. XX.
3. *Mémoires*, ch. XVII.

l'avalanche des lansquenets que Ferdinand, à la demande du Roi catholique, précipite sur la Lombardie, Richelieu offre alors à Charles-Emmanuel le Milanais tout entier, s'il veut s'associer à lui pour la défense de ses compatriotes. En vain, tout ce qui a encore une voix dans la péninsule se joint au cardinal-généralissime pour implorer le duc de Savoie, Mantoue qu'entourent déjà les hordes de Furstenberg et d'Altinger, Venise contre qui l'ambassadeur d'Espagne a prononcé le *Delenda Carthago*, Milan qui a tenté une première émeute contre son gouverneur, Rome encore toute tremblante de l'atroce parole de Ferdinand : « Il y a cent ans qu'on n'a point saccagé Rome qui se trouve « plus riche qu'alors. » Le duc refuse ; il vient de découvrir qu'il relève de l'Empire et que, dès lors, non seulement il ne peut rien contre lui, mais qu'il doit aide et secours aux lansquenets. Et, sans doute, cette nouvelle campagne de Piémont sera aussi rapide que glorieuse, pas assez rapide cependant pour permettre à l'armée française de paraître à temps devant Mantoue et de la sauver du plus effroyable massacre ; elle pourra tout juste, après avoir conquis les Alpes en deux mois, secourir Casal. Ainsi, la péninsule livrée pendant de longs mois à quarante mille brigands, Mantoue détruite, inondée sous des flots de sang, la peste de 1630, la fameuse peste de Manzoni, naissant sous les pas « des bandes ignobles et sales de Colalto, » tel fut, de l'aveu même de César Cantu [1], le bilan de la dernière félonie de Charles-Emmanuel, de son alliance parricide avec l'invasion allemande. Quand elle s'abandonne ellemême, quand ses défenseurs nés sont les premiers à la livrer, que pouvait la France pour l'Italie, sinon interrompre la prescription de son éternel procès pour la liberté ?

Quelque menaçante que restât la forteresse crénelée où l'Espagne avait enfermé la péninsule, l'Italie, dans l'ensemble de la politique ultérieure de Richelieu, ne tint dès lors et ne pou-

---

1. *Histoire des Italiens*, liv. XIV, ch. CLIII.

vait tenir que la seconde place. Elle n'est plus décidément qu'un cadavre à galvaniser. L'Allemagne, au contraire, est un corps plein de sève et de vie que la France ne peut laisser étouffer sans être elle-même atteinte au cœur. Partant d'ailleurs de ce principe directeur que « jusqu'où allait la Gaule, jusque-là doit « aller la France[1] », et n'ayant pas renoncé moins formellement que Henri IV à toute ambition de conquête transalpine, Richelieu devait être conduit tôt ou tard à transporter le vrai théâtre de la guerre sur les bords du Rhin ; là seulement il pouvait utilement gagner. La mort de Gustave-Adolphe, suivant de près la catastrophe italienne de 1630, ne put donc que brusquer l'évolution. Richelieu, assurément, n'abandonne pas l'Italie ; il ne cessera pas d'y envoyer des armées ; d'Harcourt y remportera, en 1640, contre Lleganez ses plus belles victoires, ces batailles du Piémont qui feront dire à Jean de Wert, apprenant la prise de Turin : « J'aimerais mieux être général Harcourt « qu'Empereur ! » Le cardinal enfin continuera avec un zèle infatigable à prêcher la confédération italienne qui « seule peut « assurer à la péninsule un parfait repos, une sûre et durable « paix[2] ; » le traité de Rivoli avec Victor-Amédée, auquel accédaient Parme et Mantoue, parut même un instant en fixer les bases. Mais il n'en a pas moins reconnu que, des deux branches de cette maison d'Autriche qu'il veut abaisser, la plus redoutable de beaucoup est celle qui s'étend sur l'Allemagne : c'est l'arbre même, et c'est là désormais qu'il faut porter la cognée. Puisque les princes italiens continuent soit à contrecarrer les efforts du seul pays qui veuille sincèrement l'autonomie de la péninsule, soit à ne lui offrir qu'un concours platonique, Richelieu se contentera désormais de garder solidement les clefs des Alpes. S'il ne peut pas ressusciter la liberté italienne malgré les Italiens, du moins il sauvera avec les protestants la

---

1. *Ubicumque fuit antiqua Gallia ibi novam restaurare* (*Testament politique*).
2. *Succincte Narration* ; *Mémoires* de du Plessis, série VII, p. 364-366.

liberté germanique et « relevant le nom de la France dans les « nations étrangères au point où elle doit être[1] », il fondera l'équilibre de l'Europe.

Quand j'aurai dit une fois de plus que Richelieu rapprit aux Italiens qui les oubliaient ces grands mots de liberté et d'indépendance, je n'aurai point cependant résumé avec exactitude son intervention politique dans leurs affaires. Et, sans doute, il échoua dans son dessein qui était de chasser l'Espagne et de refaire de ces hommes découragés un peuple. Mais s'il ne réussit pas à briser le carcan qui serrait l'Italie, du moins il le desserra. L'occupation prolongée de la Valteline par les Espagnols et les Impériaux eût été l'étouffement de Venise, sa mort par l'asphyxie[2]; en sauvant cette « reine des vallées « européennes[3] », il sauva Venise dont l'alliance publique ne lui manqua jamais. Quand Richelieu arriva au pouvoir, la France, qui semblait avoir, depuis quinze années, « donné « sa démission des affaires européennes », avait perdu de l'autre côté des Alpes jusqu'à l'ombre de son ancienne influence : le renouveau de son prestige arrêta les progrès des Espagnols, rendit courage, non seulement à la République Sérénissime, mais, vers la fin, au Saint-Siège lui-même et surtout aux petites principautés qui découvrirent qu'elles avaient droit d'être désormais, dans les grandes compétitions, autre chose qu'un jouet ou qu'une récompense. Charles-Emmanuel, par son esprit capricant « qui ne pouvait avoir de repos et faisait « tous les jours deux ou trois fois le tour du monde[4] », avait été l'obstacle décisif aux projets de Richelieu, et son fils suivit d'abord sa tradition ; à force pourtant de modération et de sagesse, le grand cardinal réussit à faire rentrer la Savoie

---

1. *Testament* (Ed. Michaud), p. 331.

2. ..« Si les Autrichiens étaient parvenus à se fixer dans la Rhétie et à la réunir au Tyrol, on pouvait dire que c'en était fait de la liberté de l'Italie, étranglée par ce lacet. » (Nani, *Histoire de Venise*.)

3. Sprecher, *Geschichte des Krieges in der Valt.*, p. 28.

4. *Succincte Narration*.

dans l'orbite de l'alliance française ; si Victor-Amédée avait vécu, si sa mort prématurée n'avait livré le Piémont à tous les troubles d'une déplorable minorité, le traité de Rivoli eût peut-être abouti à la conquête définitive du Milanais. Le Pape, dans l'affaire des Grisons, avait consenti à se faire l'exécuteur servile des haines espagnoles ; en osant protéger contre les soldats du Saint-Père les protestants de la Valteline, le « cardinal d'État » commença à détacher le faible Urbain VIII de la suzeraineté du Roi catholique et, le réconciliant peu à peu, par des prodiges de diplomatie, avec Venise et les princes toscans, finit, à la grande rage de l'Autriche, par le gagner à la cause même de la Ligue[1]. La médiation de Richelieu dans l'affaire de l'*incameration* de Castro n'empêcha pas seulement les princes coalisés de Toscane et de Modène, unis à Venise contre le Pape, d'ajouter aux cruautés de la guerre étrangère celles de la guerre civile ; elle donna encore à l'Italie tout entière le sentiment qu'au contraire de l'Espagne et de l'Empire, qui poussaient aux luttes intestines pour en profiter, la France seule ne poursuivait pas dans la péninsule une ambition égoïste[2]. Évidemment, l'Italie n'était point ressuscitée, mais la domination espagnole est désormais sur la pente qu'on ne remonte pas.

---

1. *Mémoires*, p. 392.
2. *Papiers d'État*, VI, 892. — Cf. Fontenay-Mareuil, *Mémoires*, t. II, 261 ; Valfrey, *Histoires des négociations de Lionne* ; Zeller, *Histoire d'Italie*, liv. XIII.

CHAPITRE VIII

LA RÉVOLTE DE NAPLES

Ce qui a dominé, si l'on peut dire, depuis deux siècles, l'histoire d'Italie, c'est l'absence même de l'Italie. Son nom a continué à remplir la diplomatie des grandes puissances ; son sol est l'un des deux grands champs de bataille où la maison de France poursuit sa lutte contre la maison d'Autriche : sauf par accident et comme par à-coup, dans de brusques et courts réveils, elle nous a paru pourtant étrangère, et l'a été en effet, aux luttes de la politique et des armées dont elle est l'enjeu. Le frémissement qui a fait tressaillir la péninsule à la voix de Henri IV n'a duré qu'un instant ; Richelieu, malgré son génie, n'a tiré de cette terre désespérée que des soupirs vite étouffés : Où est la nation? Toscans et Lombards, Napolitains et Génois, parlent toujours la même langue ; mais y a-t-il encore des Italiens ? Ce nom d'Italie, que la France s'est obstinée à ne pas désapprendre, sonne à peine à leurs oreilles comme celui d'une morte dont le souvenir va s'effaçant. Vers la fin de la guerre de Trente ans, la décadence générale de l'Espagne est évidente : l'Italie va-t-elle savoir en profiter? On le croira pendant un instant, tellement le malaise de tous s'est accru sous une tyrannie tous les jours plus haïssable, tant la propagande française, même ralentie, a montré clairement que la puissance du vainqueur est faite surtout de la timidité des vaincus. Mais, encore une fois, il n'en sera rien. Quand, tout à l'heure, d'un excès, vraiment incroyable, d'humiliations et de souffrances jaillira le seul soulèvement populaire qui éclaire tant d'années de résignation à la servitude, c'est alors surtout, dans cette révolte d'un jour où Palerme et Naples rallument leurs volcans, qu'apparaît l'impuissance d'agir qui est pour l'Italie le châtiment de n'avoir usé sa force qu'à se déchirer elle-même. Il faut donc s'arrêter à ce chapitre où l'histoire, à tort, n'a vu le plus souvent qu'une anecdote. Ce n'est point quand il est étendu, c'est quand il essaye de marcher et retombe, que le malade apprend à connaître toute sa faiblesse.

Si l'on veut saisir sur le vif le procédé de la domination espagnole en Italie au xviie siècle, c'est à Naples qu'il faut regarder. Les premiers successeurs de Gonzalve de Cordoue avaient d'abord ménagé, du moins relativement, les Deux-Siciles ; c'était l'époque du fameux proverbe : « L'officier de Sicile ronge, « l'officier de Naples mange, l'officier de Milan dévore. » Quand la Lombardie fut dévorée, quand l'ineptie des règlements et la rapacité calculée des gouverneurs espagnols eurent, en moins d'un demi-siècle, transformé les plus belles plaines du monde en « un désert où les habitants mouraient de faim, sur les « grandes routes, à côté des champs abandonnés » et les villes les plus industrielles en « d'immenses ruines où le pain man- « quait aux citoyens [1] », les sauterelles du Roi catholique s'abattirent sur les Deux-Siciles qui connurent alors à leur tour « la dévastation systématique [2] ». La confiscation des libertés garanties par Charles-Quint n'avait irrité que la noblesse ; le peuple, habitué de temps presque immémorial aux coups de bâton, restait assez indifférent à la question, en effet assez secondaire, de savoir de quelle main il les recevrait : qu'on ne les inquiète pas dans leur vie matérielle, à la fois si frugale et si molle, ces grands enfants s'estiment heureux et s'amusent de tout, même des forêts de gibets que plante Pierre de Tolède à l'usage des parjures, même de la proscription des filles de

---

[1]. Garazio della Somaglia, *Allègement de l'État de Milan*, 1653 ; pétition du Sénat de Milan au roi d'Espagne, 1668.

[2]. Capecelatro, *Tumulti di Napoli del* 1647, p. 17.

joie[1]. Le Vésuve ne commença à gronder que le jour où le gouvernement espagnol, ayant tari la vache à lait milanaise, enjoignit à ses vice-rois de Naples de combler le vide de ses coffres[2].

Charles-Quint ayant « promis et juré » que ni lui ni ses successeurs ne mettraient d'impôt sur les Deux-Siciles sans la permission du Saint-Siège, les vice-rois, par une pieuse hypocrisie, se contentèrent d'abord de demander des « dons » au « très fidèle peuple ». Dons pour le couronnement, dons pour l'expédition d'Afrique, dons pour les langes du nouveau-né, dons pour les pantoufles de la Reine, tous les prétextes furent favorables et les agents du fisc savaient l'art de les rendre incessamment fructueux ; le chiffre des tributs « volontaires », perçus exclusivement sur le peuple, finira par dépasser onze millions de ducats par an.

Pour ingénieux qu'il fût, le système des « cadeaux » ne tarda pas cependant à paraître insuffisant ; le serment de Charles-Quint alla donc rejoindre la réforme de Tolède, et la ferme des impôts fonctionna bientôt dans toute sa sauvagerie. Il faut lire dans les lettres du résident du grand-duc d'Urbin[3] l'infinie variété des taxes qui furent successivement inventées par les fermiers génois, d'autant plus inexorables que les vice-rois leur en réclamaient d'ordinaire le montant un ou deux ans à l'avance, et les menaçaient du gibet à la moindre velléité de refus. Comme la noblesse était exempte d'impôt et comme l'industrie était à peine naissante, l'agriculture paya pour tous et sur tout, « l'impôt suivant le produit », frappant la terre ensemencée, puis l'épi, puis la farine, puis le pain et le macaroni, et, de même, l'arbre et le fruit, la vigne et le vin, le

---

1. Conti, *Storia de' suoi tempi*, II, 37.
2. Giannone, *Hist. de Naples*, IV, liv. XXXII. — Cf. duc de Rivas, *Insurrection de Naples*, t. Ier, liv. Ier, ch. 1er.
3. *Archives historiques d'Italie*, recueil de documents sur les conditions économiques du royaume de Naples, de 1522 à 1647, publiés par François Palermo, *passim*. — Cf. Zazzera, *Gouvernement du duc d'Ossuna*, et Baldacchini, *Storia Napoletana dell anno* 1647.

mûrier et la soie, les troupeaux et la viande. D'où, nécessairement, au bout de peu d'années, une double misère : dans les campagnes où le sol, ne produisant plus que pour le percepteur, ne tarde pas à être abandonné, laissé en friche ; dans les villes où l'élévation croissante des droits sur les denrées d'alimentation « installe la faim à chaque foyer ». Quand le duc de Médina disait, en quittant Naples, qu'il n'y avait point laissé, en dehors des classes privilégiées, « quatre familles assez « riches pour dîner à table », il ne se vantait point ; le règne de l'Espagne dans les Deux-Siciles était devenu à la lettre celui de la famine. « La disette est universelle, » écrit le résident au grand-duc, « il vient à Naples des communes entières, deman-« dant le pain dans les rues ; tant de pauvres sont arrivés « qu'il est à craindre que la ville ne soit empestée, car les « gens meurent de faim au coin des bornes ; » des milliers de paysans émigrèrent en Albanie et en Morée, se firent Turcs.

D'ailleurs, sauf chez l'amiral de Castille qui résigne ses pouvoirs au bout d'un an, « ne voulant pas que le beau cristal « qu'on lui avait confié se brisât entre ses mains », aucune pitié au cœur des gouverneurs. A la moindre plainte, au moindre murmure, la prison, les supplices, la mort[1]. Des pauvres abordent un jour le cardinal Zapata : « Voyez, Excel-« lence, quel pain on nous fait manger. » Le cardinal se met à rire : « Il ne faut pas rire, Excellence, car *c'est chose à faire* « *pleurer*[2]... » Sur quoi, trois cents individus furent incarcérés et les misérables, qui avaient interpellé le cardinal, « condamnés « à périr sur la roue, après avoir été tenaillés sur des chars « dans les lieux publics ; on suspendit aux murailles, pour servir « de proie aux oiseaux, les lambeaux de leurs cadavres et leurs « têtes, placées dans des cages de fer, figurèrent sur les portes « les plus fréquentées ». Des paysans, ayant déclaré à Ponce de

---

1. Correspondance du résident d'Urbin, 28 avril 1622, 28 janvier 1623, etc.
2. Giannone, *Hist. de Naples*, IV, liv. XXXV.

Léon, duc d'Arcos, qu'ils n'avaient plus un meuble à vendre pour payer l'impôt, reçurent cette réponse : « Vendez vos « femmes et vos filles, et payez[1] ! »

Voilà donc la cause de la révolte de Naples : la misère, non point la noble misère des âmes qui ne peuvent pas vivre sans liberté et sans justice, mais l'atroce, la poignante misère des corps qui ne peuvent pas vivre sans pain. La faim, qui fait sortir le loup du bois, fait sortir de sa servilité résignée la plus molle population de l'Italie. Et, certes, rien de plus touchant que ces souffrances qui vont soulever Palerme et Catane derrière Giuseppe d'Alesio, le batteur d'or, et Naples derrière le poissonnier Masaniello. Mais quand ces révoltés auront rassasié dans quelques journées d'orgie la fringale qui leur a mis les armes à la main, quand leur ventre aura reçu satisfaction, que feront-ils ? Les lazzaroni concevront-ils un autre idéal que de payer le moins possible d'impôts, de manger leur saoul, d'avoir à discrétion des légumes et des fruits ?

On peut prendre au hasard l'un quelconque des soixante et quelques volumes, italiens, espagnols, français, anglais et allemands, qui ont été écrits sur la révolte de Naples[2] ; tous montrent que cette insurrection, qui dura à peine neuf mois[3], n'eut rien, à l'origine, d'un mouvement ni pour la liberté ni pour l'indépendance ; elle ne fut d'abord qu'une protestation contre la gabelle des fruits et, notamment, pendant les neuf journées caniculaires où régna Masaniello, les insurgés n'arrêtèrent point de protester de leur fidélité au Roi catholique et de porter son portrait en triomphe. Au cri de guerre : « A bas l'impôt ! » lazzaroni et alarbes ont toujours grand soin d'ajouter celui de : « Vivent le roi d'Espagne et la vierge du

---

1. Cantu, *loc. cit.*, ch. CLII.
2. Voir le catalogue raisonné de ces ouvrages, par le marquis de Fortin, à la suite des *Mémoires* du comte de Modène (Paris, 1826). Depuis cette époque, une vingtaine de nouveaux récits ont été publiés, le *Diario* de Francesco Capecelatro, l'*Histoire* du duc de Rivas, les *Tribuns d'Italie* de M. Jules Zeller, etc.
3. 7 juillet 1647 — 6 avril 1648.

Carmel ! » Voici la péroraison du premier discours de Masaniello : « Je viens vous racheter de la servitude du fisc comme « Moïse a sauvé les Juifs de la servitude d'Egypte. Pêcheur du « golfe, je viens sauver Naples et le royaume des exactions du « mauvais gouvernement. Que je sois mis en pièces, et mes « membres cloués aux portes de la ville, si je ne vous tiens pas « ce que je promets. *Vive le roi d'Espagne !* mort au mauvais « gouvernement ! » Le vieux carme Genovino, qui fut la forte tête de l'affaire, ne voudrait point se contenter « de l'abolition des misérables gabelles » ; il demande encore à partager avec la noblesse l'élection des *Sédiles* ou municipalités de district ; mais il insiste bien sur ce qu'il ne s'agit point « d'enlever au Roi sa « couronne et souveraineté de Naples » et que « la révolte de la « très fidèle ville » n'a d'autre objet que « de réformer l'admi-« nistration du Vice-Roi, de rentrer dans les droits et privilèges « octroyés par l'empereur Charles-Quint de bienheureuse mé-« moire ». Quel est au juste ce privilège de Charles-Quint ? Nul ne le sait, mais tout le monde le réclame et la formule implique en tout cas, avec le rêve d'un paradis où figues, oranges et raisins ne paieront point d'octroi, la très ferme volonté qu'a le peuple de demeurer espagnol. Pour Masaniello, jusqu'à la fin, Philippe IV reste « son Roi », le sauveur, le justicier souverain sans lequel seront vains tous les efforts du pauvre peuple ; dans son langage mystique où passe parfois comme un souffle de Campanella, il répète sans se lasser que de l'Escurial seulement peut venir le salut : « Écoutez, vous « ne serez pas en sûreté que vous n'ayez de ce rivage aux « côtes d'Espagne construit un pont pour vous entendre direc-« tement avec Sa Majesté ; c'est mon dernier avis, c'est celui « d'un mourant. »

Le poissonnier, assassiné sans qu'un bras se fût levé pour sa défense, puis béatifié par la même canaille qui, la veille au soir, jetait sa tête au fossé des immondices, il est certain, de l'aveu même des historiens espagnols, que la révolte eût été finie si le Vice-Roi n'eût pris à tâche de la réveiller brutalement. Le duc d'Arcos, qui avait été très humble devant l'émeute triomphante, ne fut pas en effet plutôt délivré de Masaniello qu'il viola la capitulation jurée solennellement dans la cathédrale, sur les reliques de saint Janvier et la fiole miraculeuse ; cinq jours après le serment public du Vice-Roi et le surlendemain de la mort du pêcheur, les *gabellieri* reçurent l'ordre de percevoir les droits, comme par le passé[1]. Le parjure était vraiment prématuré ; l'incendie se ralluma aussitôt et, cette fois, exaspérée par tant de déloyauté, s'exaspérant de jour en jour par de nouveaux massacres, la révolte ne s'arrêtera plus au Vice-Roi, elle s'en prendra au Roi lui-même : c'est la domination espagnole qui est en cause.

« Le désir de nationalité, écrit le duc de Rivas, jaillit du choc « des événements.[2] » Est-ce bien « le désir de nationalité » ? Assurément, à ne regarder qu'à l'apparence, au brillant et sanglant décor, on peut le croire. Ces faubourgs soulevés qui se ruent, comme un troupeau de taureaux furieux, sur l'infanterie d'Espagne et la rejettent dans sa citadelle, cette jacquerie des campagnes qui incendie les châteaux et les couvents, ces chefs improvisés et presque anonymes du peuple qui arrachent les emblèmes royaux et proclament la République, cet appel des principaux lazares à la France, ennemie séculaire de la maison d'Autriche, la révolution des Pays-Bas n'a point commencé ni procédé autrement. La répétition, toutefois, ne serait-elle qu'une parodie ? Les gestes, les serments sont les mêmes : ne sont-ils pas trop bruyants ? Le vacarme est énorme et remplit l'Europe émerveillée ; une oreille exercée trouvera pourtant que cela sonne faux. Cette insurrection est machinée comme une pièce de théâtre ; ce je ne sais quoi de grave et de sérieux, sans lequel on n'a jamais fait rien de grand ni de durable, ne manque-t-il pas ?

1. Rivas, *loc. cit.*, t. Ier, liv. II, ch. ii, p. 251.
2. *Loc. cit.*, t. II, p. 225.

Ces deux peuples, Naples, les Pays-Bas, parlent également de liberté ; mais la liberté, pour les Pays-Bas, c'est celle de la pensée et, pour Naples, c'est celle de manger des fruits sans payer d'impôts.

Quelque médiocre que soit au fond l'ambition du peuple révolté de Naples, pour frivole et léger que soit son caractère, l'événement n'en était pas moins considérable. Alors que, depuis tant d'années, le comble de la hardiesse pour les gouvernements italiens consistait à aviser secrètement les ambassadeurs du Roi très chrétien que, « toutes les fois qu'ils verraient « ses forces dans la péninsule en état de faire un coup vigou- « reux, ils y joindraient volontiers les leurs[1] », ce n'était point chose vulgaire que cette grande ville qui se soulevait d'elle-même, se déclarait en République et appelait bruyamment la France au secours. L'indice était grave : l'Espagne, reconnaissant ses torts, ne tarda point à envoyer à Naples le meilleur de ses généraux et le plus habile de ses diplomates, don Juan et le comte d'Oñate. L'exemple, entre tous, devait être encouragé : Mazarin le comprit-il et, s'il le comprit, sut-il faire le nécessaire ?

Tous les historiens de l'insurrection ont redit à satiété la phrase sévère où Monglat résume, dans ses *Mémoires*, le sentiment des contemporains sur la politique de Mazarin dans l'affaire de Naples : « Si cette révolte fut arrivée du « temps du cardinal de Richelieu, elle eût eu une bien plus « grande suite[2]. » Cette plus grande suite eût-elle été le succès ? Assurément, de quelque profit qu'ait été pour Mazarin la publication des documents originaux de son ministère, le comparer à Richelieu, c'est l'accabler ; dans l'espèce, pourtant, il

---

1. Pour les années qui précèdent les affaires de Naples, voir les *Lettres de Mazarin*, t. Ier, p. 186, 216, etc., les dépêches de Lionne du mois de mars 1643, et le tome Ier de l'*Histoire de France pendant la minorité de Louis XIV*, par Chéruel.

2. *Mémoires de François de Paule de Clermont, marquis de Montglat* (Amsterdam, 1728), p. 287.

n'eût pas été plus facile au grand cardinal qu'à son successeur de renouveler le caractère des Napolitains et d'en faire des Hollandais.

Aussi bien l'erreur de Mazarin n'est-elle point où on la place d'ordinaire, dans la surprise que les événements de Naples lui auraient causée, « alors qu'il eût fallu les prévoir », ou dans le dessein qu'il aurait eu de faire « de ce beau royaume un partage à quelqu'un des siens [1] ». Ni l'un ni l'autre de ces considérants de Montglat ne résiste, en effet, à l'examen, depuis que la diplomatie même du cardinal nous est connue par sa correspondance[2], par celle de son ambassadeur à Rome[3] et surtout par les lettres des ambassadeurs vénitiens[4]. Bien loin, d'abord, d'avoir été pris à l'improviste par l'insurrection, il n'y avait point au contraire d'incident qu'il eût escompté de plus longue date ; avisé plus d'un an à l'avance par ses émissaires que « jamais la « disposition à un soulèvement n'avait été plus grande parmi « le peuple de Naples [5] », Mazarin avait aussitôt dépêché à Rome, pour suivre de près les affaires des Deux-Siciles, le plus habile des diplomates militaires formés par Richelieu, le marquis de Fontenay-Mareuil. Quand le cardinal de Grimaldi ou l'abbé de Saint-Nicolas lui écrivaient que « les Napolitains « protestaient qu'ils ne se donneraient pas seulement aux Fran-« çais, mais aux Turcs, s'ils venaient à eux, tant ils sont « ennemis du gouvernement des Espagnols [6] », Mazarin ne les croyait apparemment qu'à moitié, sachant d'expérience que les serments italiens ne doivent point être pris au pied à la lettre.

---

1. Montglat, p. 286 ; dans le même sens, Mᵐᵉ de Motteville, *Mémoires*, t. II, p. 159. (Ed. Changion, Amsterdam, 1339), les *Mémoires du duc de Guise* et l'*Histoire des révolutions de Naples par le comte de Modène*.

2. *Lettres de Mazarin*, t. II, p. 485, 506, 524, etc.

3. Affaires étrangères, Rome, t. LXXVIII, LXXXI.

4. Ambassadeurs vénitiens, dépêche de Nani, t. CVII.

5. Dépêche de Henri Arnauld, mars 1647. (Henri Arnauld, abbé de Saint-Nicolas, était chargé d'une mission spéciale en Italie, *Aff. Etr.*, Rome, t. CII.)

6. Grimaldi, 26 novembre 1646 ; Fontenay-Mareuil (mars 1647).

Mais il traçait de suite, dans les termes les plus nets, le programme de la politique française dans les Deux-Siciles, qui était de ne rien épargner « pour les distraire de la domination espa- « gnole », parce que le Roi catholique en tire « tant d'honneur « et d'argent que leur perte en serait bien autrement préjudi- « ciable que celle des Indes [1] ». La conquête des Présides, qui échoua au printemps, mais fut enlevée avec tant d'éclat à l'automne de 1646, n'avait été, dans sa pensée, que la préface de l'entreprise de Naples [2] qu'il appelait la « grande entreprise » et dont il ne cessait d'entretenir de Lionne [3]. L'accusation, plus grave encore, d'avoir poursuivi à Naples des visées personnelles ne repose de même sur rien que sur des commérages d'antichambre et se trouve démentie par les faits. Plus d'un an avant l'insurrection, prévoyant le cas où, par l'extinction de la branche aînée de la maison de Savoie, le prince Thomas de Carignan deviendrait souverain du Piémont, le cardinal l'avait fait venir à Paris et avait signé avec lui un traité secret, préparé par d'Argenson, qui lui assurait la couronne des Deux-Siciles. Pour le cas, qui semblait alors probable, où le prince hériterait du Piémont, il s'engageait à céder à la France la Savoie et le comté de Nice, « tout ce qui est en deçà des monts « proche la France, dit le traité, en récompense, tant de l'as- « sistance que Sa Majesté lui aura donnée pour la couronne de « Naples que pour la cession qu'elle lui aura fait des droits « qu'Elle y prétend ». Dès qu'il reçoit la nouvelle de l'insurrection, Mazarin écrit à son compère Grimaldi « qu'au- « cune entreprise ne pouvant être plus utile à la France que « celle de Naples, aucun général n'est aussi capable d'y réussir « que le prince de Condé [4] ». Même avant la révolte de Masaniello, le cardinal avait déjà pensé à placer sous les ordres du

---

[1]. Dépêche à Fontenay-Mareuil et instruction à Duplessis-Besançon.
[2]. Vittorio Siri, *Mercure*, à l'année 1646.
[3]. *Journal d'Olivier d'Ormesson*, t. II, p. 713.
[4]. Lettre du 26 juillet 1647.

vainqueur de Rocroy l'armée qu'on enverrait à Naples, et il n'y eut sorte de câlinerie qu'il ne mît en œuvre pour décider Condé, allant jusqu'à lui faire entendre, au mépris de la convention passée avec le prince Thomas, qu'après la victoire il serait nommé Roi[1]. Quand le prince eut formellement refusé, soit qu'il soupçonnât le cardinal de vouloir l'exiler de France, soit que l'échec de Lérida l'eût dégoûté des guerres lointaines[2], Mazarin pensa si peu à tailler un royaume à quelqu'un des siens dans son ancienne patrie qu'il envoya agent sur agent dans la ville soulevée pour inviter les Napolitains à se donner au roi de France, à l'exemple des Catalans. La conquête faite, le Roi aurait le choix entre deux partis : soit d'exécuter le traité savoyard, si le prince Thomas gardait ses chances à la succession du Piémont, soit de proposer à l'élection définitive des Napolitains un prince de la famille royale, le duc d'Orléans ou son propre frère, le duc d'Anjou, « dont l'esprit fait espérer « des merveilles », bien qu'il ait à peine huit ans[3].

La faute de Mazarin n'est donc nullement celle qui lui a été reprochée ; la vraie cause de ses erreurs et de ses torts, c'est de n'avoir pas su se résigner à temps aux événements, fâcheux assurément, mais irrévocables, qui vinrent tout à coup détraquer la belle harmonie de ses projets. Du jour où les chefs populaires de la révolte — les mêmes d'ailleurs qui, peu de semaines après, devaient ouvrir les portes de la ville à l'Espagne, — offrirent le protectorat de la République au duc Henri de Guise, Mazarin prévit, en effet, « qu'il faudrait un continuel miracle « pour faire subsister les choses dans un pareil état[4] ». Or, il ne croyait pas plus aux miracles, tout cardinal qu'il fût, qu'à la

---

1. *Lettres de Mazarin*, t. II, p. 530, 531, 918, etc. Nani, ambassadeur de Venise, confirme les assertions de Mazarin, dans une lettre du 23 juillet 1647.

2. Chéruel, *Min. de Louis XIV*, t. Ier, p. 379.

3. *Lettre d'un Napolitain écrite de Rome à un sien ami habitant Naples*, 23 août 1647. L'auteur de cette lettre était un parent de Mazarin et l'un de ses agents les plus actifs en Italie, Zongo Ondedei. (Chéruel, *loc. cit.*, p. 384.)

4. Lettre de Mazarin à Fontenay-Mareuil, avril 1648.

capacité de ses compatriotes napolitains à vivre en République. Il ne fit point dès lors le grand effort qu'il eût fallu risquer tout de suite, quelque dérangement qu'apportât à la minutieuse sagesse de ses desseins la folle équipée du duc. La sagesse, cependant, est de croire quelquefois à la folie ; mais cette sagesse n'appartient qu'au génie et Mazarin n'était qu'un diplomate du plus rare talent qui avait le tort, Italien lui-même et de souche napolitaine, de connaître trop bien les Italiens. Le cardinal italien, le plus prudent des hommes, ne vit plus dans la révolte de Naples qu'un feu de paille[1] ; Richelieu, cardinal français, « âme immodérée », s'obstinant quand même, en aurait fait un incendie ou, du moins, il l'aurait tenté.

Forcément, dans une pareille aventure, l'homme d'État le plus avisé devait être à la merci de l'imprévu ; tout l'art de la politique consistait à en tirer parti. Le duc de Guise était cet imprévu : était-il une solution?

La proclamation de la République napolitaine, pour tardive qu'elle fût (24 octobre 1647), et pour inopportun que fût le mot de République, avait en tout cas cette vertu qu'elle coupait enfin le câble entre les Napolitains et l'Espagne. Ne pas intervenir militairement avant cette rupture avait été, depuis trois mois, l'un des principes les plus arrêtés de Mazarin ; il avait pensé, avec grande raison, que la France, menacée sur sa frontière septentrionale, forcée d'entretenir des armées en Allemagne et en Catalogne, ne devait point, au premier appel qui lui était adressé, risquer sur la carte napolitaine la grande partie qu'elle était à la veille de gagner sur les Pyrénées et sur le Rhin ; elle ne devait agir que le jour où les Napolitains auraient donné des preuves à peu près certaines qu'ils avaient rompu définitivement avec l'Espagne. Maintenant, la révolte semblait devenue tout à fait une révolution et, par conséquent, la flotte française pouvait agir et exécuter hardiment son programme, disper-

---

1. *Un fuoco di paglia* (*Ambassadeurs vénitiens*, t. CVI).

ser la flotte d'Espagne et s'emparer des châteaux de Naples toujours occupés par le Vice-Roi. Le cardinal se montrait au surplus d'autant plus confiant que ses propres vues sur la solution à donner à l'affaire avaient fini par prévaloir. A la première nouvelle, en effet, de la révolte de Naples, la cour et la ville, Paris et le Louvre, partant d'un bel enthousiasme pour « Parthénope soulevée contre l'Ibère », avaient sommé aussitôt Mazarin de « rétablir les lys au pied du Vésuve [1] » et d'y restaurer au plus vite le royaume de Charles d'Anjou et de Charles VII. Mazarin avait résisté alors, avec beaucoup de force, à cette griserie, exposant au conseil et répétant dans vingt dépêches que le plus sûr moyen de réconcilier le peuple de Naples et les Espagnols serait de vouloir jouer dans l'insurrection le rôle du troisième larron [2]. Il avait dû cependant céder à la pression de la reine et, sur un ordre formel, fait entreprendre, après le refus de Condé, une active propagande pour la réunion de Naples à la France. Mais cette conspiration, comme il l'avait prévu, avait échoué : quand Luigi del Ferro, chef du parti français, éleva sur la place du marché un trône avec l'image de Louis XIV, ce furent les bandes populaires elles-mêmes qui le renversèrent [3] et mirent à mort le théatin Paolucci, agent de Fontenay-Mareuil [4]. Le cardinal, toujours un peu trop fier d'avoir été prophète, avait réussi dès lors à faire prévaloir, du moins momentanément, des vues plus modestes : « Disposez seulement
« les choses, écrivait-il à son ambassadeur à Rome, de manière
« que le peuple accepte un Roi parce que l'État républicain n'est
« pas praticable et pourrait occasionner des divisions dont les
« Espagnols profiteraient ; la pensée d'établir un Roi devra
« d'autant mieux réussir que nous ne tenons pas à ce qu'ils

---

1. Ode de Desmarets de Saint-Sorlin à Mazarin, dans le *Recueil des Eloges*, publié par Colbert, Paris, 1666.

2. *Lettres de Mazarin*, t. II, p. 474. Amb. vén., t. CVI, f° 229.

3. Rivas, *loc. cit.*, t. II, p. 58.

4. Amb. vén., t. CVI, f° 289 ; Chéruel, *loc. cit.*, t. Ier, p. 386.

« choisissent le roi de France¹. » Il avait recommencé, en conséquence, à chercher pour le trône de Naples, à défaut du prince Thomas qui rechignait, « un prince italien qui eût été plus opportun qu'aucun autre² » et il prononçait à cet effet, dans ses entretiens avec l'ambassadeur vénitien, le nom du duc de Modène.

Tout cela, comme l'écrivait Nani à la Seigneurie, c'était la sagesse. Seulement, tandis que le cardinal refusait de rien laisser au hasard, le hasard faisait rencontrer les envoyés napolitains en quête d'un chef immédiat avec le duc Henri de Guise qui, tombé amoureux d'une fille de la reine, Mlle de Pons, était venu à Rome pour solliciter du Pape l'annulation de ses deux premiers mariages avec Anne de Gonzague et la comtesse de Bossut.

Le duc dont le dernier exploit parisien avait été de porter tout un jour à son chapeau, en guise de plume, le bas de soie de sa maîtresse, trouve plaisante l'idée de déposer une couronne dans la corbeille de sa nouvelle fiancée. Descendant par les femmes des Rois angevins de Naples, il se contentera d'abord du titre de protecteur de la royale République ; dès qu'il aura mis les Espagnols en fuite, il se fera Roi et Suzanne sera Reine. Il saute dans une felouque, échappe la nuit à toute la flotte espagnole et débarque le surlendemain à Naples au milieu de « l'applaudissement universel³ ».

Je sais tout ce qu'il est de mode, dans les histoires graves, de dire, d'ailleurs avec preuves à l'appui, du duc de Guise : c'était un fol entouré d'intrigants et d'aventuriers ; les meneurs populaires qui l'appelaient étaient des démagogues sans probité ni

---

1. *Lettres de Mazarin*, t. II, p. 554.
2. *Amb. vén.*, t. CVII.
3. Sur l'expédition du duc de Guise, voir, outre les *Mémoires* du duc, qui ont été rédigés par son secrétaire Saint-Yon, ceux du comte de Modène (*Histoire des Révolutions de Naples*), de Mme de Motteville et de Montglat, le tome II des *Lettres de Mazarin*, les pièces diplomatiques publiées par MM. Loyseleur et Baguenault de Puchesse, *le duc de Guise à Naples*, par M. Pastoret et le tome II de l'*Histoire* du duc de Rivas.

courage, prêts à toutes les vilenies; son départ de Rome, malgré la défense formelle du Roi et du cardinal, était une mauvaise action; des qualités essentielles pour mener une pareille entreprise, il n'avait ni la prudence ni l'expérience ; il était sans le sou, il n'avait ni munitions ni troupes; que cherchait-il dans cette équipée? « Ni l'ambition ni le désir de m'immortaliser par « des actions extraordinaires, écrira-t-il lui-même à Mazarin, « ne m'a embarqué dans ce dessein si périlleux que celui où je « me trouve; mais la seule pensée que, faisant quelque chose « de glorieux, de mieux mériter les bonnes grâces de Mlle de « Pons [1]. » Cet Amadis ne pouvait que « faire perdre à la « France les avantages qu'elle eût pu autrement espérer d'une « si favorable conjoncture [2] ».

Et sans doute ce dernier des Guise n'avait été jusqu'alors qu'un écervelé; une jeunesse toute d'amourettes et de duels l'avait insuffisamment préparé aux grandes tâches, et il n'était point César parce qu'une barque l'avait porté pendant deux nuits à travers la flotte ennemie. Pourtant, il était là, il tenait Naples, ses défauts non moins que d'incontestables qualités, son amour du clinquant comme son courage, son orgueil comme sa générosité, séduisaient à la fois, pour le quart d'heure, le peuple et la noblesse de la « royale République »; il descendait de cette dynastie angevine dont cinq siècles n'avaient point effacé le souvenir « cher à tous les amis des lettres et des arts [3] »; cette armée confuse de révoltés, qui appelaient la France, mais répugnaient à l'idée de devenir Français, lui savait gré enfin de cette effronterie hautaine qui lui faisait « demander des « secours en France, non comme sujet, mais comme allié « et ami oppressé qui désirait être protégé [4] ». Dès lors, que commandait la politique, alors surtout que tous les yeux, des

---

1. *Histoire du soulèvement de Naples*, par le comte de Modène, t. Ier, p. 167-171; *Mémoires de Mme de Motteville*, p. 165.
2. *Lettres de Mazarin*, t. II, p. 526.
3. Giannone, *loc. cit.*, IV, liv. XX, ch. I.
4. Montglat, *Mémoires*, p. 281.

Alpes au Tibre, étaient fixés sur la révolte de Naples et que, par la force des choses, la défaite du duc, abandonné ou secouru par les siens, devait être celle même de la France ? Richelieu aurait-il hésité ?

Ce qui permet de croire que Richelieu, avec sa promptitude de résolution, n'eût point balancé à accepter le fait accompli et que, ne marchandant point son concours, mettant à profit la première ardeur de l'enthousiasme napolitain pour le duc, il eût subordonné tout à cette pensée « qu'il ne fallait pas se soucier « qui serait maître de Naples, pourvu que les Espagnols en « fussent chassés [1] », — c'est que Mazarin finit par s'y décider. Seulement, ce sera trop tard, parce qu'en temps de révolution, les minutes sont des heures et qu'il fallut plus d'un jour au cardinal pour se résigner à changer ses batteries et pour faire revenir la Reine de son idée que, « si les Napolitains voulaient « pour Roi le duc d'Anjou, son second fils, elle les soutiendrait « de toute sa puissance, mais qu'elle aimait mieux Naples entre « les mains de son frère Philippe IV que du duc de Guise ». La flotte française n'ayant paru une première fois devant Naples, au mois de décembre, que pour s'y livrer à d'inutiles démonstrations, Mazarin prépare donc pour le printemps une seconde expédition qui, dans sa pensée, devait être, cette fois, décisive ; il a reconnu que diviser les Napolitains, soit en intriguant avec les chefs du peuple, soit en poussant la candidature du petit *Monsieur*, c'est rétablir les affaires de l'Escurial [2] ; il s'est résigné au duc de Guise et à la République : « Quand nous travaillons à « faire perdre aux peuples de Naples les pensées qu'ils ont de la « République, ce n'est pas, écrit-il à Duplessis-Besançon, pour « nous opposer à leur liberté, que nous souhaiterions passion-« nément de voir établir par quelque moyen qu'elle le puisse « être, mais seulement parce que nous ne croyons pas que le « dessein puisse réussir et que, cependant, l'application que l'on

---

[1] Montglat, *Mémoires*, p. 282.
[2] Bougeaut, *Histoire du traité de Westphalie*, t. II, p. 205.

« y a peut donner lieu aux ennemis de remettre leurs affaires et
« de reprendre le dessus. Néanmoins, si vous reconnaissez que
« ces peuples soient encore absolument aheurtés à cela, il vau-
« drait mieux seconder leur fantaisie que de la choquer direc-
« tement et il faudra en ce cas s'appliquer à faire le mieux qu'il
« se pourra dans une méchante affaire[1]. » Cette dépêche, si
sensée, mais si tardive, est du 6 avril; le même jour, presque
à la même heure, le même Anese qui avait appelé le duc de
Guise à Naples ouvrait aux Espagnols les portes de la ville; l'a-
mant de Mlle de Pons était fait prisonnier.

Tel fut le rôle de la France dans la révolte de Naples et, certes,
il ne fut pas brillant : faut-il montrer maintenant que celui des
Napolitains fut, presque d'un bout à l'autre, parfaitement misérable? Quand on veut savoir jusqu'à quel point la tyrannie est
chose dégradante, il faut voir ce qu'elle fait des peuples
jusque dans leurs premiers efforts pour la secouer. Tout ce
drame, sauf à peine deux ou trois scènes, n'est que massacre,
orgie et trahison. Le Vésuve, en éruption, lance des flammes
et de la boue : où est la flamme?

Récusons les récits espagnols : ayant glorifié les Vêpres
siciliennes où des Français seulement ont été massacrés, ils
sont nécessairement inexorables pour les fureurs napolitaines.
Mais ne consultons que les Italiens, soit les contemporains :
Tommaso de Santis[2], Capecelatro[3], Donzolli[4], soit Giannone et
Cantu, une même impression de tristesse et de dégoût se dégage
de leurs aveux. Masaniello trouve quelques accents touchants
quand il raconte les souffrances du peuple affamé ou quand il
prédit, en pleurant, sa mort prochaine; « mais les flatteurs du
« peuple s'efforcent vainement d'en faire un héros ». C'est une
brute, une bête déchaînée, « qui ne s'élève qu'à l'idée de payer

---

1. Affaires Étrangères, *Naples*, t. VIII.
2. *Istoria del tumulto di Napoli*.
3. *Tumulti di Napoli del* 1647.
4. *Partenope liberata*.

« peu, ne sait rien refuser à la plèbe, prend goût au sang dès qu'il
« en a versé la première goutte et se hâte de noyer dans le vin
« le peu de raison qui lui reste[1] ». Une plus atroce fureur de
vengeance ne se rencontre que chez les nègres révoltés des plantations haïtiennes. « Le prince de Cellamare s'est enrichi par
« l'achat des impôts : à mort ! Le duc de Maddaloni ne payait pas
« le poisson que j'apportais chez lui : à mort ! Le prince de
« Caraffa m'a contraint une fois de lui baiser le pied ; je veux le
« lui couper et le manger : à mort ! » Ainsi dit, ainsi fait ; le
sang, pendant trois grands jours, n'arrête pas d'inonder la
place du Carmel ; plusieurs centaines de têtes, plantées sur
des piques, étaient le principal ornement du quartier général de
Masaniello ; le bourreau finit par se lasser ; le nombre des victimes « condamnées » et assassinées dépassa quinze cents. L'anarchie n'est pas moins horrible dans les campagnes, où des couvents, des familles entières sont massacrés, brûlés, torturés ;
à Naples, après la mort du pêcheur d'Amalfi et la trahison du
Vice-Roi, la révolte du mois d'août est une véritable orgie de
cannibales. Santis raconte qu'on vit des hommes du peuple
tremper leur pain dans le sang encore fumant des Espagnols
massacrés et le manger avec des cris de joie. Les plus magnifiques popularités durent une heure : au premier échec, le
prince de Massa est jeté à bas de son cheval, égorgé, et son
cœur est envoyé à sa femme dans le cloître où elle s'était
réfugiée.

Comment un effort viril pour la liberté serait-il sorti de
ces scènes de meurtre et de pillage ? Certains soirs, le peuple
en armes se réunit à la place du Carmel ou à la cathédrale pour
attester le ciel qu'il mourra tout entier plutôt que de rentrer
jamais sous la domination étrangère. Le vent du golfe emporte
ces serments. Au début, dans les premières batailles des rues
contre la garnison espagnole, les Napolitains avaient fait preuve

---

[1]. Cantu, *loc. cit.*, liv. XIV, ch. CLII, *passim*.

d'une vaillance et d'une audace inattendues[1]. Ce courage même va s'évanouir. Le duc de Guise, qui était « brave comme ses yeux[2] », ne pourra jamais réunir plus d'un millier d'hommes pour battre la campagne et, si ses galanteries lui firent des ennemis, ses tentatives pour discipliner cette foule tumultueuse lui en firent encore plus. Puisque la guerre ne doit plus être l'anarchie, plutôt la servitude avec la paix ! La révolution se livra elle-même. Moins de six mois après la proclamation de de la République, les mêmes acclamations qui avaient salué la défaite du Vice-Roi d'Espagne accueillirent, plus vibrantes encore, son retour. « La paix ! la paix ! Point de gabelles ! » On n'entendait pas d'autre cri dans toute la ville, lasse de sa débauche révolutionnaire et épouvantée à la perspective d'une longue guerre. « Ce fut un superbe spectacle, écrit le jésuite « Magnati au cardinal Brancaccio ; partout, des applaudisse- « ments, des embrassements, l'allégresse de tous, sans excepter « personne, ni sexe, ni religieux, ni tout autre individu ; tous « criaient : Vive l'Espagne ! et beaucoup voulaient baiser les « pieds des soldats espagnols. Le duc de Guise, informé de ce « qui se passait, pâle comme la mort, se rongeait les poings, en « disant : « Je mérite cela et pire, pour m'être fié à un peuple « aussi barbare et aussi inconstant[3]. »

Les Espagnols n'avaient point à se gêner avec une pareille plèbe ; à peine réinstallés, ils décimèrent les chefs de la rébellion, à commencer prudemment par ceux qui l'avaient trahie. Mais, comme ils eurent la sagesse de ne point rétablir la gabelle des fruits, cause déterminante de la révolte, nul ne bougea. Naples avait vendu sa liberté pour une corbeille de figues et l'Italie se rendormit.

---

1. Rivas, t. II, ch. xx.
2. Motteville, *Mém.*, t. I, p. 200.
3. Lettre du 6 avril 1648, *ap*. Cantu, t. IX, liv. XIV, ch. CLII.

CHAPITRE IX

LOUIS XIV ET L'ITALIE

Mazarin avait beau se vanter d'avoir été prophète, l'avortement de la révolte de Naples ne lui en fut pas moins très sensible. Non seulement le vent de Fronde, qui n'avait point cessé de gronder, y trouvait de nouveaux aliments; cette même déloyauté des factions qui rapetissa à plaisir, un peu plus tard, les résultats du traité de Westphalie, s'applique à rejeter sur le seul cardinal toute la responsabilité grossie de la mésaventure napolitaine : au contraire de Mlle de Pons, l'opinion reste fidèle au duc de Guise. Mais la victoire des Espagnols avait encore en Italie des conséquences qui étaient de beaucoup plus graves parce qu'elle dissipait toutes les espérances qu'avait fait naître la bruyante révolte et ruinait en un jour presque tout le fruit de cinq années de patients efforts et de très habiles négociations.

Quelque absorbante, en effet, que fût la guerre d'Allemagne, Mazarin, dès son arrivée au pouvoir, avait donné une attention particulière aux affaires d'Italie. Bien que son principal effort fût sur le Rhin et les Flandres, le cardinal avait renoué ou resserré dans la péninsule les liens que Richelieu y avait contractés, apportant sans doute dans l'exposé de ses vues moins d'élévation et de noblesse, mais souvent, dans ses tentations diplomatiques, plus de souplesse et plus d'ingéniosité. Italien jusqu'au bout des ongles, dans le meilleur et dans le pire sens du mot, il savait mieux que personne comment parler aux Italiens. Caresser leur amour-propre, rassurer leurs timidités, exciter les intérêts, était un jeu où il excellait et où se distinguèrent à ses côtés des diplomates de ressources infinies, de Lionne, Fontenay-Mareuil, Duplessis-Besançon. Le but unique, exclusif, de la politique française en Italie était celui qui avait été précisé dans le préambule du traité de Rivoli : « Chasser les Espagnols de la péninsule parce qu'ils n'avaient « cessé d'y entreprendre sur la liberté commune, de molester « les princes voisins de leur État et de les troubler dans leurs « possessions légitimes. » Comme sous Richelieu et sous Henri IV, la France continuait à ne poursuivre aucune conquête territoriale en Italie ; son ambition se bornait à revendiquer « ce qui est en deçà des monts, proche la France[1] », c'est-à-dire Nice et la Savoie, la frontière naturelle des Alpes, mais seulement pour le jour où la Lombardie, enlevée d'un commun effort à la maison d'Autriche, eût été partagée équitablement entre le Piémont, la Toscane, la République de Venise et les duchés de Parme et de Modène. Mazarin ne supporterait en Italie que des princes italiens, des républiques indigènes. Les Présides et l'île d'Elbe, dont il s'empara par un si brillant succès après un premier échec et qui donnaient à la flotte française la suprématie de la mer Tyrrhénienne, il ne les garderait que jusqu'à la paix pour les réunir alors à la Toscane ; il n'avait pris Tortone que pour la remettre aussitôt à ce prince Thomas de Carignan dont il avait songé à faire un roi de Naples ; Crémone était secrètement promise à Venise dont le rusé cardinal flattait encore l'orgueil en la choisissant pour médiatrice de l'Europe aux congrès de Münster et d'Osnabrück ; le pape lui-même et Gênes, si fidèle à l'Espagne depuis tant d'années, avaient fini par prendre un intérêt dans l'opération. Et voilà que toute cette machine, si savamment montée et, en apparence, si solidement, craquait et s'effondrait tout à coup, parce que, selon Mazarin, un archevêque défroqué avait

---

1. *Lettres de Mazarin*, t. Ier, p. 67. — Cf. Chéruel, *Min. de Louis XIV*, t. Ier, p. 231.

voulu gagner par une conquête les faveurs d'une belle fille et qu'au surplus « l'année 1647 était née sous une fâcheuse constellation ! » Il est toujours facile de s'en prendre aux étoiles. Quoi qu'il en soit, tout s'effondrait, royauté de Naples, confédération de l'Italie du Nord, expédition de Crémone; les princes qui semblaient devoir être les plus âpres à partager les dépouilles espagnoles rentrent précipitamment dans leurs trous à rats ; les deux grandes républiques marines se confondent en félicitations au Roi très catholique; le Pape lui envoie sa bénédiction. Quand l'ambassadeur vénitien alla voir Mazarin après tous ces échecs, il écrivit à la Seigneurie : « Il est devenu tout pâle et ses che-« veux ont terriblement blanchi[1]. »

Il y avait de quoi et l'on comprend que Mazarin ait provisoirement abandonné la partie. Le cardinal, qui était trop fier soit pour ne pas discerner ses propres torts, soit pour en faire l'aveu, accusa vivement les Italiens; s'il avait échoué une première fois aux présides de Toscane et ensuite devant Crémone, c'était la faute au duc Thomas de Savoie qui s'était montré irrésolu et mou dans ces affaires comme s'il s'était agi de celles du Grand Turc ; s'il avait échoué à Naples, n'était-ce point la faute aux Napolitains qui étaient allés chercher, contre sa volonté formelle, ce freluquet de Guise et qui l'avaient ensuite livré à l'Espagne au moment même où la flotte française allait reprendre la mer ? Si décidément l'Italie n'était plus capable d'un effort prolongé, pourquoi la France continuerait-elle à gaspiller pour cette cause perdue son or et son sang ? Puis, précisément parce qu'il était d'origine italienne, Mazarin devait aux intérêts de sa patrie d'adoption des soins plus jaloux et se croyait, moins que tout autre, le droit de l'engager dans des affaires où le souvenir de sa patrie d'origine eût semblé avoir une part déterminante dans ses résolutions. Délivrer les Italiens de la domination espagnole était assurément une noble

---

1. *Amb. Vén.*, t. CVI, 27 août 1687.

tâche, mais il était plus essentiel de faire reconnaître au congrès de Münster la conquête de l'Alsace et ratifier enfin celle des Trois-Évêchés. Mazarin se refusa donc avec beaucoup d'énergie à poursuivre à Naples la revanche du duc de Guise : « Les affaires étant complètement ruinées, c'était une grande « disgrâce [1], » mais il fallait savoir se résigner à l'irréparable. Quand le prince Thomas et le cardinal Grimaldi tentèrent, au mois d'août, sans le consulter, de descendre à Procida et d'occuper Salerne, le cardinal se fâcha et écrivit à Duplessis-Besançon, qui avait poussé à l'entreprise, une lettre fort dure. Ce débarquement était une sottise, « non pas simplement à en « juger par le succès qu'il a eu, car ce n'est pas de l'événement « que la raison veut qu'on juge si une résolution était bonne « ou mauvaise, mais parce que cette entreprise nous engageait « à continuer la guerre en un lieu éloigné », où nous n'avions plus rien à faire [2]. « On a souvent fait remarquer en diverses « dépêches, continuait Mazarin avec une sagesse tout italienne, « qu'il est beaucoup plus utile et plus honorable de ne rien « entreprendre que de le faire sans en venir à bout, et princi- « palement quand c'est dans un pays comme l'Italie où tout se « conduit et se gouverne quasi par réputation et où elle con- « tribue plus que toute autre chose à se faire estimer et « craindre. » Il n'y avait plus rien, pour le moment, à entreprendre en Italie.

Au surplus, quand la saine raison n'aurait point dicté à Mazarin cet abandon temporaire de notre politique traditionnelle dans la péninsule, les événements n'auraient point tardé à le lui imposer. La Fronde, en effet, grandissait de jour en jour et la France, au lendemain, le soir même de cette admirable paix de Westphalie qui la faisait la première puissance de l'Europe, va disparaître volontairement et sans profit, pendant près de cinq

---

1. Lettre à Michel Mazarin, *Aff. Étr.*, t. XXIII.
2. Lettre à Duplessis-Besançon, *Aff. Étr.*, Naples, t. VIII; Instructions aux ministres de France à Naples, p. 32.

années, de la politique européenne. Et sans doute, cette plus amusante des guerres civiles ne se fit pas seulement pour que le duc de la Rochefoucauld plût aux beaux yeux de Mme de Longueville et que M. de Gondi eût le chapeau ; derrière les brillants acteurs qui figurent au premier rang de ce roman et de cet opéra-bouffe, il faut savoir découvrir le peuple qu'on égare évidemment et qu'on trompe, mais qui souffre, qui a faim, qui se soulève contre l'*entrée sur les vivres* comme la Sicile s'est révoltée contre l'impôt des farines et Naples contre la taxe des fruits ; qui, prenant les armes et dressant douze cents barricades pour son Parlement de magistrats, croit de bonne foi suivre l'exemple du peuple anglais luttant pour son Parlement de citoyens contre la tyrannie des Stuarts. La Fronde cependant n'est pas seulement au dedans, par la faute des intrigants et des honnêtes dames qui l'exploitent, la confisquent et la détournent de son but, la plus stérile des révolutions ; elle a failli encore compromettre et détruire au dehors les résultats de la plus magnifique politique qu'ait faite l'ancienne France, — et comment pardonner cette faute-là ?

Aux premiers grondements de l'émeute parisienne, c'est la cuisante préoccupation de Mazarin, son « angoisse patriotique » qui doit faire passer l'éponge sur tous ses torts et sur presque tous ses vices. Cette paix avec l'Empire qui doit couronner l'œuvre de Henri IV et de Richelieu, mettre fin à la suprématie de la maison d'Autriche, fonder l'équilibre européen, donner à l'Allemagne la liberté de conscience et la frontière du Rhin à la France, cette paix dont la conquête a coûté tant de sang et dont il faut encore, à la dernière heure, emporter les dernières signatures à coups de victoires, la Fronde ne va-t-elle pas la faire évanouir en fumée au moment même où elle va se réaliser ? Trivelino, dit Retz ; Faquino, dit Condé. Faquin et Trivelin tant qu'on voudra, voici ce que Mazarin écrit le 14 août à Servien : « Il « est impossible que ni présentement ni en aucun temps à « l'avenir, je puisse avoir plus de passion que je n'en ai tou-

« jours eu pour la paix; mais il pourra bien arriver que cet
« État en ait plus de besoin qu'il n'avait eu jusqu'ici... Jamais
« nos affaires (extérieures) ne furent dans un état plus riant et
« qui nous dût faire espérer de remporter plus d'avantages sur
« nos ennemis, s'ils s'opiniâtrent à vouloir continuer la guerre,
« en de meilleures conditions pour cette couronne, s'ils se ré-
« solvent enfin à la paix. Mais certes, je vois et *je pleure avec*
« *des larmes de sang* qu'en même temps que le dehors nous
« apparaît beau, le dedans est extraordinairement gâté, et que
« par une fatalité déplorable nous sommes dans le train de nous
« faire le mal dont nos ennemis n'ont su venir à bout[1]. » Cette
dépêche confidentielle, qui a dormi plus de deux cents ans aux
archives, dont Mazarin ne pouvait prévoir qu'elle sortirait
jamais, quelle plus belle lettre de grande naturalisation se peut-
il imaginer, et l'homme qui l'a écrite n'a-t-il pas pu dire plus
tard avec un juste orgueil, dans une dépêche au même Servien,
que « si son langage n'était pas français, son cœur l'était[2] » ?
Quels sont d'ailleurs ses ennemis, les metteurs en scène des
deux Frondes, ces Blancmesnil et ces Broussel dont Louis XIV
enfant, apprenant la victoire de Lens, dit avec une si étonnante
perspicacité : « Le Parlement va être bien fâché ! » — ce Retz,
« Catilina ecclésiastique[3] », qui, la veille à peine du traité de
Westphalie, avoue tranquillement, comme la chose la plus
naturelle du monde, « qu'il a travaillé toute la nuit, avec Saint-
« Ibal, à une instruction avec laquelle il faisait état de l'en-
« voyer à Bruxelles pour traiter avec le comte de Fuensal-
« dagne et pour l'obliger à marcher à notre secours, en cas de
« besoin, *avec l'armée d'Espagne*[4] », — tous ces chefs enfin,
portant les plus grands noms de la noblesse française, qui ne

---

1. *Aff. Étr.* Allemagne, t. CXXI.
2. *Aff. Étr.* Angleterre, t. LIX. — Cf. Chéruel, *Minorité de Louis XIV*, t. III, p. 425.
3. Michelet, *Hist. de France*, t. XIV, p. 281.
4. *Mémoires*, IIe partie, septembre 1648, t. II, p. 74 (Ed. Alph. Feillet).

songent qu'à recommencer la Ligue de compte à demi avec le Roi catholique, qui négocient cyniquement avec lui, recevront son argent, appelleront et commanderont ses armées d'invasion?

Si l'Empereur s'était décidé finalement, après de longues perplexités, à faire la paix, ç'avait été en dépit des avertissements que les ennemis de Mazarin, le coadjuteur et Mme de Chevreuse, n'avaient cessé de lui faire parvenir par le canal des Espagnols et qui annonçaient, avec la fin prochaine du cardinal, le renversement des alliances[1]. Par un curieux jeu du hasard, la paix de Saint-Germain, qui ratifiait les précaires conquêtes de la journée des Barricades, avait été publiée le même jour que la paix de Westphalie; Paris, dans sa badauderie, acclama la première, et la Fronde — tout son esprit politique est là, le vieil esprit de la Ligue, — se déchaîna contre la seconde : « Quiconque, écrit le curé de Saint-Roch, lira à « l'avenir le traité fait en faveur des Suédois et des protestants « d'Allemagne sous l'appui de la France, au préjudice de l'Eglise, « ne se pourra jamais persuader qu'il soit d'autre conseil et « d'autre esprit que celui d'un Turc ou d'un Sarrasin déguisé « sous le manteau d'un cardinal[2]. » La trahison, qui échoua à Vienne, réussit en revanche à Madrid et la continuation de la guerre espagnole, pendant plus de dix ans, n'eut pas d'autre cause que l'espoir fondé par Philippe IV sur les mécontents, « comme « sur ses auxiliaires les plus sûrs[3] ». Rien de plus honorable que les efforts de Mazarin, pendant toute la durée de la guerre civile, pour garder intact le bénéfice de la paix de Westphalie et disputer à l'Espagne le terrain que lui livrent les frondeurs. Pen-

---

1. Voir notamment les dépêches de Groulart de la Court à de Lionne, *Aff. Etr.*, Allemagne, t. CXXII; Groulart écrit dans une dépêche du 7 septembre 1648 : « Si nous n'étions point nous-mêmes les artisans de nos propres malheurs, nous verrions bientôt la France dans un état où elle ne s'est point vue depuis Charlemagne. »

2. *Choix de Mazarinades*, t. Ier, p. 100, *Lettre d'un religieux* (Brousse, curé de Saint-Roch), envoyée à *Mgr le prince de Condé*.

3. Chéruel, *loc. cit.*, t. III, p. 99.

dant que Retz se soulage avec une pirouette du léger remords « d'avoir le premier mis dans les affaires le grain de catholicon « d'Espagne[1] », et que le conseiller Pontcarré déclare « qu'un « Espagnol ne lui fait pas tant peur qu'un Mazarin[2] », le cardinal avisa le cabinet de Madrid que, « plutôt d'accepter une « paix honteuse, il s'accommodera avec le Parlement à quelque « prix que ce soit pour continuer la guerre plus fortement que « jamais[3] ». Les Espagnols toutefois ne cessèrent d'avancer du côté de la Flandre; à peine si, avec les plus grands efforts, il était encore possible de poursuivre en Catalogne une apparence de guerre, d'entretenir des garnisons dans les Présides; il avait fallu conseiller au duc de Modène, dont on avait si chèrement acheté l'alliance, de traiter avec Philippe IV[4]; bientôt, après la perte de Casal, il ne devait nous rester en Italie que l'alliance du duc de Savoie. Que deviendront nos affaires extérieures quand Turenne lui-même conclura avec les envoyés de Philippe II la convention de Stenai, sous l'obligation réciproque de ne point s'accommoder que les princes ne fussent remis en liberté et que le Roi n'eût offert à l'Espagne « une paix juste, loyale et raisonnable[5] »; quand, pour venger Condé prisonnier, il guidera jusqu'à Dammartin les vaincus de Rocroy? Que sera-ce encore quand, Turenne étant rentré dans l'honneur, Condé passera à l'ennemi et lèvera des soldats dans Paris avec les deniers du Roi catholique?

L'anarchie vaincue après cinq années d'affreux déchirements et de péripéties tragi-comiques, la pensée dominante de Mazarin sera d'achever la guerre avec l'Espagne et de ramener la France, par une offensive hardiment reprise sur tous les points, à la position d'où la Fronde l'avait fait déchoir.

---

1. *Mémoires*, IIe partie, décembre 1648, t. II, p. 117.
2. *Mémoires*, IIe partie, février 1649, t. II, p. 261.
3. *Carnet XI*, p. 94 et suiv.
4. Chéruel, *loc. cit.*, t. III, p. 249.
5. *Mém. de Turenne*, t. III, p. 425. (Coll. Michaud.)

Tout en concentrant de nouveau son principal effort à la frontière des Flandres, le cardinal reviendra dès lors aux affaires d'Italie et, sans se laisser décourager par l'état de la péninsule où l'Espagne, par les Présides qu'elle avait reprises, tenait la Toscane, Mantoue et Modène, où Rome était ouvertement hostile pendant que Gênes et Venise, brouillés entre elles, tremblaient également devant les lieutenants de Philippe IV, il essaiera de recoller les morceaux de la belle machine qu'il avait dressée avec tant d'éclat aux premiers temps de son ministère et qui s'était non moins misérablement écroulée. En rentrant, sans perdre une heure, sur la scène transalpine, Mazarin croyait-il vraiment à la possibilité de réformer la Ligue italienne et de renouveler avec le Piémont le traité qui assurait à la France la frontière des Alpes? Pensait-il seulement à effrayer l'Espagne pour la pousser plus rapidement à la paix? « M. le cardinal, a dit Pascal, ne voulait pas être deviné [1]. » Le certain est que l'Italie, plus désolée que jamais sous la tyrannie et les exactions de l'Espagne, ouvrit de nouveau l'oreille aux propositions de Mazarin, mais que, les négociations diplomatiques furent poussées avec beaucoup plus de succès que les opérations militaires. Les armées françaises ne reparurent ainsi dans la péninsule que pour y tenter de médiocres entreprises encore plus médiocrement conduites : échec à Castellamare où le duc de Guise était imprudemment descendu, « sur une ridicule opinion « qu'il avait que Naples se révolterait à son approche [2] »; échec devant Pavie où le prince Thomas de Carignan, non moins constamment malchanceux que le duc de Guise, se laissa surprendre par Caracène. A peine un ou deux combats heureux dans le Piémont où commandait le maréchal de Grancey. La mission de Duplessis-Besançon fut au contraire très heureuse; en moins de deux ans, le « légat volant », reprenant patiemment l'œuvre qu'il avait dû interrompre pendant les troubles, avait

1. *Pensées* (Éd. Havet), t. II, p. 154.
2. *Aff. Étr*. Rome, t. CXXVI, lettre de Thévenot à Mazarin.

« renoué presque partout les fils coupés par nos malheurs [1] ». Retz, parlant des débuts du ministère de Mazarin, dit que « l'au-« torité y était si douce qu'elle était comme imperceptible [2] » ; c'est par cette douce autorité que Duplessis a mandat de ramener d'abord le duc de Modène, de réconcilier ensuite les États divisés de la péninsule, la République de Gênes avec celle de Venise, le duc d'Este avec celui de Gonzague, de réunir enfin dans une association commune la Savoie, Modène et Mantoue. Pour contraster avec la domination brutale de l'Espagne qui traite comme des nègres les princes et les doges, la France se présentera avec le caractère qui lui est propre d'une protection bienveillante et pacifique. L'Espagne pousse à la division pour plus commodément régner ; la France aspire « à la réconciliation de tous les États « de l'Italie, qui serait un des plus grands biens pour la conser-« vation de sa liberté, rien ne la pouvant sitôt ruiner que la « désunion de ses princes [3] ». Ces mots de « liberté » et d'« indé-« pendance » reviennent, avec une insistance persuasive, dans chacune des lettres de Mazarin et de ses agents. Les instructions « au sieur du Plessis-Besançon que Sa Majesté envoie vers les « princes et potentats d'Italie » débutent ainsi : « Le Roi ne fait « rechercher les dits princes que pour assurer leur liberté et « garantir leur patrie de la honteuse captivité sous laquelle « les Espagnols la voudraient voir assujettie [4]. » Notre envoyé, partout où il ira, affirmera d'abord, à Mantoue comme à Gênes, à Florence comme à Venise, « les bonnes intentions du Roi pour « la liberté de l'Italie ». L'Espagne fait paraître plus que jamais, « par l'oppression de cette noble province, le dessein

---

1. *Mémoires de Duplessis-Besançon*, publiés par le comte Horric de Beaucaire, introduction, p. 36.
2. *Mémoires*, t. I, p. 233.
3. *Aff. Étr.* France et pays Étrangers, t. CDVI, lettre de Duplessis-Besançon au bailli de Valençay. — Cf. Chéruel, *Hist. du ministère Mazarin*, II, p. 117 et les *Mémoires* de Duplessis, p. 340 et suiv.
4. *Mém.* de Duplessis-Besançon, p. 341. — Les instructions sont datées du 27 janvier 1653.

« qu'elle a de parvenir à la monarchie universelle »; la France, elle, « n'a des prétentions sur (aucune) partie de la péninsule »; elle désire seulement « d'en voir les Espagnols chassés [1]. » Et Duplessis, sans doute, rencontre d'abord des défiances mal dissimulées : évidemment, « la grandeur d'Espagne est à charge à « tous les États italiens, mais ils ont tous peur de ses ven- « geances, craignant plus un danger prochain qu'une puissance « éloignée »; et, dès lors, « le Pape ne veut songer qu'à vivre, « à enrichir et bien établir sa maison, sans se soucier autre- « ment de tout le reste; Venise ne veut s'appliquer qu'à ce qui « la regarde; les princes de Lombardie n'osent, ayant le correc- « tif des armes d'Espagne si proche d'eux et l'État de Milan « à dos ». Bientôt, cependant, l'action continue des émissaires du cardinal finit par tirer les plus prudents de « leur faï- « néantise » et par les réchauffer; Modène et Mantoue d'abord, puis Parme et Gênes, Venise enfin cessent « d'appréhender « tous nos mouvements comme des orages capables de trou- « bler leur repos et leur sûreté »; la victoire revenant à la France et l'Espagne paraissant à bout de ressources, ils se hasardent à rompre un long silence et à se déclarer en faveur du plus fort. « Comme chacun d'eux, conclut Duplessis, est cha- « touillé de sa propre ambition, il est assez probable qu'à l'imi- « tation de ces dames que la honte retient ils ne seraient pas « marris d'être poussés, même avec violence, dans le chemin « d'y satisfaire [2]. » Mazarin, sans rien brusquer, plus moelleux au contraire que jamais et plus félin, finira par les amener où il voulait. Dès la fin de 1654, le duc de Modène vint à Paris où il fut comblé d'attentions et renouvela les anciens traités; l'année d'après, ce fut au tour du duc de Mantoue qui se décida à remettre la citadelle de Casal à une garnison suisse payée par

---

1. *Instruction à Duplessis s'en allant ambassadeur à Venise*, de Guise, le 26 juillet 1655. (*Mém.*, p. 366).

2. Lettre de Duplessis à Mazarin, de Gênes le 23 septembre, 1653. (*Aff. Étr.* Venise, t. LXXVI.)

la France; les deux duchés, à l'exemple de la Savoie, déclarèrent officiellement la guerre à l'Espagne; le duc de Parme, un peu plus tard, accordait aux généraux français le droit d'établir à Florence des entrepôts de munitions.

Mazarin eût-il dû profiter de cette renaissance de l'influence française en Italie, coïncidant avec les victoires de Turenne en Flandre, pour pousser une pointe vigoureuse en Lombardie, enlever cette province aux Espagnols et réaliser enfin avec le Piémont le troc fameux qui avait été l'ambition constante de ses grands prédécesseurs, la frontière des Alpes en échange du Milanais? Il l'eût pu, sans aucun doute, mais à condition de suivre le conseil de Duplessis, qui était de tenter un grand effort militaire et « de faire passer une puissante armée dans « l'état de Milan »; car, « cela étant, toutes les puissances de « l'Italie auraient suivi le char de triomphe du Roi et les Espa- « gnols ne savaient où donner de la tête, n'ayant ni hommes, « ni argent, ni crédit, et leurs sujets dans une oppression fort « prochaine de la révolte [1] ». La France, malheureusement, n'était pas alors moins épuisée que l'Espagne et le cri de misère et de détresse, de l'un à l'autre bout du royaume, était trop cruel et devenait tous les jours trop redoutable, surtout dans les campagnes de l'Ouest et du Centre, pour n'être pas entendu. Saint-Evremond a pu en plaisanter; des soldats comme Montglat, des politiques comme Colbert que la sentimentalité ne gênait point d'ordinaire, en étaient émus aux larmes [2]. Sortant de la Fronde, il eût été insensé de braver une Jacquerie; encore une fois, la sagesse commandait d'ajourner les longs espoirs, la conquête des Pays-Bas espagnols et celle du Milanais, et de faire, à la première occasion, une paix honorable.

---

1. *Mémoires*, p. 362. — Cf. Valfrey, *Hugues de Lionne*; Chantelauze, *Portraits historiques*; Henri Martin, t. XII, liv. LVXVIII.

2. Saint-Evremond, *Lettre au marquis de Créquy sur la paix des Pyrénées*, (Œuvres, t. I, p. 36); Montglat, *Mémoires*, p. 333; Colbert, *Lettres à Mazarin* dans le recueil de M. Clément, t. I, p. 303 et suiv.

Mazarin, plus qu'aucun autre, avait rêvé d'un traité avec l'Espagne qui aurait été pour l'Italie ce que le traité de Westphalie, conclu avec la branche allemande de la maison d'Autriche, avait été pour l'Allemagne. Mais il eût fallu prolonger encore pendant trois ou quatre campagnes cette guerre de vingt-cinq ans, défier de nouvelles révoltes par de nouveaux impôts, risquer, en continuant la lutte, de provoquer la rentrée en scène des États généraux et peut-être de l'Empereur. Et c'était encore une paix glorieuse que celle qui donnait à la France le Roussillon et l'Artois, lui confirmait la possession de l'Alsace, lui ouvrait l'entrée du Hainaut et des Flandres! Cantu écrit amèrement « qu'il ne fut question des Italiens, dans le « traité des Pyrénées, qu'en tant qu'ils étaient amis ou enne- « mis des deux puissances [1] ». A qui la faute? Après tant de défaillances et de trahisons, n'était-ce point un résultat presque inespéré que d'avoir obtenu le retour au *statu quo ante bellum,* de faire rendre à nos alliés de la dernière heure tout ce qu'ils avaient perdu de leurs États, d'obtenir une amnistie générale à tous les Italiens qui nous avaient suivis?

On a souvent raconté la fameuse scène de Lyon, Mazarin entrant, le soir, tout à coup, dans le cabinet de la reine-mère : « J'apporte à Votre Majesté une nouvelle à laquelle elle ne s'at- « tend guère. — Nous avons la paix? — Mieux que cela, ma- « dame, nous avons la paix et l'infante [2]. » La question pourtant serait de savoir si la paix avec l'infante « valait mieux que cela », et s'il n'eût pas été plus sage au cardinal de faire épouser à Louis XIV, au lieu de l'épaisse infante, l'aimable Marguerite de Savoie qu'il avait fait venir à Lyon pour « aguicher » l'Espagne et qu'il réservait comme « pis-aller ». La « combinaison », d'une grossière indélicatesse envers la princesse, cruellement blessante pour la Savoie, a été vantée comme

---

1. *Hist.*, liv. XIV, ch. CLIII.
2. *Mémoires* de Montglat, p. 385, de Mlle de Montpensier, t. III, p. 303, de Mme de Motteville, p. 470, etc.

l'un des plus jolis tours de Mazarin; elle est peut-être la plus lourde de ses fautes politiques.

Il n'y a plus de doute possible, depuis la publication de sa correspondance, sur le désintéressement personnel de Mazarin dans l'affaire du mariage espagnol; après la rupture du mariage italien, au cours des longues négociations pour la paix des Pyrénées, il n'avait qu'à laisser faire pour voir monter sur le trône de France Marie Mancini que le jeune Roi idolâtrait; quelques discours à la Corneille que cette femme de chambre, Mme de Motteville, ait prêtés après coup à Anne d'Autriche, ce n'est point la vieille reine qui eût empêché le jeune Roi de suivre son sentiment : c'est Mazarin seul qui, par la violence de ses remontrances, arracha Louis XIV à sa passion, sacrifiant son ambition et sa nièce à ce qui lui paraissait « la gloire du Roi et la grandeur de la couronne [1] ». Seulement, était-ce la grandeur? Était-ce la gloire?

Quand un Roi épouse une princesse étrangère, ce n'est point pour donner satisfaction aux besoins de son cœur : c'est dans des vues exclusivement politiques, soit pour consolider la paix entre deux pays, soit pour recueillir en dot des provinces, soit enfin pour se préparer des droits à des successions futures. Le mariage de Louis XIV avec l'Infante consolide-t-il la paix? Il fut évident, dès le premier jour, qu'il servirait surtout « à re-« nouveler promptement la guerre [2] », et que la paix ne serait ainsi qu'une trêve de plus, comme l'avaient été celles de Cateau-Cambrésis et de Vervins, le moyen pour la France fatiguée de refaire ses forces avant de poursuivre les conquêtes de Richelieu à l'Est et au Nord-Est; de fait, la France ne cessera point d'être

---

[1]. Lettre de Mazarin au duc de Lorraine, 4 juillet 1660. — Cf. lettre de Mazarin au Roi, 28 juin 1659, 6 juillet, 12 juillet; à Anne d'Autriche, 6, 7 et 10 juillet; Bazin, *Histoire de France*, t. IV, p. 424; Chéruel, *Mém. de Mazarin*, t. III, p. 244; d'Haussonville, *Histoire de la réunion de la Lorraine à la France*, t. II, p. 51, etc.

[2]. Mignet, *Introduction à l'histoire de la succession d'Espagne.* (Mémoires historiques, p. 483.)

en guerre avec l'Espagne, guerre de Portugal, dès le lendemain du mariage, guerre de Flandre, guerre de Hollande, guerre de la Ligue d'Augsbourg. — La princesse apporte-t-elle des provinces en dot? « Pouvant avoir pour dot, écrit Voltaire, les « villes que la France rendait, elle n'apporta par son contrat « de mariage que 500.000 écus d'or au soleil, et il en coûta « davantage au Roi pour l'aller recevoir sur la frontière [1]. » Nous rendions le Charolais avec dix villes importantes de Flandre et l'Espagne ne paya jamais le premier maravédi de la dot. — Le mariage, enfin, donnait-il aux revendications futures de Louis XIV des titres et des droits, sans quoi ces conquêtes eussent été impossibles? Par son texte même, par les engagements solennels qu'il avait pris, Louis XIV en épousant Marie-Thérèse, comme autrefois Louis XIII, en épousant Anne d'Autriche, faisait une renonciation formelle, absolue, « de ses droits « à aucune partie de la succession d'Espagne ». La loi espagnole, qui permettait aux femmes de monter sur le trône, avait expressément dépouillé de ce droit les infantes mariées en France; ces idées d'équilibre européen, que la France avait eu la gloire de faire triompher au congrès de Westphalie, s'opposaient à ce que la couronne d'Espagne pût être, sur une même tête, superposée à une autre grande couronne. Voilà pour le droit, pour la foi jurée; voici pour les faits : Quand la France, reposée et restaurée, entreprendra plus tard la conquête de la Flandre et de la Franche-Comté par où l'Espagne la tenait encore au Nord-Est et au Sud-Est, c'est assurément son mariage qui permet à Louis XIV d'évoquer le droit de dévolution ou plutôt de détourner de son application civile pour la transporter dans l'ordre politique la coutume flamande qui donnait l'héritage paternel aux enfants du premier lit « par préférence à ceux du second [2] ». Mais cette transposition d'une coutume découverte

---

1. *Siècle de Louis XIV*, ch. vi.
2. Duhan, *Traité des droits de la Reine très chrétienne sur divers états de la Monarchie espagnole*. C'est ce livre qui fut joint au manifeste du 8 mai 1667.

si à propos par un scribe retors dans la poussière des archives, n'est, juridiquement, qu'une plaisanterie; la clause d'absolue renonciation, qui a été insérée au traité des Pyrénées, lui ôte toute valeur morale; elle ne vaudra que par la force. Que Louis XIV eût épousé toute autre princesse que Marie-Thérèse, il aurait donc, à la mort de Philippe IV ou à tout autre moment opportun, mis la main avec la même facilité sur la Flandre et sur la Franche-Comté qui se seraient données à lui avec la même joie, et sans qu'il ait eu à éclabousser de déloyauté, de fausse science et d'un peu de parjure une conquête doublement légitime, puisqu'elle répondait aux vœux des populations, avides « de rentrer dans le sein de leur ancienne patrie[1] » et rendait à la France ses frontières naturelles. De même aussi, pour la succession d'Espagne, à la mort de Charles II. Si, dit-on, Louis XIV n'avait point épousé l'Infante, elle eût été donnée à l'Empereur Léopold[2] et les deux couronnes de la maison d'Autriche se fussent trouvées réunies de nouveau sur une même tête contre la France. Mais alors, cet équilibre européen que nous avions fondé, ce n'eût pas été de 1701 à 1714 l'Empire qui l'eût défendu contre nous à la tête de la Ligue de la Haye, c'est la France qui eût défendu son œuvre contre l'Autriche à la tête des pays protestants coalisés, et elle l'aurait fait sans doute avec bonheur. Loin de perdre, comme au traité d'Utrecht, des provinces qui semblaient déjà devenues définitivement françaises, elle y eût ajouté des acquisitions plus utiles qu'une vaine gloire; et n'était-ce pas une vaine gloire que ce Bourbon sur le trône de Charles-Quint, oubliant qu'il est Français sitôt qu'il devient Espagnol?

En résumé, le mariage de Louis XIV avec l'Infante, s'il ne consolida point la paix, ne valut par lui-même aucune conquête à la France, et ne devait avoir d'autre résultat que de

---

1. C'est la conclusion du traité de Duhan, qui, abandonnant le terrain juridique, se place ainsi sur le terrain politique. (Mignet, *Succession d'Espagne*, t. II, p. 58.)
2. Chéruel, t. III, p. 210.

faire de la succession d'Espagne le « pivot sur lequel tourna presque tout le règne[1] », c'est-à-dire de fausser pour un demi-siècle toute la politique française. Au moment de couronner sa propre politique qui, jusque-là, avait été le développement logique et glorieux de celle de ses grands prédécesseurs, Mazarin, ébloui et désintéressé, en change l'orientation et la perd en voulant la consacrer.

Imaginez la paix sans l'Infante et Louis XIV épousant à Lyon sa cousine de Savoie, la petite-fille de Henri IV, qui l'avait si gentiment charmé dès la première entrevue[2] : quelle sanction d'une politique déjà séculaire et quel tremplin vers un nouvel essor! Les belles conquêtes de la première partie de son règne, celles qui réunissaient à nouveau des Français à la France, il les eût accomplies quand même. « La succes-
« sion d'Espagne, écrit Mignet, fit la grandeur de ses commen-
« cements et les misères de sa fin. » Les commencements eussent été plus grands et plus purs ; la fin n'eût pas été assombrie par tant de misères.

Mais on ne refait pas l'histoire, et j'ai voulu seulement montrer que l'instant précis où la politique nationale commença de dévier, ce fut le jour où le cardinal italien et la vieille reine espagnole, au premier mot de Pimentelli, rompirent le mariage savoyard pour le mariage castillan. Les conséquences en seront désastreuses pour la France ; elles ne seront pas moins tristes pour l'Italie.

Je n'essaierai pas de dire quel eût été dans la péninsule le rôle de Louis XIV, gendre et beau-frère du duc de Savoie, subissant l'influence d'une princesse qui lui aurait apporté en dot, en échange de la conquête du Milanais, la frontière des Alpes et qui était aussi forte d'intelligence, de l'aveu de tous les contemporains, que l'Infante était pesante et sotte. Dès lors, au lieu d'aspirer à déposséder la maison d'Espagne au profit

---

1. Mignet, *Introduction*, p. 483.
2. *Mémoires* de Mlle de Montpensier, t. III, p. 303.

de la sienne, il aurait eu pour ambition de la ruiner, notamment en Italie, au profit de la politique française. La pente seule des événements eût conduit Louis XIV à se faire le continuateur de ses prédécesseurs, alors qu'il exagéra leur œuvre jusqu'au point d'en prendre partout le contre-pied. Par cela seul, en effet, que la succession d'Espagne est devenue la dominante et absorbante pensée du règne, Louis XIV va forcément abandonner en Italie la politique de Henri IV et de Richelieu qui ne consistait pas exclusivement à enlever l'Italie à l'Espagne, mais qui, répudiant toute idée de conquête, voulait constituer une nation indépendante et libre à nos portes. Puisque le but de la politique royale n'est plus que de substituer la maison de Bourbon à celle des Habsbourg d'Espagne, il ne s'agit plus, dans la péninsule, que d'y remplacer une tyrannie par une autre : l'idée d'une Italie indépendante disparaît de la politique française.

Évidemment, cette éclipse n'est point soudaine et l'ombre ne se fait pas tout d'un coup sur cette grande pensée. Les belles années du règne en sont encore éclairées. Non seulement Louis XIV comble de faveurs, qui sont disputées comme les plus hautes des récompenses, les artistes et les poètes italiens, pensionne les historiens et les savants, mais il aime encore à se montrer le protecteur des faibles contre les forts. Il prend contre le Pape, dont les torts sont certains, la défense du duc de Parme dans les affaires de Comacchio et de Castro; il refuse d'en séparer le règlement de l'affaire de la garde corse; Gênes et Venise sont l'objet de délicates attentions. Mais cette sage bonne grâce ne dure que peu de jours et il n'y aura bientôt plus de place dans l'âme du Roi que pour le plus grand orgueil qui ait existé depuis Xerxès. Se concilier les sympathies des villes qui sont encore capables d'aimer ou de haïr, encourager dans leur fidélité les petites principautés qui ont pris, depuis longtemps, l'habitude d'être soutenues par nous, exciter l'ambition des politiques trop enclins à s'endormir, de tels soins deviennent superflus et indignes d'occuper le Roi de France. Ce mot de liberté, que ses prédécesseurs n'ont certes point prononcé toujours sincèrement, dont Mazarin même a trop ouvertement joué, il ne s'abaissera point à s'en servir comme d'un prétexte : user d'un pareil levier, c'est reconnaître un droit aux peuples; la majesté du demi-Dieu qui dit : *l'Etat, c'est moi!* ne saurait se prêter à cette comédie. Alors même que les plus puissants intérêts sont en jeu, sa répugnance de roi persan, — les pamphlétaires hollandais disent : de Grand-Turc — pour des sujets qui osent être rebelles, l'emporte chez lui sur toute autre considération. L'indignité de sa conduite dans la révolte de Messine ne s'explique pas autrement. Cette grande ville qui s'est donnée à lui d'un si généreux élan, lui a sacrifié sa liberté reconquise sur la promesse solennelle qu'il assurera son indépendance, obstinément fidèle à travers une guerre atroce et malgré les stupides brutalités de son vice-roi français, il l'abandonne sans pitié, à la première difficulté, ajoutant la fourberie à la trahison et déshonorant par une félonie sans excuse ces mers siciliennes encore retentissantes de la pure gloire de Duquesne[1]. Soixante mille Messinais livrés du soir au lendemain aux vengeances de l'Espagne qui les décima, si malheureux et si désespérés qu'ils conçurent la pensée de se donner aux Turcs, ne troublent pas du plus léger remords cette conscience royale. Quelque sauvage qu'il soit, le bombardement de Gênes, punie d'avoir désobéi au Roi en mettant quatre galères à la mer, est presque excusable en comparaison de ce lâche abandon d'une ville qui a combattu quatre ans sous notre drapeau. Au moins, à la paix

---

1. Pour endormir les Messinais qu'il allait abandonner, La Feuillade s'était fait proclamer vice-roi, avait donné à cette occasion des fêtes brillantes et annonçait une vigoureuse expédition contre Palerme. La flotte lève l'ancre, au milieu de l'allégresse guerrière de toute la ville, mais, à peine en mer, le maréchal fait appeler les jurats pour leur signifier qu'il a ordre de rentrer à Toulon et qu'il ne peut accorder plus de vingt-quatre heures aux sénateurs et à leurs familles pour s'embarquer. Il put à peine recevoir à bord quelques centaines de familles. (Sur la révolte de Messine, voir Muratori, *Annales*, t. XI, p. 321; Dumont, *Corps diplomatique*, t. VII, p. 516; E. Sue, *Histoire de la marine française*, t. II, liv. V, ch. II-VIII.)

des Pyrénées, Mazarin avait-il stipulé l'amnistie pour les Napolitains révoltés; au traité de Nimègue, les Messinais furent simplement oubliés.

Malgré cette infamie et l'horreur dont l'exécution de Gênes a fait trembler l'Italie, il eût été encore plus d'une fois facile à Louis XIV, sinon de tirer ce malheureux pays de sa torpeur politique, du moins de l'attacher à la cause française, s'il avait seulement daigné considérer les peuples qui l'habitaient autrement que des troupeaux. Il y avait dans la puissance de la France d'alors un tel éclat, un tel rayonnement, elle était si forte et si brillante à côté de la décrépite et moribonde Espagne, que déjà l'intérêt le plus vulgaire commandait de se ranger de son côté. Mais si les Italiens étaient depuis trop longtemps habitués à être brutalisés par les Espagnols ou les Allemands pour leur en vouloir, ils ne se résignaient point aux mauvais procédés du roi de France qui, avant même d'avoir hérité de son empire, avait pris toute la morgue insolente du Roi catholique. De là, dans l'indifférence orientale avec laquelle, selon les hasards de la guerre, ils vont passer encore de sujétion en sujétion, une amertume intime des Italiens contre la France; cette haine est comme la preuve suprême de la confiance et de l'amour qui avaient été placés autrefois en nous.

Nous avions passé longtemps « pour des barbares plus gais « que les autres [1] »; nous ne nous distinguons plus des autres, notre réputation de joyeuse cordialité s'évanouit. Quelques-uns des griefs les plus cuisants de l'Italie contre la France datent de cette époque. « Cette génération de Français, dit un contempo-« rain [2], n'était pas seulement jalouse de posséder l'Italie, mais « inquiète et désireuse de la tourmenter. » Nous avons vu Louis XIV détruire la *ville de marbre* qui s'appelle Gênes parce qu'elle lui a « désobéi »; il s'acharne à bousculer l'Italie comme

---

1. Voltaire, *Siècle de Louis XIV*, ch. vii.
2. Rizomenti, cité par Cantu, t. X, ch. clxii.

une terre sans âme. Ces procédés à la turque ne se comptent pas ; avoir méconnu les intentions de Sa Majesté, du grand Sultan des Français, est le plus impardonnable des crimes. Il traite tous les princes de la péninsule comme il a traité Lescari et le Pape, insolent et offensant à plaisir, ajoutant à la défaite qu'on oublie, ici l'humiliation du voyage du doge de Gênes à Versailles, là l'humiliation de la pyramide de Rome en l'honneur des victimes des gardes corses. Les ambassadeurs, imitant le maître, prennent à tâche de donner des dégoûts à tout le monde. Notamment dans les années qui précèdent la guerre de la Ligue d'Augsbourg, Louis XIV semble avoir fait la gageure de s'aliéner tous les dévouements. Le jeune duc de Savoie, le duc de Parme, ceux de Modène et de Mantoue, éblouis et fascinés par le Roi Soleil, ne demandaient de nouveau qu'à être de fidèles satellites : il leur parle comme à des valets, — le duc de Savoie dit : comme à des pages. — Il achète au duc de Mantoue la citadelle de Casal, mais, par-dessus le marché, s'empare de la ville. Il prend brutalement parti contre le duc de Toscane dans ses démêlés conjugaux avec la fille du duc d'Orléans. Ayant échoué dans le projet assez ridicule de placer Victor-Amédée sur le trône de Portugal, en échange de quoi la Savoie et le Piémont tout entier eussent été cédés à la France, il commande au Piémont comme en pays conquis, déjà annexé, exige coup sur coup du jeune prince qu'il lui prête main-forte dans sa campagne d'extermination contre les derniers Vaudois, et qu'il lui remette en gages Verceil, Vérone et la citadelle même de Turin. Les contemporains, Gourville[1], la Fare[2], ont pu ainsi accuser Louvois avec vraisemblance d'avoir exaspéré à dessein le duc de Savoie pour le faire passer à la coalition contre la France. « Ce plus grand et ce plus « brutal des commis », comme l'appelait l'abbé Siri, ne trou-

---

1. *Mémoires*, p. 482.
2. *Mémoires*, p. 207

vait jamais que la France eût assez d'ennemis, parce qu'il était d'autant plus nécessaire au Roi qu'il avait multiplié les périls autour de lui et réalisé l'impudente devise : *Seul contre tous.*

Et voilà la misérable Italie transformée une fois de plus en un immense champ de bataille, sans qu'il soit possible de dire par qui elle souffrira le plus, par le prince Eugène qui promène l'incendie dans le Montferrat ou par Catinat qui, « le cœur saignant[1] », sur l'ordre de Louvois, ravage les hautes vallées des Alpes comme un autre Palatinat, par l'Empereur qui accable le Milanais et la Toscane de contributions fantastiques ou par Louis XIV, qui ruine le Piémont avec la même férocité. Le peu qui restait de l'Italie patriote avait eu une lueur de joie quand Victor-Amédée avait repoussé « les iniques « conditions au moyen desquelles le roi de France voulait « rendre sa souveraineté illusoire[2] », faire de lui un simple vassal. Que restera-t-il au fond de cette pauvre conscience italienne, quand ce même duc traitera derechef avec Louis XIV et, du soir au matin, passant de généralissime impérial généralissime français « à cent mille écus par mois[3] », montera à l'assaut de Milan, « la soubreveste parsemée de fleurs de lys » ? Quand cet infortuné homme de bon sens, le pape Innocent, proposa aux princes italiens de former une grande ligue pour la neutralité de la péninsule, « contre tous ceux qui tenteraient « d'en troubler le repos, directement ou indirectement », tout le monde lui rit au nez ; personne ne croit plus à rien.

Pourvu qu'il ait de gras pâturages et qu'il ne soit point tondu de trop près, il est indifférent au troupeau d'appartenir à Tircis ou à Corydon ; cela finit toujours au même étal :

---

1. *Mémoires*, t. I, p. 72.
2. Lettre de Gubernatis au duc, de Rome le 16 mai 1690, *apud* Cantu, *loc. cit.* ch. CLXII.
3. *Mémoires* de Tessé, t. I, p. 68.

telle l'Italie sous Louis XIV. Elle avait encore tressailli de temps à autre, pendant ces cinquante dernières années, quand Henri IV et Richelieu, qui voulaient chasser l'Espagnol de la péninsule, mais non se substituer à lui, la conviaient à former une confédération de principautés indépendantes. Aux approches de la guerre de la Succession et pendant cette longue guerre, maintenant que la maison de Bourbon n'a point d'autre pensée que de remplacer les Habsbourg d'Espagne à Naples et à Milan comme à Madrid, l'Italie se laisse faire, aussi indifférente aux succès momentanés et aux dominations temporaires des Bourbons de Madrid que des Habsbourg de Vienne. Elle passe de main en main avec une parfaite égalité d'âme, acclamant ceux qui arrivent et semant leur route de fleurs pour se les concilier, jetant à bas les emblèmes et les statues de ceux qui s'en vont pour ne point se faire d'affaires avec leurs vainqueurs. Ses malheurs, la destruction méthodique de ses campagnes, l'incendie et la ruine de ses villes les plus riches, sont tout juste des épisodes dans l'histoire des autres nations. Sa destinée, c'est d'être une proie, moins encore : la monnaie d'appoint pour toutes les combinaisons diplomatiques de l'Europe. Hier encore, elle avait une apparence de vie; c'est aujourd'hui la mort complète et glacée. Avec l'histoire de ses révolutions, l'histoire de la nation est finie et la famille est morte avec la nation : le sigisbée est dans le mariage ce que l'étranger est dans la politique. Nul, ni Louis XIV ou l'empereur Léopold au moment où s'ouvre la succession d'Espagne, ni l'empereur Charles VI ou la reine d'Angleterre, au congrès d'Utrecht, ne lui demande ce qu'elle désire, — et si quelqu'un le lui eût demandé, c'est alors qu'elle eût été embarrassée, incapable de répondre et de choisir. Elle eût accepté, sans mot dire et avec la même résignation, en 1668, le premier traité de partage qui la donnait à la France avec les Pays-Bas, en échange de l'Espagne et des Amériques qui passaient à l'Autriche; en 1698, le traité de la Haye qui attribuait au Dauphin de France les Deux-Siciles et à l'archiduc Charles, le Milanais ; deux ans plus tard, celui de Londres, qui livrait à l'Autriche la Sardaigne, et le reste de l'Italie au Dauphin ; — l'autre projet, qui donnait à Victor-Amédée les Deux-Siciles en échange de la Savoie et de Nice qui faisaient retour à la France, n'eût pas été moins docilement accueilli. La malheureuse ne se refuse plus à personne ; elle est belle et également gracieuse pour tous ses maîtres d'une nuit. Quand Louis XIV, en 1701, accepte le testament de Charles II qui donne à son petit-fils Milan, Naples, la Sicile et la Sardaigne, Lombards, Napolitains et Sardes acclament Philippe V tout d'une voix, le Pape le consacre aussitôt, la Toscane, le Piémont, les petits duchés et les deux Républiques le saluent comme l'arbitre souverain de la péninsule. Mais que les hasards de la guerre ramènent la victoire au César de Vienne, aussitôt les impériaux trouvent à Milan comme à Naples la même réception enthousiaste que les bourboniens, les princes qu'on veut bien ne pas déposséder se courbent aussi bas devant le nouveau maître ; le duc de Savoie qui, plus que personne, par sa fille aînée, a poussé Louis XIV à accepter la Succession et dont la fille cadette est reine d'Espagne, se met allègrement en campagne contre ses deux gendres. Cette guerre, qui fut cent fois plus sauvage que celle de la Ligue d'Augsbourg, Venise eût pu en épargner les horreurs à l'Italie rien qu'en fermant aux impériaux la route de l'Adige ; elle se désintéresse tellement des destinées italiennes qu'elle n'hésite pas à ouvrir toute grande la porte de l'Invasion. Bien que favorable à la cause française, le pape Clément IX eût voulu établir la neutralité de la péninsule par une confédération provisoire de tous les États italiens, y compris les provinces italiennes de l'Espagne, jusqu'à ce que les maisons de Bourbon et de Habsbourg eussent réglé ailleurs leur querelle : on n'eut même pas la force de discuter sa proposition. L'histoire n'offre point un autre exemple d'une nation qui ait pareillement abdiqué le souci de sa destinée. Et si ces soldats combattent toujours avec courage, tantôt sous un drapeau et tantôt sous un autre, à quoi bon?

> Del non tuo ferro cinta
> Pugnare, col bracchi dei straniere genti,
> Per servire sempre, o vincitrice o vinta [1].

Même ainsi résignée à être esclave, devait-il être indifférent à l'Italie de servir, à la place de la vieille et lointaine Espagne, cette Autriche, encore pleine d'une dure vigueur et toujours à sa porte? Vous direz aujourd'hui que non, et l'Italie l'a dit aussi, pendant plus d'un siècle, mais encore une fois, trop tard, après que la fortune se fût prononcée. Pour l'heure, elle est passive, absolument désintéressée de son sort. C'est son destin qui se joue dans ces sanglantes batailles où le fils d'Olympe Mancini, le petit-neveu de Mazarin, l'abbé de Savoie devenu le prince Eugène, venge les affronts de sa jeunesse méconnue, chasse le dernier Français d'Italie et va camper jusque sous les murs de Toulon : elle ne s'émeut pas plus des défaites de Catinat, de Villeroi et de Marsin que des passagères victoires de Vendôme, et le siège de Turin ne fait tressaillir que les seuls Piémontais. Maintenant, au congrès d'Utrecht, l'Europe la donne à l'Empereur, parce qu'ayant refusé de réunir sur la tête de Charles VI, comme au temps de Charles-Quint, la couronne allemande à celle d'Espagne, elle juge, dans son partage du monde, qu'il faut pourtant à l'Autriche une compensation à la grande proie qui lui échappe, — et l'Italie, espagnole hier, trouve cela tout simple. Si le sacré congrès l'eût donnée au grand Seigneur, elle eût dit : *Inchallah!* comme elle dit : *Amen!* avec la même sérénité.

1. Felicaia, *Sonnets*.

CHAPITRE X

LA CONVENTION DE TURIN

La pensée du règne, la succession d'Espagne, était la négation de la politique de l'équilibre européen qui avait été celle de Henri IV et de Richelieu ; conséquence : la paix d'Utrecht, qui est à la France ce que la paix de Westphalie avait été à l'Autriche, une limitation. La politique française en Italie n'a jamais tenu moins de compte des Italiens que sous Louis XIV ; autre conséquence de la justice ironique de l'histoire : la terre tout entière nous échappe, et la dépouille espagnole, Naples, Milanais, Sardaigne et Présides, plus le Mantouan, qui disparaît du nombre des États libres, passent à l'Autriche. Les seules guerres d'Italie, depuis trente ans, nous avaient coûté dix armées et soixante-dix millions de louis d'or [1].

Si les trois quarts de l'Italie n'ont fait que changer de livrée, les traités d'Utrecht et de Rastadt ont eu cependant un autre résultat : la péninsule compte enfin avec le Piémont un royaume indigène, et ce n'est pas une des moindres anomalies de cette histoire que de voir ainsi réaliser contre nous une conception qui avait été, à l'origine, exclusivement française. Sans doute, ce jeune royaume, tel que l'a fait l'Europe dans ce vilain dépeçage, est le plus baroque et le plus biscornu du monde, puisque quatre cents lieues de mer séparent ses provinces continentales de cette Sicile où les Piémontais sont plus étrangers que les Espagnols et les Allemands ;

---

1. Mignet, *Introduction*, p. 532 ; Sismondi, *Rép. Ital.*, t. X, p. 283.

Victor-Amédée la troquera d'ailleurs, cinq ans plus tard, jouant cette fois à qui perd gagne, pour la Sardaigne. — Mais à qui la faute si, pour devenir enfin roi, le duc de Savoie a dû se contenter de la Sicile? Pendant près d'un demi-siècle, la France n'a pas cessé de promettre aux ducs de Savoie qu'elle saisira la première occasion favorable d'enlever la Lombardie aux Espagnols pour la réunir au Piémont, qui lui rendra alors sa frontière naturelle des Alpes. Et quand la mort de Charles II a mis, sans coup férir, cette même Lombardie entre les mains de Louis XIV, cette gloutonnerie qu'il n'apporte pas seulement à table l'emporte chez lui sur toute considération de prudence et de politique; il n'a pu se décider à donner à Victor-Amédée, qui l'avait pourtant « avisé d'avoir « égard à ses intérêts », le Montferrat et le Milanais, même en échange de la Savoie et de Nice; il a jeté lui-même le duc entre les bras de la coalition [1]. Ainsi, cet honneur et cet avantage de constituer, des Alpes à la mer de Gênes, un royaume indépendant, ami et allié de la France, base de la nationalité italienne, Louis XIV les avait perdus pour avoir voulu tout garder : le duc de Savoie, comme le grand-duc de Brandebourg, a dû sa couronne à notre défaite.

Maintenant, cette couronne de Sicile, si vite transformée en couronne de Sardaigne, la maison de Savoie s'en contentera-t-elle? Pour s'en flatter, il ne faudrait rien connaître de son histoire qui, depuis les temps presque mystérieux d'Humbert aux Blanches-Mains, n'a été qu'un perpétuel marchandage pour gagner de toutes parts, s'arrondir et grandir incessamment. Un jour qu'il avait été dupe d'une nouvelle combinaison : « Les « mystères de la Bonne Déesse, écrivait Algarotti, ne furent « pas plus cachés aux hommes que ne l'est la politique de la « cour de Savoie [2]. » Rien de plus clair, au contraire, de plus élémentaire et de plus simple : la maison de Savoie n'a qu'une

[1]. Villars, *Mémoires*, p. 135.
[2]. *Correspondance politique de Frédéric le Grand*, t. I, p. 168.

politique, la même depuis quatre ou cinq siècles, qui est d'étendre constamment son domaine et de pousser toujours plus avant ses frontières vers l'Italie. Par quelles alliances? par quels moyens? Peu importe : tous sont également bons, pourvu qu'ils aboutissent à quelque profit. Assurément, il est difficile de rappeler sans un peu d'amertume cette longue série de trahisons, à tout moment, en pleine paix, au lendemain des plus solennels traités, en pleine guerre aussi et jusqu'au fort même de la bataille. Ce n'est point spectacle édifiant que celui de cette antique maison guettant sans cesse, de sa montagne, d'où souffle le vent d'Europe, toujours prête à vendre, ou plutôt à louer son épée au plus fort enchérisseur. Sans concéder que le succès final justifie toutes choses, il faut reconnaître pourtant, avec le prince Eugène, que si les ducs de Savoie étaient infidèles de père en fils, c'était surtout « par le tort de la « géographie » : placés entre la France et l'Empire comme entre le marteau et l'enclume, ils eussent nécessairement péri s'ils ne s'étaient mis toujours, de propos délibéré, avec le marteau. Ludovic le More avait coutume de dire que « son plus grand péril était « d'être pris pour un sot ». Tous ces gens d'esprit, les ducs de Savoie, eurent toujours la même crainte et le plus souvent, sauf quand ils jouèrent trop fin, se tirèrent merveilleusement d'affaires. Quand Louis XIV hésite à accepter le testament de Charles II, la duchesse de Bourgogne, si profondément Savoyarde, donne son avis en quatre paroles : « Le roi serait « bien sot s'il refusait l'Espagne pour son petit-fils [1]. » Son père, qui l'a si bien stylée, raisonne de même. Il serait bien sot, après avoir marié son aînée au futur roi de France, de laisser échapper l'occasion de marier sa cadette au roi d'Espagne ; mais il serait bien sot encore, ses deux filles une fois établies, de ne pas lâcher Louis XIV, qui lui marchande la couronne de fer, pour l'Empereur « qui lui promet tout ce que ses gendres lui

---

[1]. Michelet, *Histoire de France*, t. XIV, p. 147.

refusent¹ », le Montferrat et le Mantouan, Alexandrie et Valence, les pays entre le Pô et le Tanaro. La reconnaissance n'arrête pas plus ces politiques que la foi jurée. L'Autriche leur a donné la couronne royale ; si la France leur propose demain d'y ajouter quelques fleurons à leur convenance, ils seront contre l'Empire. Avec la maison de Savoie, la carrière, encore et toujours, est ouverte au plus offrant.

Cet appétit n'est-il pourtant qu'un désir insatiable de manger indistinctement de tout? Il l'a été pendant longtemps, jusqu'au jour où le duc de Savoie est entré dans le salon des rois; désormais, il y aura autre chose, et l'erreur de la diplomatie française, tout à l'heure avec Chauvelin et d'Argenson, sera de ne point s'en être aperçue à temps. L'appétit savoyard aura, en effet, désormais ce correctif : que le festin soit pour lui seul et que le voisin ne s'assoie pas à la même table. « Le Milanais, a dit Victor-Amédée, est un artichaut qu'il faut « manger feuille à feuille. » Mieux vaut n'en manger qu'une petite feuille, à condition d'être seul à manger, que d'avoir le tout si le voisin italien doit recevoir à proportion. Voilà, au XVIIIe siècle, toute la politique de la maison de Savoie. Elle retardera de plus de cent années l'indépendance et l'unité de l'Italie. Mais cette unité, du moins, ne se fera qu'à son profit.

Les patriotes italiens, ceux de l'école de Machiavel, qui répudient également toutes les invasions « barbares », avaient longtemps reproché à la maison de Savoie d'avoir ouvert à Charles VIII les portes de l'Italie ; le cheval noir, *Savoie*, que le paladin français monte au passage des Alpes, c'est un cadeau de cette duchesse Blanche qui, pour payer les premiers frais de l'entreprise, a mis ses diamants en gages à la banque de Gênes : sa seule excuse est de n'être pas italienne. Au XVIIIe siècle, le sentiment pour le jeune royaume du Piémont est plus complexe. C'est à la fois une répugnance encore invaincue contre

---

1. Voltaire, *Siècle de Louis XIV*, t. I, ch. XVIII.

ces Italiens d'hier, si différents de la vieille race dans leurs vertus plus encore que dans leurs défauts, et l'instinct vague que la liberté, si elle doit jamais reparaître, descendra cependant de ces montagnes où les volontés sont robustes et fortes comme le sol lui-même, tout de granit et de rocher. Cette maison de Savoie, « qui n'a cessé de prospérer depuis les temps les plus « lointains au milieu de la détresse commune [1] », — c'est un Italien qui parle, — on ne peut se résigner à lui faire bon accueil, mais on ne peut se défendre de l'admirer. Les marques certaines de l'hostilité individuelle, locale, sont partout. La Sicile, pendant les quelques années où elle a appartenu à Victor-Amédée, ne l'appelait que l'*étranger*[2] ; « le Milanais tout entier, « écrit Foscarini, nourrit une extrême aversion contre la mai- « son de Savoie sous laquelle il ne veut tomber à aucun prix [3] »; le président de Brosses fait la même constatation : « Ce n'est pas « que, si le roi de Sardaigne vient jamais à bout d'avoir Milan, il « ne trouve de terribles difficultés à s'y maintenir, les Milanais « ayant les Piémontais en exécration ; dans tout le reste de « l'Italie, ils ne sont guère moins odieux [4]. » Et encore, dans la même lettre : « De toutes les puissances d'Italie, les Italiens « ne craignent que le Piémont; il est à leur gorge et il les « suffoquera tôt ou tard; il n'est pas assez fort pour envahir « beaucoup à la fois, il s'avance peu à peu. » — Mais cette aversion, cette crainte même, pour vives qu'elles soient, ne vont pas sans cet autre sentiment que ces Piémontais, s'ils ne font rien pour se faire aimer, sont de taille à se faire respecter désormais par les plus forts et, dès lors, réservés à jouer un rôle décisif au cinquième acte du drame national. Quand, comment? c'est le secret de l'avenir; mais la foi est générale dans les destinées de la maison de Savoie. Tous les voyageurs qui savent regarder, tous les

---

1. Ferrari, *Révolutions d'Italie*, t. III, p. 447.
2. Cantu, *Hist. d'Ital.*, liv. XV, ch. CLXIII.
3. Foscarini, *Histoire secrète*, p. 106.
4. *Lettres écrites d'Italie*, 1740, t. II, *lettre* LV.

observateurs attentifs, font la même prédiction : « Avec de la patience, le Savoyard aura le tout [1] ; » un jour viendra où, « le courage italien s'étant conservé en « Piémont, le reste de l'Italie retrouvera le sien, sous les « étendards du roi de Sardaigne, pour le ressort de la liberté « à recouvrer [2] ». Ils sont les derniers venus dans la famille italienne, mais la nationalité est déjà si forte chez eux et s'appuie sur des défenses si solides qu'ils sont les seuls dont la diplomatie européenne, dans ses combinaisons les plus hardies, n'ose pas contester le droit à se gouverner eux-mêmes. Selon l'intérêt ou le simple caprice du moment, l'on peut encore, sans difficulté, faire passer les Toscans de la domination espagnole à celle de l'Autriche et de l'Empereur à un prince lorrain ; la Lombardie est une monnaie d'échange ; Naples, comme une balle au jeu de paume, va de l'Espagne à l'Autriche, d'un Bourbon à un Habsbourg, d'un Habsbourg à un autre Bourbon : Turin est depuis longtemps et restera en dehors de toutes les combinaisons. Quand ils consolident d'ailleurs et étendent leur royaume, ces Piémontais, par la force même des choses, sans qu'ils s'en doutent toujours, parfois même contre leur volonté et jusque dans leurs trahisons, travaillent en réalité à la cause commune, parce que leur ambition est essentiellement « unitaire [3] ». Même aux heures où ils s'allient avec l'Autriche, ils gardent et cachent à peine la pensée de l'unité italienne que « la destinée leur a confiée ».

On ne les aime point, on les redoute et on les accuse, mais on devine en eux les instruments des revanches futures ; abdiquant toute jalousie, on pique leur amour-propre. Quand le roi de Sardaigne entra à Modène, en 1736, Muratori s'y trouvait ; le Roi lui ayant demandé comment il le traiterait dans son histoire : « Comme vous traiterez ma patrie [4]. »

1. *Lettres d'Italie*, t. II, l. LV.
2. D'Argenson, *Mémoires* (éd. Rathery), t. III, p. 432.
3. Ferrari, *loc. cit.*, p. 458 et suiv.
4. Cantu, *loc. cit.*, liv. XV, ch. XIII.

Toute l'attente de l'Italie, dans son lent réveil, est dans ce mot. Les historiens qui, racontant les gloires et les hontes du passé, furent en Italie, au xviiie siècle, les puissants évocateurs de l'avenir, disaient quelle faute, cruellement expiée, avait été jadis commise contre les Lombards ; cette faute, on ne la recommencera pas contre le Piémont.

L'événement, bien que tardif, a montré que cette attente était légitime : le succès a-t-il justifié également le Piémont d'avoir, au xviiie siècle, subordonné toute autre considération à celle-ci : que les voisins indigènes restent faibles, car « leur « agrandissement serait une diminution de sa grandeur [1] » ? Alors que l'accord de la France et de la Savoie aurait balayé, presque au lendemain de la paix d'Utrecht, la domination autrichienne à peine restaurée, le Piémont, en s'y refusant, a-t-il fait preuve d'une clairvoyance supérieure ou seulement d'un égoïsme avisé? Les Italiens, qui ont seuls qualité pour prononcer, l'ont fait en sens contraires : les contemporains, milanais et toscans, de Charles-Emmanuel III l'ont maudit d'avoir prolongé leurs humiliations et leurs maux; ses historiens l'ont glorifié d'avoir vu plus loin et plus haut que l'indépendance : l'unité [2]. Les faits cependant sont certains : par deux fois, Charles-Emmanuel III refusa son concours à la libération de l'Italie.

Si la monarchie, qui, sous Louis XIV, avait complètement méconnu de l'autre côté des Alpes le rôle de la France, en retrouva la tradition sous Louis XV, le principal mérite en revient à l'impulsion énergique de l'opinion. La maison de Bourbon, par l'excès de son orgueil et de ses convoitises, avait eu beau mériter l'humiliation des traités de 1714, la France pouvait-elle rester sous l'injure d'une coalition qui avait brisé au dehors son prestige et rendu la suprématie

---

1. Duplessis-Besançon, *Mémoires*, p. 362 et 363.
2. Voir notamment Carutti, *Histoire de Charles-Emmanuel III*, t. I, p. 380, et Cantu, *Hist. des Ital.*, liv. XV, ch. clxiii, p. 110 et suiv.

de l'Europe centrale à la maison de Habsbourg? Elle le pensa si peu que, trois ans à peine après la fin de la longue guerre qui l'avait ruinée, saignée aux quatre membres et laissée comme morte, elle ne pardonna pas au Régent d'avoir défendu cette paix contre Albéroni. Cette paix qui, dans l'extrême faiblesse dont elle souffrait encore, était indispensable à son relèvement, elle n'en voyait que la honte et se fût volontiers emportée à la suite de l'étrange cardinal italien, devenu premier ministre espagnol, « qui s'était mis en tête de bouleverser « l'Europe [1] ». Dubois, tout fripon qu'il est, le duc d'Orléans, pour mesquins que soient ses mobiles personnels, alors même que l'un servirait seulement ses rancunes et l'autre l'Anglais qui le paye, avaient cent fois raison de considérer que la France, entre deux banqueroutes et après trente ans de batailles, n'était point de taille à recommencer la lutte contre la moitié du monde. L'opinion fut obstinément sourde à leur lâche sagesse. Pour elle, Albéroni, jetant le gant à l'Autriche, rêvant de l'expulser d'Italie, est le successeur de Richelieu. S'associer à l'Angleterre, à la Hollande et à l'Empire pour « préserver l'Europe d'un embrasement général » est une duperie, et c'est chose infâme que de « faire la guerre au roi « d'Espagne pour l'obliger à consentir au rétablissement de la « paix...[2] ». Dirai-je que c'est l'honneur de la France de déraisonner parfois ainsi? L'Italie, la principale intéressée aux desseins du ministre espagnol, les avait appris, au contraire, avec un parfait scepticisme. Elle ne reconnaissait ni son clair génie dans les plans fumeux d'Albéroni rêvant de renverser les dynasties libérales de l'Europe, ni le souci de son indépendance dans l'âpreté maternelle de la nouvelle reine d'Espagne, Élisabeth Farnèse, qui sacrifiait alors à la réversibilité de Parme et de la Toscane pour ses enfants tout le reste de la péninsule.

---

1. Voltaire, *Siècle de Louis XV*, ch. 1er.
2. Instructions de Dubois au chevalier de Vincelles, ministre à Naples. (*Aff. Étr.* Naples, XXV.) — Cf. Michelet, XVII, ch. v; et Cantu, liv. XV, ch. CLXIII.

Elle assista impassible à la destruction de la flotte espagnole devant Syracuse; la paix de Londres, qui resserrait son carcan, ne lui arracha pas un soupir.

Quelque sensée qu'ait été l'hostilité de la Régence aux projets d'Albéroni, la posture de la France dans la quadruple alliance n'en avait pas moins été assez misérable. Dubois seul, jusqu'au bout logique avec lui-même et toujours cynique, s'applaudit du désastre de l'Espagne; l'opinion tout entière s'indigna[1]. Comment! la France vient de verser pendant quinze ans le meilleur de son sang et de risquer son intégrité pour abaisser les Pyrénées; et c'est elle-même qui les relève, s'alliant à l'Angleterre et à l'Autriche contre le petit-fils de Louis XIV! La France, depuis des siècles, travaille à chasser les Allemands de l'Italie et c'est elle, maintenant, qui les aide à river ses fers et installe l'Empereur en Sicile! Certes, la paix du monde était précieuse; mais n'était-ce point l'acheter trop cher? L'Espagne, par la conspiration de Cellamare, par la folle inconséquence de sa politique, avait mérité la défaite; qu'avait fait l'Italie pour mériter son esclavage, sinon de s'y résigner? Sismondi observe que « l'Europe, après avoir anéanti l'Italie, sentit bientôt le mal « qu'elle s'était fait à elle-même en lui ravissant l'existence et « qu'il n'y eut rien, dès lors, que les étrangers ne firent pour « les Italiens, excepté de leur rendre la vie[2] ». La France, elle, l'essaya, parce que la destruction de l'Italie avait été la conséquence de sa propre défaite et que l'affranchissement de cette terre infortunée serait sa plus éclatante revanche contre l'Autriche.

Chauvelin, ministre des affaires étrangères de 1727 à 1737, fut le premier qui tenta à nouveau l'entreprise et sut offrir à l'Italie l'occasion de passer, comme par miracle, — si elle-même avait voulu du miracle, — de la servitude étrangère à l'indépendance sous des princes indigènes. De toutes les his-

---

1. Cf. Lemontey, *Histoire de la Régence*, t. I; Villars, *Mémoires*, p. 246, etc.
2. Sismondi, *Hist. des Rép. Ital.*, t. X, ch. VII.

toires modernes, il n'en est point qui ressemble plus souvent que celle de l'Italie à un écheveau embrouillé ; l'écheveau n'avait jamais été plus confus que depuis le traité de Londres. Dans le silence d'alors qu'on appelait « paix », ce qu'on appelait « politique » était un misérable imbroglio d'intrigues autour d'une demi-douzaine de dots et de successions qui avaient fixé toutes les convoitises et dont le règlement, d'après de prétendus droits de famille, devait fixer le sort de provinces et de villes tenues en dehors de toute consultation[1]. Deux vieilles dynasties toscanes étaient moribondes, Médicis à Florence, Farnèse à Parme, et plus violent assaut d'appétits ne s'était jamais livré autour d'un lit de mort. D'une part, la fille d'Odoard, la reine d'Espagne, celle que Mme des Ursins avait définie, en la fiançant à Philippe V, « une bonne Lombarde, pétrie de beurre et de « fromage, qui ne remuerait pas un doigt sans sa permission[2] », dont le premier acte, « coup d'état à la Ximénès et à la Richelieu », avait été d'expulser sa bienfaitrice, et qui, maintenant, mère passionnée et sans frein, n'était reine et épouse que pour assurer à ses fils Carlos et Philippe la double succession de Florence et de Parme. D'autre part, l'Empereur, qui n'avait consenti que contraint et forcé à la réversibilité des duchés en faveur des enfants d'Élisabeth, redoutait de voir s'élever au centre de la péninsule un jeune royaume indigène sous un prince de la famille de Bourbon et luttait héroïquement contre la mort pour avoir le temps d'assurer à sa fille la succession d'Autriche avec la domination de l'Italie. Que pouvaient contre de tels appétits les réclamations du Saint-Siège sur sa suzeraineté platonique, les protestations posthumes de Jean-Gaston en faveur de l'antique République florentine dont les Médicis, les premiers, avaient confisqué

---

1. Muratori, *Annales*, t. VII, *passim ;* Cantu, *loc. cit.* liv. XV, ch. CLVIII ; Sismondi, *loc. cit.*, ch. VII ; Coxe, *Hist. de la maison d'Autriche*, ch. XC et suiv. ; d'Argenson, *Mém.*, t. III, p. 430 et suiv.

2. Albéroni, *Notes sur sa vie.*

les droits ? Rien ne comptait que l'Espagne et l'Autriche qui, depuis dix ans, toujours prêtes à mettre le feu à l'Europe, épuisaient leur diplomatie à chercher des alliances l'une contre l'autre ou à se réconcilier, j'entends : à se duper. Au printemps de 1734, une nouvelle paix « fourrée » intervint entre ces avidités rivales : Carlos aura Parme et la Toscane, mais il les tiendra de l'Empereur, lui rendra hommage et lui prêtera serment de fidélité : l'Espagne, par contre, reconnaîtra la Pragmatique Sanction[1]. Ce n'était encore et ne pouvait être qu'une trêve, puisque ce n'était qu'un marché. C'est à ce moment que Chauvelin entre en scène.

Il y a, entre la politique de Chauvelin et celle de d'Argenson, une grande différence : pour d'Argenson, la libération de l'Italie est un but ; pour Chauvelin, ce n'est qu'un moyen d'humilier et d'abaisser la maison d'Autriche. Mais comme, dans l'une et l'autre conception, les intérêts en conflit sont les mêmes, les deux ministres seront également forcés d'en tenir compte et de choisir entre eux. A supposer que la chose eût été faisable, chasser tous les étrangers et dire à l'Italie : « Sois libre ! gouverne-toi toi-même ! » eût été la plus vaine des entreprises ; l'Italie, trop longtemps esclave, n'eût su que faire de sa liberté ; elle avait perdu l'usage de ses membres. L'Allemand une fois expulsé, il fallait donc des béquilles à l'Italie, c'est-à-dire, à la place des royaumes étrangers qui l'enchaînaient, des principautés indigènes qui lui feraient l'apprentissage de la marche. Or, l'ambition d'Elisabeth se démenait précisément en faveur de deux princes qui réunissaient les qualités requises, moitié Farnèse et moitié Bourbon, moitié italiens et, pour l'autre moitié, faut-il dire français ? mais, en tout cas, sans une goutte

---

1. Traité de Vienne du 16 mars 1731. — Au premier traité de Vienne (mai 1725), Philippe avait garanti déjà la Pragmatique et promis ses deux filles, les archiduchesses Marie-Thérèse et Marie-Anne, aux deux infants, Carlos et Philippe. Le traité avait été tacitement rompu en 1728 et l'Espagne avait signé avec la France, l'Angleterre et la Hollande, au mois de novembre 1729, le traité de Séville contre l'Autriche.

de sang espagnol dans les veines. Chauvelin, d'un clair coup d'œil, reconnut le terrain, et associa à l'ambition maternelle d'Elisabeth, qui était toute la politique de l'Espagne, la politique française qui était la revanche des traités de 1714[1].

Ce fut la convention de Turin, du 26 septembre 1733, confirmée à Madrid, le mois suivant, qui décida l'entreprise, et jamais guerre d'Italie ne parut plus heureusement engagée au dehors ni plus vivement appuyée au dedans par l'opinion. Fleury, presque seul, avait été hostile. Ayant fait choix de Chauvelin comme d'un complice assuré pour sa politique d'assoupissement, il se plaignait à tous venants, avec une désolation comique, d'avoir été indignement trompé. Avoir réussi, à force de compromissions et de bassesses, à ne pas sauver la Pologne et partir en guerre, le lendemain, pour affranchir l'Italie, le cardinal n'en revenait pas. Cette bizarrerie, la guerre italienne sortant de la succession de Pologne, il ne parvenait pas à se l'expliquer et ne trouvait pas davantage d'éclaircissements chez ses amis Walpole, non moins étonnés que lui. L'explication cependant était fort simple : c'était le réveil du sentiment national qui faisait la guerre, non point dans un but de conquête, mais pour sauver, pour retrouver l'honneur. Cette vilenie, l'abandon de la Pologne à la coalition austro-russe, avait fait déborder le vase; le sang de Plélo criait. La pensée du moment est tout entière dans le mot de Chauvelin à d'Argenson : « Il a fallu tenter la guerre, nous devenions trop méprisables[2]! » Quand on parlait à Fleury « de l'énorme grandeur « où parvenait l'Empire », le cardinal avait beau répondre : « Tout cela n'est que feu de paille », l'opinion s'inquiétait et se révoltait[3]. Trop longtemps nous avions été l'amusement de l'Europe; Chauvelin, soutenu par le vieux Villars, se fit le

---

[1]. Garden, *Traités de paix*, t. III, p. 172; Rousset, *Recueil d'actes, négociations, etc., depuis la paix d'Utrecht*, t. XI, p. 108 et suiv.

[2]. Michelet, t. XVIII, ch. VII.

[3]. D'Argenson, *Mémoires*, t. I. p. 279.

porte-parole de la France auprès du Roi, l'entraîna, le jeta dans la guerre pour relever l'outrage. « Mais cette vengeance n'était « rien, si elle n'était pas utile [1], » et elle ne pouvait être utile qu'en tombant sur l'Empereur. La France s'unit avec l'Espagne et la Sardaigne.

Le préambule du traité de Turin [2], qui est tout entier de la main de Chauvelin, pourrait être de Richelieu : « Il est connu « à l'univers, disait le fier et subtil ministre, que la maison « d'Autriche abuse depuis longtemps du degré exorbitant de « puissance auquel elle est montée ; et qu'elle ne cherche qu'à « l'agrandir encore aux dépens des autres. Non contente d'agir « secrètement, elle n'a plus gardé de ménagements à se déclarer, « voulant même disposer à son gré des royaumes sur lesquels « elle ne peut s'arroger aucun droit ; et c'est ainsi que l'Em-« pereur est venu à bout d'une partie de ses desseins qui, ne « tendant qu'à ôter toutes bornes à la puissance de sa maison, « visent à renverser toujours de plus en plus cet équilibre « tant désiré et si nécessaire. » C'est cet équilibre que Berwick ira rétablir sur le Rhin et Villars sur le Pô. Il n'y a point d'équilibre quand on n'oppose, comme à Utrecht et à Rastadt, que des forces mortes à des forces vives ; cela était vrai en Italie surtout. Voici donc le projet de Chauvelin : les Autrichiens seront chassés de toute la péninsule ; le Piémont aura le Milanais et deviendra royaume de Lombardie ; des deux infants, l'aîné, Carlos, aura Naples, la Sicile et les Présides ; le cadet, Philippe, aura Parme, Plaisance et la Toscane. Quand le roi de Sardaigne aura Mantoue en sus du Milanais, il nous cédera la Savoie. Ainsi l'Italie, des Alpes au golfe d'Otrante, sera tout entière aux Italiens : les Piémontais à Milan, le Pape à Rome, la République à Venise et à Gênes, les deux fils d'Élisabeth Farnèse à Florence et à Naples [3].

1. Voltaire, *Siècle de Louis XIV*, ch. IV.
2. Traité de Turin, 26 septembre 1733.
3. Villars, *Mémoires*, p. 414.

« Dites au Roi qu'il peut disposer de l'Italie, je vais la lui conquérir. » Ces adieux de Villars à Fleury ont un air de fanfaronnade ; sans la faute d'un seul, d'un Italien, ils devenaient une réalité et, dès 1734, vingt ans à peine après les traités qui l'avaient rayée du nombre des nations, l'Italie était indépendante. Chauvelin avait réuni, semblait-il, tous les atouts dans son jeu ; non seulement il opérait d'accord avec l'Espagne, mais il avait obtenu la neutralité de l'Angleterre et de la Hollande, le Danemark et la Prusse demeurant immobiles ; l'Empereur, sourd aux conseils avisés du prince Eugène, avait dégarni la Toscane et les Siciles, laissant à peine douze mille hommes sur le Mincio, pour masser toutes ses troupes à la frontière polonaise ; Villars, nommé maréchal-général (le titre qu'avait porté Turenne), acclamé avec enthousiasme à son départ de Paris, reçu avec une véritable frénésie par sa jeune armée, plus brillant d'entrain que jamais à quatre-vingts ans, ouvrait à Milan le bal en même temps que la tranchée et conquérait la Lombardie en six semaines ; don Carlos, dans sa promenade triomphale sur Naples, n'avait qu'à recevoir les clefs des villes qui venaient au-devant de lui : encore un effort, un seul, et l'armée autrichienne, surprise en pleine formation, repassait en déroute les Alpes du Tyrol, — et l'Italie était libre.

Le roi de Sardaigne ne le voulut pas.

Je pourrais apporter ici des liasses de témoignages français et espagnols, les commentaires de Campo-Raso, les historiens militaires (Massuet, Pajol, Henri de Lacombe), unanimes dans leur jugement, d'abord et surtout les admirables lettres, si fières et si tristes, de Villars à Louis XV[1] ; un témoignage italien, celui de Cantu, sera plus décisif : « Un « potentat qui redoute un voisin lui oppose un autre de « forces presque égales ; Charles-Emmanuel, quelque défiance « qu'il eût des Bourbons, avait consenti (par le traité de

---

1. Marquis de Vogüé, *Villars d'après sa correspondance et des documents inédits*, t. II, p. 175.

« Turin), à l'agrandissement d'un enfant d'Espagne ; *mais il ne*
« *voulait pas affaiblir l'Empereur* au point que les fils d'Elisabeth
« Farnèse restassent sans contrepoids en Italie. *En conséquence,*
« *il entrava la marche de l'armée*, restreignit la fourniture des
« vivres, refusa de donner des canons pour le siège de Man-
« toue *et ne songea point à pousser la guerre plus avant*. Tandis
« que Villars voulait que l'on profitât de l'occasion pour gagner
« du terrain et fermer tout passage aux secours expédiés d'Al-
« lemagne, *il s'obstina à rester sur la défensive.* Le maréchal
« Mercy eut alors toute facilité pour descendre du Tyrol et
« renforcer la garnison de Mantoue. *Villars, indigné, vint*
« *prendre congé du Roi, qui lui dit durement :* « *Bon voyage!* »
« Le maréchal mourut à Turin, à l'âge de quatre-vingt-deux
« ans[1]. »

Ainsi, à deux pas du but, tout s'écroulait encore une fois, et par quelle faute! dans quel intérêt! Plutôt que de voir se former à ses portes un Etat indépendant et indigène de Toscane, le roi de Sardaigne préfère consolider dans cette même Lombardie, qu'il pouvait avoir tout entière, « le contrepoids » des Allemands. Au lieu de la couronne de fer que lui donnait la France, il n'aura à la paix que les deux petites villes de Novare et de Tortone ; mais quoi! le fils cadet d'Élisabeth n'aura ni Parme ni Florence, et le Piémont, dès lors, conservera son monopole ; seule puissance nationale au nord de l'Italie, il garde entière son espérance d'absorber peu à peu tout le reste. De quelle façon les plénipotentiaires de Vienne traiteront-ils ce reste en attendant, peu importe! Que l'Autriche, par l'annexion de Parme et de Plaisance, détruise un Etat italien de plus; qu'elle s'installe en suzeraine, avec le duc François-Étienne de Lorraine, gendre de l'Empereur, dans la Toscane, stupéfaite de cette adjudication; que, laissant à don Carlos la basse Italie, trop lointaine pour être utilement défendue, elle réunisse désormais sous sa main

---

1. Cantu, liv. XV, ch. CCLXIII.

le bloc de l'Italie centrale, ces considérations sont secondaires : l'essentiel pour la maison de Savoie, c'est de n'être gênée dans ses ambitions par aucun voisinage italien. Le calcul est féroce, si l'on pense aux populations sacrifiées, vendues comme un bétail, au moment où elles se croyaient libérées, où l'indépendance de l'Italie tout entière paraissait définitivement conquise. Si l'on ne considère que l'intérêt exclusif du jeune royaume, fut-il aussi habile qu'on a dit? La Sardaigne se vantait déjà de jouer en Italie le même rôle que la Prusse en Allemagne : voit-on Frédéric II, à la place de Charles-Emmanuel, se contenter de deux petits cantons du Milanais quand il pourrait avoir toute la Lombardie ? — Mais, habile ou non, le calcul domine, d'un bout à l'autre de cette guerre, toute la politique du Piémont. Quand Villars s'offre à détruire, dans une bataille gagnée d'avance, tout ce qui reste d'Allemands entre l'Adige et le Pô, le roi de Sardaigne le condamne à une misérable guerre défensive « de pelles et de pioches [1] », sous prétexte que les Espagnols lui ont faussé compagnie en marchant directement sur Naples, mais en réalité parce qu'il ne redoute rien tant qu'une victoire trop complète. Quand Noailles, deux ans plus tard, retrouve devant Mantoue la même occasion d'en finir d'un coup avec l'armée impériale, le roi de Sardaigne refuse son parc d'artillerie de siège, sous prétexte, cette fois, que les Espagnols, ayant rejoint les Franco-Piémontais, garderont la ville pour eux, mais toujours, en réalité, parce qu'il ne veut point avoir trop vaincu. Rien de moins franc, mais aussi rien de plus clair. A la bataille de la Secchia, le roi de Sardaigne n'arrive au camp que dans la nuit ; il se charge de la poursuite, et y met « une lenteur « qu'on voulut bien attribuer au défaut de vivres [2] ».

Faut-il dire la tristesse de Chauvelin devant cette nouvelle forme de la trahison savoyarde : le refus de vaincre, et ce qu'y

---

1. Lettre au Roi, du 25 mars 1733.
2. Henri Martin, *Hist. de France*, t. XV, p. 188. — Cf. Massuet. *Hist. de la dernière guerre*, t. I, p. 126, et Botta, *Storia d'Italie*, t. VIII, ch. xc.

ajouta d'amertume la joie mal dissimulée de Fleury ? Le grand ministre lutta pourtant jusqu'au bout. Il avait *escamoté* la guerre au cardinal, selon le mot de Frédéric ; le cardinal, maintenant, voulait lui *escamoter* la paix et ne demandait pour la France, comme prix de tant d'efforts, de nos succès en Allemagne comme en Italie, que le petit duché de Bar. Chauvelin, se révoltant une dernière fois avec Voltaire, — j'entends : avec l'opinion — força Louis XV de nous gagner la Lorraine ; puis, vaincu par cette dernière victoire, tomba debout, chassé par Louis XV comme un rustre et recevant de Fleury ce remerciement : « Vous avez manqué au Roi, au peuple et à vous-même ! »

CHAPITRE XI

LE GRAND DESSEIN DE D'ARGENSON

« Une seconde entreprise est plus difficile que la première, « quand elle roule sur les mêmes obstacles déjà connus et « éprouvés [1]. » Cette constatation est du marquis d'Argenson qui, en ayant bien sondé toute la profondeur, n'hésita pas, une fois ministre, à recommencer la tentative de Chauvelin en Italie.

Les années qui suivent le traité de Vienne avaient offert le contraste, si fréquent dans notre histoire, d'un grand prestige au dehors, — Frédéric avouait que la France était redevenue l'arbitre de l'Europe, — et de non moins grandes vilenies au dedans : Louis XV s'installant dans l'inceste ; « un ministère « plus sérail que divan, en même temps anarchie et tyrannie [2] » ; Fleury ajoutant la décrépitude à la médiocrité. Quand une indigestion de champignons enleva l'Empereur et ouvrit brusquement la succession d'Autriche, on sait comment, à ce tournant critique, la lettre d'une vieille formule glorieuse et la fougue impatiente de quelques jeunes fous décidèrent de la politique française. Les jeunes fous, c'était cette brillante noblesse, frottée de philosophie, engouée du roi de Prusse, ennuyée de Versailles, rêvant à la suite de Belle-Isle batailles et victoires ; la formule était l'abaissement de la maison d'Autriche. Il en est, en effet, de la politique comme

---

1. D'Argenson, *Mém.*, t. IV, p. 274. (*Négociations de M. de Champeaux à Turin*.
2. *Ibid.*, p. 44.

de l'art et de la littérature, où les principes restent toujours les mêmes, mais où les formules, qui n'en sont que l'expression, sont éphémères. A prendre les formules pour les principes mêmes dont elles s'autorisent, les écoles politiques en arrivent à la même routine que les écoles de peinture ou de poésie ; la défroque reste, l'âme s'est envolée. C'est Campistron après Racine, le Josépin après Raphaël. Le grand dessein qui, depuis plus de deux siècles, dominait la politique française, c'était l'équilibre de l'Europe et non l'abaissement de la maison d'Autriche, *parce que maison d'Autriche ;* cet abaissement était le moyen, non le but. Or, les ministres et diplomates français de 1740 en étaient précisément là, élèves serviles, qu'ils prenaient par paresse d'intelligence la lettre contingente pour l'esprit. Non point, sans doute, que la maison d'Autriche ne tînt encore, notamment en Italie, une place trop grande. Mais cet équilibre, qui était encore à poursuivre au midi, fallait-il le détruire en Allemagne, où nous l'avions établi au traité de Westphalie, et cela au profit exclusif de cette jeune puissance qui montait au ciel du Nord et qui s'appelait la Prusse? Au contraire, quelle occasion incomparable, presque imméritée, de se faire, après le premier choc des armées ennemies, l'arbitre de tous ! Louis XV, il faut le dire, en eut le pressentiment quand il laissa tomber le mot fameux : « Nous n'avons qu'une « chose à faire, c'est de rester sur le mont Pagnote[1]. » Mais qu'un marquis de Sourche lui réponde avec une vive impertinence : « Votre Majesté y aura froid, car ses ancêtres n'y ont pas bâti ! » et toute sa clairvoyance instinctive s'évanouit aussitôt chez ce Roi absolu sans volonté. Encore si, ayant pris parti contre l'Autriche, il eût su apporter dans cette politique l'esprit de suite qui paraît plus nécessaire encore aux mauvaises causes qu'aux bonnes ! Mais s'il dénonce à l'échéance cette *Pragmatique* qu'il avait solennellement reconnue et dont il eût pu

---

1. Duc de Broglie, *Frédéric II et Marie-Thérèse*, t. Ier, ch. II. — Cf. d'Argenson, *Mém.*, p. 223 et suiv.

se faire payer si cher la défense (sur le Rhin pour nous, en Lombardie pour la Sardaigne, en Toscane pour l'Infant), il repousse l'idée d'un manque de foi intéressé — à quoi bon alors ? — et il lui répugne de prendre sa part à la curée. S'il ne veut pas s'abaisser à prendre un morceau pour lui-même, il suffira ensuite d'un mot attendri de sa fille, la petite Infante qui avait épousé don Philippe, pour qu'il donne le concours de ses armées aux entreprises espagnoles sur le Milanais et la Toscane. Et cette Prusse enfin, qu'il a contribué si imprudemment à grandir, il se retournera contre elle, à l'heure précise où son alliance devenait utile, parce que l'*honnête* Marie-Thérèse a traité de « bonne amie » la marquise de Pompadour et pour perdre alors, dans la guerre de Sept ans, le plus magnifique empire colonial qui fût au monde.

Voilà donc, au moment où d'Argenson prend le ministère des affaires étrangères (18 novembre 1744), la France engagée à fond contre l'Autriche, la Sardaigne et l'Angleterre, sans doute victorieuse de nouveau sur le Rhin après l'héroïque et désastreuse retraite de Prague, mais déjà dégrisée à demi de la Prusse qui, une première fois, avait fait défection, et liée à l'Espagne par le premier *pacte de famille*[1], traité imbécile, bien digne de Maurepas, qui, sans nous réserver aucun avantage, promettait une indissoluble union aux Bourbons de Madrid pour leur conquérir Gibraltar, plus le Milanais tout entier avec Parme à l'infant Philippe. Pour une fois que le Roi faisait appel à un véritable homme d'Etat, patriote incapable d'une complaisance et d'une courtisanerie, démocrate — avant le *Contrat Social* — dans ses *Considérations sur le gouvernement de la France*, philosophe qui ne comprenait la politique que fondée sur des idées générales, il trouvait ces affaires, sur lesquelles il avait si profondément médité à l'école de Chauvelin, engagées au rebours de toutes ses aspirations et de toutes ses vues. — En Allemagne, la

---

1. Traité du 25 octobre 1743.

France s'était compromise à la suite d'un fantôme d'Empereur, « alors que nous ne devions opter pour personne et nous con- « tenter d'exclure le grand-duc de Toscane de l'élection, « abaisser *suffisamment* la maison d'Autriche, n'importe au « profit de qui, laisser aller les concurrences et chercher la « justice en nous délivrant d'un trop puissant rival ». Qu'avions-nous fait cependant en nous laissant entraîner par le maréchal de Belle-Isle qui, sous couleur d'exécuter le fameux plan de Henri IV, « avait *donné du beau*, semblable à ces architectes « que leur crayon emporte malgré eux et qui ruinent leurs « amis sans savoir s'arrêter par le défaut des moyens[1] » ? Nous avions forfait d'abord à notre signature, fraîche encore sur ce traité de 1738 où, reconnaissant l'indivisibilité de la succession autrichienne en faveur de la reine de Hongrie, nous avions, pour prix de cette garantie, reçu la Lorraine pour nous et les Deux-Siciles pour la branche espagnole ; les dé-sastres de notre armée de Bohême avaient châtié alors cette injustice politique « qui affaiblit plus les grands États que « l'exercice d'un grand pouvoir ne les fortifie par la terreur « qu'elle inspire[2] » ; — tout d'Argenson est dans cette phrase, le d'Argenson qui écrivait ailleurs : « On m'a fait l'honneur « de dire de moi que, comme Don Quichotte avait eu la tête « tournée par la lecture des romans, il m'était arrivé la « même chose par celle de Plutarque[3]... » — et, pour cou-ronner enfin tant de fautes, « la raison politique cessant même « de présider à la raison de guerre, la flatterie avait imaginé de « conquérir en Flandre, parce que le théâtre en était plus brillant, « au lieu d'attaquer en Allemagne, pour y défendre la liberté « germanique, puisque nous étions deux fois engagés dans cette « entreprise imprudente[4] ». En Italie, d'autre part, les erreurs

---

1. *Mém.*, t. IV, p. 226, art. 3. *Tableau des affaires générales en novembre* 1746.
2. *Ibid.*, p. 223.
3. *Ibid.*, p. 224.
4. *Mém.*, p. 89.

de notre politique avaient été, si faire se peut, plus déplorables encore, puisque ce même Belle-Isle, « craignant d'y diminuer « l'Empereur — l'ombre bavaroise — qu'il venait de créer en « Allemagne[1] », avait réussi à jeter le roi de Sardaigne dans l'alliance de Marie-Thérèse; Maurepas, ensuite, au traité de Fontainebleau, « allant au-devant et même par delà les « désirs de la reine d'Espagne, s'était engagé à faire, au profit « de l'infant Philippe, les plus grandes et les plus impossibles « conquêtes ».

Comment réparer tant de fautes ou, du moins, y remédier ? Comment surtout, le plus tôt possible, répondre au pressant billet de Voltaire : « Vous voilà cocher, Monseigneur, menez- « nous à la paix tout droit par le chemin de la gloire[2]. »

D'Argenson, hostile aux opérations militaires dans les Pays-Bas, « parce qu'elles ne pouvaient qu'irriter davantage les puis- « sances maritimes[3] », proposa d'abord au roi, puisqu'il ne voulait pas « présentement » de la paix[4], de porter du moins, pour la hâter, le théâtre de la guerre en Allemagne et en Italie. En Allemagne surtout, au lendemain de la mort de l'Empereur bavarois, il était urgent de faire vite et d'encourager, dans la diète déjà hésitante et si troublée, le parti français. En avant de son siècle et même du nôtre : « Pourquoi, » écrivait d'Argenson à son ministre auprès de la diète, « pourquoi « l'Empire ne se passerait-il pas de chef? Une association libre « comme celle des cantons suisses et des provinces unies « assure aussi fortement la sécurité et ne serait pas sujette « aux mêmes inconvénients que l'assujettissement forcé à « l'autorité impériale[5] ». Mais cette idée hardie de ne point nommer d'Empereur du tout, ou même la motion plus modeste

---

1. *Mém.*, p. 233.
2. *Ibid.*, p. 227.
3. *Ibid.*, p. 229.
4. *Correspondance*, nov. 1744.
5. *Mém.*, p. 247. — Cf. Flassan, *Hist. gén. de la dipl. franç.*, t. II, p. 249, t. V, p. 242.

d'ajourner l'élection, il eût fallu les appuyer d'arguments armés, à coups de victoires, et le Roi, entre les deux frères d'Argenson, le ministre de la guerre et celui des affaires étrangères, d'Argenson *la guerre* et d'Argenson *la paix*, crut de préférence celui qui n'était pas philosophe et qui, courtisan incomparable, le mena à Fontenoy. Seulement, le soir de cette belle victoire d'opéra, comme, au lieu de « détacher « aussitôt de la Flandre pour l'Allemagne[1] », ainsi que l'en suppliait Frédéric, il fit au contraire repasser le Rhin au prince de Conti, la Diète abandonnée élut le grand-duc de Toscane, et le roi de Prusse, pour la seconde fois, conclut un arrangement particulier avec l'Autriche.

D'Argenson avait été prophète : en prenant la Flandre, nous perdions l'Allemagne ; Frédéric nous faussait compagnie et l'Angleterre redoublait ses armements.

Les projets de d'Argenson sur l'Allemagne avaient été improvisés ; il avait médité depuis dix ans, à l'école de Chauvelin et dans l'étude de Richelieu et de Sully, ses projets sur l'Italie.

« Je commencerai l'année 1746, écrit d'Argenson, par le « récit de la plus grande affaire qui se soit traitée en Europe « depuis longtemps, *c'était de former une République ou asso-« ciation éternelle des puissances italiques, comme il y en a une « germanique, une batavique et une helvétique*[2]. » Et aussitôt, avec cette délicatesse charmante qui lui avait valu ce beau remerciement de Chauvelin : « Votre cœur est au-dessus des événements[3], » il rend au ministre disgracié le mérite principal de l'idée qu'il n'a fait que reprendre et généraliser. C'était un proverbe, au XVIe siècle, que l'Italie est le tombeau des Français[4] : de qui donc, depuis deux cents ans, n'avait-elle été le

---
1. *Mém.*, p. 253.
2. Lettre du 17 août 1745 à Saint-Séverin. — Cf. dépêche de 22 août à Renaud, résident à Trèves (*Aff. étr.*).
3. Valori à d'Argenson, 21 juin 1745 (*Aff. étr.*).
4. *Mémoires, Négociations de M. de Champeaux à Turin*, p. 266 et suiv.

tombeau? L'une après l'autre, toutes « les grandes puissances étaient venues s'y consumer[1] » et s'y détruisaient encore. Autriche et Espagne s'y étaient également ruinées après avoir pressuré, jusqu'à l'épuiser, cette terre qui avait semblé d'une fécondité éternelle et qui dépérissait tous les jours davantage, où le sol devenait aussi stérile, sous le régime des tyrannies étrangères, que les cerveaux. C'était l'évidence que l'Italie ne redeviendrait « heureuse et florissante » que le jour où elle aurait chassé de chez elle ceux que le pape Jules II appelait les barbares : les étrangers. Mais quand trouvera-t-elle la force de les chasser elle-même? « Tôt ou tard, cela doit arriver, à en « juger par l'évidence et par la raison; » tôt ou tard, l'Italie « pa- « cifiée » sera, dans l'Europe, une cause de moins de discordes et de guerres. Pourquoi, une fois de plus, ne pas chercher à hâter ce jour? Pourquoi ne serait-ce pas l'œuvre de la France? « Nous y avons voulu conserver quelques citadelles, « quelques portes pour y prendre part aux désordres sous « prétexte de défense et d'équilibre »; à quoi bon? « Ce n'est « point tout cela qu'il y faut. Ce qu'il faut, c'est de concentrer « les puissances italiques en elles-mêmes, c'est d'en chasser « les étrangers, c'est de montrer exemple de n'y plus prétendre. « Si quelques princes étrangers y gouvernent encore, que ces « princes deviennent tout à fait italiens, qu'ils ne puissent « hériter d'ailleurs. Que s'ils préfèrent d'autres successions qui « leur surviendraient, qu'ils abandonnent alors à des succes- « seurs désignés l'État qu'ils posséderaient en Italie et que cette « option, cette incompatibilité, soit une des lois fondamentales « de toute domination en Italie. » Voilà le remède, sûr, infail- lible : eh bien, que la France, prêchant d'exemple, se chasse elle-même de l'Italie libre par elle ! « Soyons les promoteurs de « cette règle, employons-y de la force et de la sincérité pour « la maintenir. » Nous en avons les moyens. C'est notre inté-

---

1. Lettre de Chauvelin à d'Argenson, de Bourges, le 14 avril 1742. (*Mémoires d'État*, t. III, p. 250. — *Mém.*, t. IV, p. 9.)

rêt : « tout ce qui écartera de nous les funestes guerres ita-
« liques sera toujours un bon parti » ; ce sera notre gloire
d'avoir défendu, « soutenu les faibles et les opprimés [1] ».

L'Italie aux Italiens, « aux seuls princes et Républiques
de l'Italie », voilà la formule : comment la réaliser? Deux ans
avant son entrée aux affaires, vers l'époque où Maurepas s'engageait dans les négociations qui devaient conduire au traité de
Fontainebleau, d'Argenson écrivait dans le journal : « Si j'étais
« maître aujourd'hui (juin 1742) du ministère de France et de
« persuader la cour de Madrid, je n'hésiterais pas à donner au
« roi de Sardaigne et autres Italiens tout ce qui appartient à la
« reine de Hongrie et au grand-duc en Italie, et je travaillerais
« de bonne foi à les en dépouiller pour n'y rien prétendre. » Comment faire le partage? D'Argenson avait cette conception : les
États italiens une fois délivrés de tout lien envers le prétendu
saint Empire romain définitivement aboli, créer une fédération
d'États égaux entre eux ; le Milanais au Piémont, le reste de
la Lombardie à Venise, la Toscane redevenant République, le
Saint-Siège, la République de Gênes et les Deux-Siciles main-
tenues dans toutes leurs possessions. Et que faut-il pour cela,
puisque la France, généreusement, s'exclut d'elle-même? « Chas-
« ser également les Allemands et les Espagnols... Les Allemands ?
« M. Chauvelin a montré, en 1733, pendant son ministère, que
« rien n'est plus facile que de les chasser entièrement de la
« péninsule [2]. » Les Espagnols ? Mais c'est nous-mêmes qui
les y conduisons et les y soutenons de nos forces, « nous prê-
« tant, sans profit, à leur ambition, renouvelant sans cesse
« les liens de consanguinité par de doubles mariages », sacrifiant
à leur alliance une paix de jour en jour plus nécessaire, « car le
« royaume s'écroule par ses fondements et il n'y aura bientôt
« plus assez d'hommes ni d'argent pour envoyer au dehors [3] ».

---

1. *Mém.*, p. 269.
2. *Mém.*, t. IV, p. 227.
3. *Mémoire pour prouver qu'il faut sacrifier l'alliance d'Espagne pour obtenir la paix*, § 1 et 3. (*Mém. d'État*, t. III, fol. 252. — *Mém.*, t. IV, Appendice.)

Les ennemis de d'Argenson ont essayé (et essayent encore) de le faire passer pour un esprit absolu, irréductible sur ses chimères et ses utopies. Rien de moins exact. S'il était bien, de l'aveu même de Maurepas qui ne l'aimait guère, « l'homme le plus pro-« fond du ministère [1] », il n'avait pas moins de sens que d'éléva-tion dans l'esprit, « un bon sens raboteux, mais robuste [2] », et, selon Valori qui s'y connaissait, « la plus solide judiciaire ». Quelque raisonnées que fussent les diverses parties de son projet, « le plus beau, lui écrit Voltaire enthousiasmé, le plus utile « qui ait été conçu depuis cinq cents ans [3] », il sut, en effet, montrer beaucoup de souplesse à le modifier, au fur et à me-sure des circonstances, dans tout ce qui n'était pas le principe essentiel, c'est-à-dire l'exclusion de l'Autriche et « l'italianisa-tion » de tous les princes appelés au partage. La logique eût voulu que l'Espagne fût exclue en même temps que l'Empire, non seulement pour affirmer l'indépendance de l'Italie, mais encore, surtout peut-être, pour ôter au roi de Sardaigne le pré-texte dont il avait joué contre Chauvelin et Villars : la crainte et la jalousie d'un voisin indigène qui serait trop puissant. D'Argenson n'hésitera pas cependant à transiger avec la néces-sité et, devant le danger, ayant rompu avec la cour de Madrid, de se trouver seul en Europe, à offrir, sinon à l'Espagne, du moins à l'ambition maternelle d'Élisabeth Farnèse, une part dans les dépouilles italiennes de l'Autriche. « Ayant vu des mé-« moires bien exacts des forces et des moyens qui peuvent contri-« buer à chasser les Allemands de l'Italie et à y établir un partage « durable, » il avait beau être convaincu « que la France seule, « avec le roi de Sardaigne, saisissant bien le moment, y réus-« sirait avec facilité [4] », il ne décida pas moins de modifier, dans le sens d'une entente avec l'Espagne, son plan primitif. Le

---

1. Maurepas, *Mém.*, t. IV, p. 263.
2. Saint-Beuve, *Causeries du Lundi*, t. XIV, p. 241.
3. *Corresp.*, 8 janvier 1746.
4. *Mém. Négociations de M. de Champeaux*, t. IV, p. 272.

principe du nouveau projet restera donc le même : « aucun État « d'Italie ne pourra être possédé, en aucun temps, à l'avenir, « par les princes possédant la couronne impériale, ou celle de « France ou d'Espagne ou quelque autre État situé hors de « l'Italie¹ ; le partage seul sera autrement « ménagé » : le Milanais, moins Crémone, en apanage à l'Infant ; Florence, à la paix, au prince Charles de Lorraine qui renonce à toute prétention extérieure ; Mantoue à la République de Venise ; Oneglia et les fiefs impériaux de Ligurie à celle de Gênes ; Reggio et Guastalla au duc de Modène. Ainsi « l'âme du partage des « biens autrichiens était toujours que les princes de maison « étrangère qui se trouvaient souverains en Italie devaient « se regarder désormais comme Italiens et être exclus de toute « autre souveraineté qui leur adviendrait² » ; on abolissait jusqu'à la dénomination de Saint Empire Romain ; « la moindre « République, le moindre fief devenait aussi libre de tout suze- « rain étranger que les plus grandes puissances », et l'Infant, avec un établissement convenable, « ne recevait cependant que *un* pour *trois* qu'on donnerait « au roi de Sardaigne³ ». La France, se jugeant assez grande, ne demandait même pas la Savoie.

Lorsque d'Argenson eût arrêté les lignes définitives de son projet, il pensa un instant, tout gallican qu'il était, à le placer sous le patronage du Pape. Ce projet de « délivrer l'Italie du « joug allemand, du despotisme autrichien et de toute domina- « tion étrangère⁴ », n'était-ce pas la vieille politique guelfe qu'il ressuscitait ? La bataille où il conviait l'Italie, n'était-ce point la vieille guerre contre les gibelins qui recommençait, comme aux temps de Grégoire VII et d'Innocent III ? D'Argenson rédi-

---

1. Projet de traité, article 3. (*Mém.*, t. IV, App., p. 466.)
2. *Mém.*, p. 284.
3. *Ibid.*, p. 284.
4. Lettre du 19 février 1746 au comte de Maillebois.

gea l'appel au Pape, mais ne l'envoya pas[1] ; il avait à opérer d'abord des conversions plus pratiques.

« Le fait le plus obscur et le plus surprenant dans toute l'his-« toire de Louis XV, écrit Michelet, c'est l'assentiment passager « qu'il donna aux grandes vues de d'Argenson[2]. » Le traité de Fontainebleau, en effet, bien que le roi, qui mentait volontiers, affirmât l'avoir signé malgré lui[3], avait été l'œuvre personnelle de Louis XV[4]. En réponse au traité de Worms où le roi de Sardaigne, cédant aux instances de l'Angleterre, s'était déclaré pour l'Autriche, c'était bien le roi lui-même, le père tendre de l'Infante, qui avait promis à son gendre Philippe le Milanais, outre Plaisance et Parme, et rangé la France derrière l'Espagne pour la conquête de la Lombardie. Comment, par quel miracle d'Argenson décida-t-il le Roi à revenir sur le traité de Fontainebleau, à dépouiller sa fille, à autoriser la mission secrète de M. de Champeaux à Turin pour détacher la Sardaigne de l'alliance gibeline et lui offrir le Milanais ? Le fait, c'est qu'il le persuada et que le Roi, bon géographe et se piquant de topographie, dessina lui-même sur la carte le tracé du partage, donna lui-même « avec intelligence, éloquence et dignité », ses instructions à Champeaux, écrivit de sa propre main le projet qui devait être remis à Turin[5]. Nous connaissons aujourd'hui le goût de Louis XV pour la diplomatie secrète. Tout se fit entre lui, d'Argenson et l'*abbé Rousset* (c'était le nom que prit Champeaux pour aller secrètement en Piémont). Maurepas, ayant surpris quelque chose, avertit l'ambassadeur d'Espagne qui se précipite chez le Roi. « On l'entendait hurler, » dit d'Argenson[6]. Le Roi tint

---

1. Duc de Broglie, *Maurice de Saxe et le marquis d'Argenson*, t. I, p. 120 ; Carutti, *Storia di Carlo Emmanuele II*, t. I, App. A.
2. Michelet, *Hist. de France*, t. XVIII, ch. IX.
3. *Mémoires*, t. IV, p. 229, *Tableau des aff. gén. en nov.* 1746.
4. Broglie, *loc. cit.*, t. I, p. 90.
5. D'Argenson, *Mém.*, t. IV, p. 286, 287. *Nég. de M. de Champeaux.*
6. Lettre à Vauréal, du 29 janvier 1746. (*Aff. Étr.*, Espagne) *Mém.*, IV, 298.

bon. Il ne résista pas avec moins de fermeté au scandale de la cour et du conseil, à la première tempête furieuse de l'Infante, au torrent d'injures que lâcha l'enragée Farnèse. « Et le traité de Fontainebleau, criait la vieille louve, il n'y « a donc plus rien de sacré au monde? » D'Argenson avait proposé de ne laisser à l'Espagne que quatre jours pour délibérer sur la proposition préalable d'armistice qu'il avait faite au roi de Sardaigne. « C'est trop, dit le Roi, deux suffisent, » et il signa[1].

D'Argenson touchait au but. Ce plan d'une confédération italienne, si « beau en soi », puisqu'il affranchissait la péninsule de toute domination étrangère, si avantageux à la dynastie de Savoie, puisque Charles-Emmanuel obtenait le Milanais et devenait le chef des princes d'Italie[2], l'Espagne, sans doute, lutterait de toutes ses forces avant de s'y résigner[3] ; mais comment la Sardaigne ne l'accepterait-elle pas avec reconnaissance et avec joie ?

Les prophètes, qui lisent dans l'avenir, n'ont point, sans doute, le temps de lire assez avant dans le cœur humain. D'Argenson était prophète. Il avait vu dans l'avenir « que la maison de « Savoie serait en Italie à celle d'Autriche ce que la Prusse lui « était en Allemagne[4] »; il n'entendait rien à la psychologie de ceux que le cardinal d'Offat avait appelés « les petits louveteaux de Savoie ». Le roi d'Espagne, après une résistance désespérée, accepta sans réserve le projet de traité qui, dès 1746, eût fait l'Italie indépendante : ce fut la cour de Turin qui le repoussa.

Pourquoi ? Je l'ai déjà dit : parce que le souci de l'indépendance italienne était alors absolument étranger à la maison de Savoie et qu'elle aimait mieux, sans pitié, mais confiante en son étoile,

---

1. *Mém.*, p. 291.
2. *Mém.*, p. 284.
3. *Mém.*, p. 302 : « Le plus difficile est à Madrid. »
4. *Mém.*, p. 278.

l'Italie esclave sous les Autrichiens qui lui en gardaient la succession intégrale, que libre sous des princes indigènes ou italianisés qui auraient arrêté le cours de sa lente ambition unitaire. Voici, au surplus, et textuellement, la réponse de M. le conseiller de Montgardin, dans son mémoire du 1ᵉʳ novembre 1745, aux premières ouvertures de d'Argenson : « Le principe de mettre les
« Allemands hors de l'Italie et de ne plus leur laisser aucune au-
« torité serait si odieux à toute l'Allemagne, sans exclusion,
« qu'il pourrait plus aisément attirer la guerre en Italie qu'as-
« surer sa sécurité, car le corps de l'Empire qui se réunirait tôt
« ou tard, ne voudrait pas souffrir une telle diminution. Sur-
« tout, l'acte qui est proposé à l'article 9 de la déclaration d'indé-
« pendance abolirait tous les titres anciens et primitifs de la mai-
« son royale de Savoie et renverserait les lois fondamentales du
« pays. De plus, *cet acte serait criminel* et donnerait à perpé-
« tuité aux empereurs un droit légitime pour dépouiller le Roi
« et ses successeurs¹. » Et d'Argenson a beau insister, supplier le Roi de « penser avec plus de hauteur », de prendre en considération « et les peuples d'Italie foulés sans pitié par l'Empe-
« reur, poussés aux plus grands excès par une série d'extorsions
« et de violences, et les souverains italiens ignominieuse-
« ment traités ». Après avoir fait vainement appel à son cœur, il a beau exciter son ambition, lui montrer comment, « plus
« aguerri, plus prudent que les autres princes de la confédéra-
« tion italienne, il aurait le principal ascendant à leur diète » et qu'il ne trouverait (en Toscane et dans le reste de la Lombardie) « que trop d'occasions pour s'agrandir encore ² ». Le Roi reste inébranlable et sourd. A cette belle conception nationale — ainsi l'appelle Cantu ³, — au noble projet qui assurait l'indépendance des États d'Italie, — c'est le témoi-

---

1. Carutti, *Storia di Carlo-Emm. III*, t. I, *App.* B.
2. *Mém.*, IV, p. 284-285 ; Mémoire remis par M. de Champeaux, etc.
3. *Hist. des Ital.*, liv. XV, ch. CLXIII.

gnage de Sismondi¹, — à ce généreux dessein où éclate l'excès d'une si touchante bienveillance pour l'Italie, — je cite Botta², — les ministres sardes, Gorzegue, Bogino, ne font toujours, au nom du Roi, que la même réponse : « Contester « les droits reconnus depuis des siècles au saint Empire romain « et sur lesquels s'appuient ceux de plusieurs princes ita-« liens, dont le roi de Sardaigne lui-même, ce serait faire une « trop grande impression de nouveauté et réunir toute l'Alle-« magne contre soi. » L'essentiel, au surplus — toute la politique savoyarde est là, — « n'est point de contester le droit, mais « d'affaiblir en fait et progressivement la puissance de l'Autriche, « attendu que, du jour où l'Empire et son chef n'auraient plus « de force en l'Italie, l'autorité qu'il pourrait y conserver ne se « réduira plus qu'à une pure formalité et cérémonie, qui ne « peut faire du tort et de la peine à aucuns princes, *et moins à* « *ceux qui y sont accoutumés depuis longtemps*³ ; » c'est-à-dire à la maison de Savoie. Champeaux, comme naguère le marquis de Senneterre, reprenait vingt fois par jour sa question : « Pourquoi « préférez-vous une petite partie du Milanais acquise par le « moyen de l'Angleterre au Milanais tout entier par le moyen « de la France ? » Et Bogino, comme d'Orméa, répliquait par la formule classique : « Parce que cette partie vaut mieux sans un « prince de Bourbon en Italie que la totalité avec l'Infant à nos « côtés⁴. »

Le 8 mars, le jour même où l'Espagne se décidait à signer le traité de Turin, le roi de Sardaigne, ajoutant une nouvelle trahison à tant d'autres, sans même dénoncer l'armistice, jetait le baron de Leutrum sur Asti, qu'il emportait du coup, et recommençait la guerre.

1. *Hist. des Rép. ital.*, t. X, ch. VIII.
2. *Hist. d'Italie*, t. V, p. 118.
3. Rendu, *L'Italie et l'Empire d'Allemagne*, p. 157. 158 ; Broglie, *Maurice de Saxe et le marquis d'Argenson*, t. I, p. 135.
4. Sennctere à Amelot, 23 mars 1743. (*Aff. étr.*, Turin.) — Cf. Broglie, *Frédéric II et Louis XV*, t. II, p. 215 ; Flassan, *loc. cit.*, t. V, p. 370 et suiv.

Le grand dessein était manqué, d'Argenson condamné à une chute prochaine et l'indépendance de Italie indéfiniment ajournée.

Ainsi, pour la deuxième fois en moins d'un quart de siècle, la France, toujours chevaleresque (et sous un roi qui était Louis XV), offrait à l'Italie de lui conquérir sa liberté — et la maison de Savoie, une fois de plus, barrait la voie, se déclarait pour l'Allemand, contre la France, contre l'Italie.

Certaines fautes sont si particulièrement laides que le seul moyen de ne point se déshonorer tout à fait est de s'y enfoncer jusqu'au cou. Le Piémont, depuis le commencement de la guerre, n'avait point arrêté de mettre son concours aux enchères ; il comprit, après Asti, qu'il était désormais rivé à l'Autriche. Les Austro-Sardes ne se quittèrent plus, ni pour combattre, ni pour piller. Sans Boufflers, Gênes, « décrétée tout « entière du crime de lèse-majesté », disparaissait du nombre des Républiques et même des villes, sous la rage déchaînée des Croates, des Pandours et des Piémontais. La veille de l'héroïque insurrection contre l'Autriche, comme la douce Impératrice venait d'imposer une nouvelle contribution de guerre, le doge demanda en suppliant au gouverneur Botta : « Que « nous restera-t-il ? — Les yeux pour pleurer.[1] » Botta se trompait ; il restait la France, qui effaça la honte de 1684 et sauva la République.

Le Piémont acquis définitivement à l'alliance gibeline, c'est-à-dire la Toscane et la Lombardie acquises à l'Autriche tant que durerait l'alliance, il n'y avait plus momentanément de place en Italie pour la politique traditionnelle de la France, et il ne restera plus dans la péninsule, pour tenir tête à l'Allemagne, que la politique de la maison de France : le Pacte de famille.

Le traité d'Aix-la-Chapelle confirma don Carlos dans les

---

1. Cantu, *loc. cit.*, liv. IV, ch. CLXVII.

Deux-Siciles, l'empereur François en Toscane, l'Empire en Lombardie d'où il surveillera tout; l'infant Philippe, prenant son apanage à la fois sur le Piémont et sur l'Autriche, eut Parme avec Plaisance, et le roi de Sardaigne, au lieu du Milanais, rien qu'une feuille de plus de l'artichaut, Vigevane et le haut Novarais, — les douze deniers de l'Italie trahie et livrée, — sans qu'il échappât même au voisinage d'un second prince de la maison de Bourbon.

Mais comme le Pacte de famille n'avait d'autre raison d'être que le souvenir, tous les jours pâlissant, d'un commun ancêtre, l'Autriche se rappela sa vieille devise matrimoniale, et Marie-Thérèse, mère féconde qui avait toujours un fils ou une fille à placer, ne tarda point « à reprendre par d'habiles *conjungo* la domination de l'Italie tout entière[1] ». Quinze ans après le faux chef-d'œuvre de Choiseul, un archiduc autrichien régnait à Modène, une fille de Marie-Thérèse avait épousé l'infant de Parme, une autre fille de l'Impératrice était reine de Naples, et les Bourbons mâtinés de demain ne seront plus que des Habsbourg.

La France, à la veille de la Révolution, a disparu politiquement de l'Italie; son esprit seul y souffle sur les sommets de cette nation sans patrie. Les corps épuisés pendant des siècles se reposent enfin sous « les tyrannies éclairées » et reprennent des forces dans une paix profonde. Les âmes cependant se tournent vers la France et se réveillent, lentement mais partout, sous l'action vivifiante de son génie.

---

1. Cantu, liv. XV, c. CLXVII.

CHAPITRE XII

L'UNITÉ ITALIENNE

Un lieu commun de nos historiens républicains a été longtemps que la France monarchique s'était montrée incapable de comprendre l'Italie ; les écrivains royalistes répétaient en même temps que les gouvernements issus de la Révolution, rompant avec les traditions de l'ancien régime, avaient inventé en Italie une politique toute nouvelle et, nécessairement, aussi coupable que neuve.

Le plus rapide examen eût suffi pourtant à démontrer que la République et l'Empire, quand ils travaillaient à l'indépendance de l'Italie, loin d'innover dans la péninsule, n'avaient fait le plus souvent qu'y reprendre et qu'y continuer la politique même de la Monarchie, sous ses plus grands ministres, qu'ils y avaient commis d'ailleurs les mêmes erreurs dans la pratique, et qu'ayant eu les mêmes clartés du génie italien, ils étaient retombés à son endroit dans les mêmes bévues. Mais les phrases toutes faites, quand surtout un grain d'injustice les relève, font si aisément fortune ! Si ç'a été une faute de chasser les Autrichiens de la péninsule, les Valois y ont travaillé en effet avant le Directoire et la maison de Bourbon y a précédé les Bonaparte. Si ç'a été une faute surtout de vouloir rendre l'Italie libre aux Italiens confédérés, Commines en a rêvé avant Michelet. Qu'a voulu faire la République en 96, qu'a fait Napoléon III en 1859, dont le principe ne soit déjà dans le grand dessein de Henri IV, dans la politique de Richelieu, dans la diplomatie de Louis XV ? Où l'ancien régime a échoué, la France de la Révolution a finalement réussi : voilà, faute ou non, toute la différence. Bonne ou mauvaise, juste ou fâcheuse, c'est la même idée, la même poursuite d'un même but. La rhétorique elle-même n'a guère changé. Bonaparte à Chérasco ne parle pas autrement aux Italiens que Richelieu au Pas de Suse; et il y a parfois du d'Argenson dans Napoléon III.

Les analogies que présente l'histoire sont tantôt simplement piquantes, à la façon d'anecdotes, tantôt aussi révélatrices de la vérité que peut l'être la ressemblance de visages humains; avant et après la Révolution, dans les rapports de la France avec l'Italie, combien d'analogies de ce genre pour éclairer la continuité inconsciente d'une même politique !

Dans le mouvement précipité qui l'emporte, les mois de notre siècle sont pleins comme des années entières de l'ancien régime; pour rapides cependant et pressés qu'ils soient, les événements qui se succèdent en Italie, à chaque intervention de la France, surgissent devant l'historien des époques antérieures comme des connaissances de vieille date et des figures depuis longtemps rencontrées. On pourrait raconter dans un centon de Commines les débuts de la campagne de 96, quand Bonaparte apparut, lui aussi, aux Lombards et aux Toscans enthousiastes d'autant plus grand de cœur qu'il était plus petit de taille, accueillant avec une grâce d'autant plus flatteuse les savants et les artistes que tout en lui décelait l'homme implacable et l'homme d'action, parlant à tous du droit et de la justice à restaurer, semant dans un sillon de gloire, partout où il passait, l'espérance à pleines mains. De même, on pourrait dire dans un centon de Guichardin les déceptions qui suivirent, les maux trop certains qui, en vue de bienfaits incertains, accompagnèrent une fois de plus la conquête et l'occupation étrangères, les contributions énormes levées sur les villes même amies — et Venise surtout, bien que le vainqueur la reconnût lui-même « la ville la plus digne de la liberté de toute l'Italie [1] »,

---

1. *Corresp.*, 19 septembre 1797.

victime une fois de plus de sa richesse, misérablement sacrifiée pour « payer les frais de la guerre¹ ». Amis et ennemis de la France, patriotes ou gibelins, les Italiens n'ont pas raisonné autrement à notre approche que leurs ancêtres du xvᵉ et du xvıᵉ siècle. L'invasion n'effraie point les petits-fils des Guelfes ; ils calculent à leur tour que les Français, « incons-« tants de leur nature », s'en iraient comme ils étaient venus, mais laissant la place nette aux réformes ; « la liberté ne pou-« vant s'acquérir que par un bouleversement général, il faut « en hâter la catastrophe au lieu d'en reculer les effets² ». Et c'est l'âme de Machiavel, débordant d'une même haine contre tous les barbares, qui s'épanche en flots de fiel dans le *Misogallo* d'Alfieri.

N'est-ce là que l'histoire qui s'amuse en se recommençant? Soit ; mais elle ne se lasse pas de répéter, comme un écho, ici les mêmes promesses suivies brusquement d'injustifiables reculs, là les mêmes colères succédant, du soir au matin, aux mêmes espérances.

Laissons cependant ces analogies, pour curieuses et même significatives qu'elles soient, et suivons dans ses variations la politique italienne de la France nouvelle. Aujourd'hui comme hier, elle part du même principe, qui est l'expulsion de l'Autriche. De juin à novembre 92, avant même que la République n'ait été proclamée et, avec un redoublement d'ardeur, dès que la Convention s'est réunie, tous nos agents de la péninsule, Naillac, à Gênes, le ci-devant baron de Mackau, à Rome, Félix Hénin, à Venise, n'arrêtent point d'écrire que « c'est en Italie que nous devons vaincre les Allemands », que Turin et Milan, Parme et Plaisance, Modène et Florence, tomberont entre nos mains comme des fruits mûrs et que nous réaliserons ainsi le double avantage de « faire vivre nos armées aux

---

1. *Mémoires de Bourrienne*, t. I, ch. xvııı, 13 octobre 1797. — Cf. Lanfrey, *Hist. de Napoléon*, t. I, ch. ııı.
2. Botta, *Storia d'Italia*, t. I, p. 395 et suiv.

dépens des tyrans et de délivrer les peuples [1] ». Voilà donc établie, du premier jour, la continuité de notre tradition; « voilà, dès 92, sortant des cartons de la diplomatie clas- « sique, les desseins et les moyens de 96, ceux de l'expédi- « tion de Bonaparte et de la politique du Directoire [2] ». — Et, de même, demain comme hier, dès que les Allemands auront été chassés, le vainqueur hésitera de nouveau entre les partis divers qu'il peut tirer de sa victoire. Faut-il inviter les Italiens à assurer eux seuls leurs destinées? Ils sont encore bien enclins à se diviser, si pareils à l'homme déchaîné de la veille qui n'a point encore retrouvé l'usage de ses membres, si visiblement hors d'état de défendre eux-mêmes, sans des secours militaires incessamment renouvelés, leur jeune liberté contre leurs vieux ennemis! Ou bien faut-il placer sous le protectorat de la France ces provinces, ces principautés amies, ces républiques, anciennes ou nouvelles, qui ne sauraient, les unes plus que les autres, se passer de longtemps encore de tuteurs et de soutiens? Que de chances, alors, de voir le protectorat tourner fatalement à l'annexion et la libération aboutir une fois de plus à la conquête!

Quand la France de la Révolution se propose de libérer l'Italie, elle ne mérite donc ni les reproches, ni les éloges qu'on lui a prodigués pour avoir opéré une évolution capitale dans notre politique, puisque cette prétendue innovation n'est, en fait, que la tradition renouvelée de Henri IV et de Richelieu; quand Napoléon fait ensuite de l'Italie une province française, il se laisse donc prendre au même mirage que les Valois et y recommence la même faute qui conduira, en mal comme en bien, à des conséquences identiques. En résumé, dans les années qui vont suivre la Révolution, comme dans les siècles qui l'ont précédée, l'intervention de la France, presque

---

1. Lettres au ministère des affaires étrangères, juin, octobre et novembre 1792.
2. Sorel, *L'Europe et la Révolution française*, t. III, p. 120.

toujours provoquée par l'Italie elle-même, y laissera chaque fois, comme par le passé, des alluvions fécondes d'où sortira à la fin la nationalité ; mais la France, arrêtant constamment son œuvre à moitié, ou la dénaturant elle-même, causera de nouveau d'un bout à l'autre de la péninsule des déceptions qui, à force de fermenter, tourneront, comme précédemment, en haines violentes. Plus nous avancerons avec le siècle, plus saisissant deviendra le double phénomène. A une époque où les événements, comme les hommes, marchent avec la rapidité des forces mécaniques dont l'emploi a remplacé celui des forces animales, les choses prennent encore un relief de plus en plus marqué et, comme les puissances d'impulsion ont centuplé, les effets, heureux ou funestes, seront partout plus redoutables et plus décisifs. Depuis le grand mouvement philosophique d'où la Révolution est sortie, les mots ont repris leur signification, les principes se sont affirmés et imposés; le genre humain a retrouvé ses titres, la conscience humaine s'est élargie. Quand les Pisans supplient Charles VIII de leur donner la liberté, le roi de France peut avouer ingénûment qu'il n'entend point ce que ce mot veut dire ; à la fin du xv° siècle, il n'offre à un prince de la maison des Valois qu'un sens très vague ; le droit des peuples à se gouverner eux-mêmes ne saurait vraiment entrer dans le cerveau d'un fils de l'Église nourri du droit féodal et pénétré du droit divin des rois. Quand, au contraire, le général Bonaparte ferme l'oreille aux plaintes de Venise et vend à l'Autriche l'antique et malheureuse République, ce fils dénaturé de la Révolution ne se fait point illusion sur le crime qu'il commet, et le cuisant souvenir, — je n'ose dire : le remords — l'en poursuivra jusqu'à Sainte-Hélène. Ainsi, par une fatalité douloureuse qui fait encore partie de notre gloire, le progrès qui se réalise incessamment par notre fait dans les idées et dans les mœurs se retournera contre nous. Quand l'Autriche ou l'Espagne méconnaissent le droit des peuples à décider eux-mêmes de leurs destinées, elles sont dans la logique de leur politique séculaire; mais nous ne pouvons pas invoquer cette excuse; quelque pauvre qu'elle soit, elle nous échappe, et le poids de nos fautes contre nos principes retombe dès lors cent fois plus lourdement sur nos têtes. Que deviendraient nos titres à la reconnaissance de l'histoire, si nous avions jeté en vain à tous les sillons ces semences de liberté, si nous avions allumé inutilement ce flambeau de justice? Aux heures donc où nous méconnaissons les vérités que nous avons proclamées, ces piques et ces baïonnettes qui se dressent contre nous, c'est notre propre moisson qui se lève, et cet incendie qui s'allume, c'est notre flamme qui l'a éveillé. Ces Italiens, qui vont nous poursuivre d'un long anathème, Alfieri, Botta et leur innombrable descendance, c'est avec nos propres principes qu'ils nous frappent, drus et forts, comme les enfants de Montaigne, du lait de l'Encyclopédie qu'ils ont sucé.

Il n'y a plus de doute aujourd'hui, quoi qu'en aient dit certains écrivains superficiels ou de parti pris, sur les sentiments qui accueillirent, chez l'immense majorité des Italiens, la Révolution de 89. Sauf quelques nobles, le clergé et une partie de la populace que les prêtres pétrissaient à leur guise, l'Italie se leva tout entière, dans un grand élan, pour saluer l'ère nouvelle qui se levait en France et qui inondait de ses rayons le ciel de la péninsule. Un grave malentendu ne tardera cependant pas à surgir; en se prolongeant, il paralysera les plus puissants efforts et transformera, une fois de plus, l'amour en haine. La Révolution, malgré des déceptions amères, sera, en effet, essentiellement cosmopolite et croira de bonne foi que son règne, puisqu'il doit être partout celui de la liberté et de la justice, ne laissera rien à désirer aux peuples qu'elle affranchira de leurs maîtres, beaucoup plus haïssables, pense-t-elle, comme tyrans que comme étrangers. Or, l'Italie, ayant inventé, pour ainsi dire, le cosmopolitisme politique au XVe siècle, vient précisément d'apprendre de ses historiens que le sacrifice volontaire de sa nationalité, à l'heure même où toutes les autres nationalités s'étaient constituées en Europe, était à l'origine de tous ses maux. La liberté n'apparaissait donc plus à l'Italie que comme un moyen : la nationalité était le but. Dès lors, tant que la Révolution combattit et versa son sang pour donner la liberté à la péninsule, elle fut presque universellement acclamée. Mais quand, la liberté une fois conquise, l'Allemand une fois expulsé, la Révolution crut son œuvre achevée et s'arrêta devant ce problème de la nationalité à édifier, la même passion qui avait poussé les Italiens à acclamer l'invasion qui les affranchissait, va leur faire détester les libérateurs qui ne leur donnent pas l'usage intégral de leur liberté [1].

Si le grand désir de l'Italie était incontestablement, à la fin du XVIIIe siècle, celui de devenir une nation, désir d'autant plus vif qu'il était plus récent, puisqu'il datait tout juste des quarante dernières années, était-elle prête à entrer en scène et à prendre en mains son propre gouvernement? Il est permis d'en douter, non point que la bourgeoisie italienne, élevée à l'école de nos philosophes et toute pénétrée des principes de 89, n'eût été dès lors capable d'assumer le pouvoir et même de précipiter l'adhésion des masses rurales, quoique ignorantes et dominées par le clergé, aux idées nouvelles; mais parce qu'il n'y a point de nation sans tête — et que la tête manquait. Sous la domination successive de tant de tyrannies étrangères, toutes ces nobles villes qui, chacune, avaient été jadis de petites patries et avaient étonné le monde de leur splendeur, étaient tombées, l'une après l'autre, au rang de préfectures sans autorité morale et sans prestige. Comme elle a porté la peine de son cosmopolitisme pendant trois siècles, l'Italie va expier maintenant, pendant moins longtemps, mais durement encore, cette

---

1. Botta, *Hist. d'Italie*, t. Ier, liv. Ier; Bianchi, *Storia dell monarchia Piemontese*, t. Ier, p. 452; Sorel, *loc. cit.*, t. Ier, p. 397.

haine de toute centralisation qui avait été, depuis la chute de l'Empire romain, la plus forte et la plus constante de ses passions. L'esprit municipal de l'antiquité, dont s'étaient inspirées, pendant tout le moyen âge, toutes les villes de la péninsule, avait été, plus encore que l'esprit catholique et universel de la papauté, l'écueil où s'était brisé le principe moderne de l'unité nationale. Ce principe, les Gibelins l'avaient incarné dans la maison des Hohenstaufen et les Guelfes, pendant quelques années, dans la maison d'Anjou, mais il avait été vaincu, en Italie, au moment même où il triomphait dans tout le reste de l'Europe. Et de là, sans doute, l'éclat incomparable de la civilisation italienne à l'aube de la Renaissance, cette floraison universelle des lettres et des arts jusque dans les plus humbles bourgades où il y eût alors plus de culture intellectuelle que dans les plus grandes cités d'Allemagne, d'Angleterre ou même de France. Mais de là, aussi, de cette prodigieuse et féconde intensité de vie individuelle et municipale, ce phénomène, presque unique dans l'histoire, d'une nation qui repousse l'unité, à l'état d'une nébuleuse qui refuserait de se former. La loi de développement suivie par les différents États de l'Europe latine avait été l'agglomération successive de tous les éléments de même origine ou d'origine semblable autour d'un noyau central, la cristallisation autour d'une souveraineté concrète et, si je puis dire, d'une âme commune. Or, l'Italie s'était systématiquement soustraite à cette loi, non seulement historique, mais physique, de la centralité, loi qui, dans la politique comme dans la nature, est la condition indispensable de tout progrès. Elle avait été ainsi, à la fin du xve siècle, l'hydre aux cent têtes. Les cent têtes étaient tombées alors, l'une après l'autre, sous les coups des grandes invasions françaises, allemandes et espagnoles; la nation même avait failli en mourir. Et maintenant que la nation s'est lentement reformée, elle cherche une tête et ne la trouve pas. Si elle veut vivre, et elle le veut d'une invincible passion, il va donc falloir qu'elle réalise à son tour ce que les autres nations de l'Europe ont accompli il y a déjà tant de siècles et que, reniant son passé, elle se mette à l'œuvre pour se donner une souveraineté centrale. La nationalité, c'est l'unité, et l'unité ne peut se former qu'autour d'un centre commun.

La France, de ses yeux unitaires, avait depuis longtemps discerné l'État italien qui devait former ce noyau : c'était le Piémont. Du jour où elle avait renoncé, avec Henri IV et Richelieu, à ses ambitions transalpines, elle avait offert à la maison de Savoie de lui donner, en échange de nos frontières naturelles, la grande et riche plaine de la Lombardie, qui eût fait d'elle la première puissance de la péninsule. On a vu pour quelles raisons le Piémont avait repoussé ces offres à diverses époques et prolongé ainsi l'esclavage du reste de l'Italie. Maintenant la Révolution, à son tour, va faire par deux fois à Victor-Amédée la même proposition (mars 93, janvier 95).

La France, à ce moment, n'avait aucune velléité de s'étendre en Italie. Nice et la Savoie s'étaient données à elle, la Savoie surtout, avec une joie touchante d'être délivrée du Piémont qui l'étouffait et de rentrer enfin, après tant de siècles, dans cette grande famille dont elle n'avait point cessé de parler la langue ; fière d'avoir réalisé ainsi le programme de Richelieu, d'avoir annexé à la France ce morceau, non d'Italie, mais de la vieille Gaule, où « nos soldats, en franchissant la frontière, n'avaient pas cru changer de pays [1] », la Convention avait rêvé, sans doute, de transporter aussitôt la Révolution en Lombardie, où les patriotes l'appelaient ; mais Robespierre seul avait eu, pendant quelques jours, la pensée de conquérir Gênes, où il envoyait le jeune Bonaparte en mission secrète [2]. Dès le lendemain de Thermidor, le comité, par Merlin

---

1. Rapport de Dubois-Crancé à la Convention, 20 octobre 1792. — Cf. Michelet, *Rév.*, t. IV, p. 267 ; Aulard, *Éloquence parlementaire*, t. I, p. 92 ; Sorel, *loc. cit.*, t. III, p. 115.

2. Robespierre à Buchot, 18 juin 1794.

et Barthélemy, reprenait avec la Sardaigne les négociations commencées en 1793 par Lebrun.

« La République, écrivait Merlin, désire que le Piémont « devienne une puissance assez forte pour que la maison d'Au- « triche trouve en elle un obstacle permanent à ses vues sur « l'Italie. Qu'il s'entende avec lui, et bientôt la Lombardie « autrichienne nous aura offert pour lui l'équivalent des pays « qu'il a perdus[1]. » Mais la Sardaigne avait obstinément repoussé l'alliance française et la République alla dès lors en Italie, sans autre ambition encore que d'en chasser les Autrichiens et d'y conquérir la paix, mais aussi sans système ni dessein arrêté sur le sort qu'elle ferait aux Italiens affranchis.

Dès la première rencontre des armées républicaines avec l'Italie, ce fut l'évidence : du moment que le Piémont refusait son concours, lui qui, seul, aurait pu servir de tête à un nouveau peuple et assurer la liberté, sinon par l'unification immédiate, du moins par une confédération où « les États d'origine commune se seraient réunis autour de lui[2] », la péninsule allait se trouver de nouveau condamnée à des combinaisons artificielles, c'est-à-dire instables et passagères. Si la République ne savait encore ce qu'elle ferait de l'Italie, les Italiens, en effet, ne savaient pas davantage ce qu'ils feraient d'eux-mêmes, à supposer que le choix leur en fût entièrement laissé, ou même ce qu'ils auraient voulu qu'on fît d'eux. Ils vivaient, comme Alfieri écrivait, « dans un accès perpétuel de « fièvre et de liberté fanatique », mais ils n'avaient pas eu le temps de réfléchir au lendemain. Ils acclamaient jusqu'au ciel les victoires françaises, mais ils criaient encore plus fort quand il s'agissait de donner le vivre aux vainqueurs. Ils voulaient ardemment la liberté, mais ils avouaient être hors d'état de la défendre eux-mêmes. Ils juraient qu'ils seraient désormais une

---

1. Le Comité à Barthélemy, 2 février 1793.
2. Bianchi, *Storia della Mon. Piem.*, t. I, ch. VIII, S. 4. (Projet du comte Napione sur une confédération italienne.)

nation unie, mais ils restaient divisés; « chaque ville haïssait et méprisait la ville voisine¹ », et lorsque Melzi, à Milan, demanda que la Lombardie fût placée à la tête de la future fédération, toute la Toscane protesta. Que sera-ce quand les exactions des bandes héroïques que Bonaparte avait précipitées du sommet des Alpes et l'injurieuse spoliation des musées auront refroidi chez les plus ardents la joyeuse confiance des premiers jours, quand les furieuses prédications des prêtres auront fanatisé les campagnes contre les « jacobins » qui menaçaient la sainte Église? Le problème de la reconstitution italienne put paraître inextricable aux plus hardis. Le Directoire, où dominait alors l'esprit pratique, en arriva à considérer que le plus sage serait de rendre la Lombardie à l'Autriche et d'obtenir en échange la cession de la Belgique et la reconnaissance de la frontière du Rhin².

Quels qu'aient été, par la suite, les torts de Bonaparte envers l'Italie, pour détestable que sera son crime contre Venise, qu'il traitera avant un an comme il refuse aujourd'hui de traiter la Lombardie, le vainqueur de Lodi, qui rêvait de Rivoli et d'Arcole, n'hésita pas à réagir avec force contre cet accès de découragement. Que l'intérêt personnel, que le souci de sa gloire, qui ne pouvait avoir de plus magnifique théâtre, aient pesé dans ses résolutions, rien de plus certain. Mais s'il ne croit pas que l'Italie soit mûre pour la liberté, — « tout au plus, on pourra l'y instruire, » — il a le sentiment très net qu'à laisser le gouvernement autrichien reprendre pied dans la péninsule, la Révolution manquerait à sa légende et la France à toute sa tradition politique. Sortis à peine d'un esclavage séculaire, si les Italiens étaient encore trop mal accoutumés à la liberté pour savoir profiter de la chance d'affranchissement qui leur était offerte, ce n'était pas une raison pour

---

1. Stendhal, *Vie de Napoléon*, p. 202. — Cf. Sybel, *Hist. de l'Europe pendant la Révolution française*, t. V, p. 263 et Miot de Mélito, *Mém.* I, ch. VII.
2. Le Directoire au général Bonaparte, 11 octobre 1796.

réinstaller, à notre frontière des Alpes, l'Autriche déjà chassée de notre frontière du Rhin. Qui donc enfermait la République victorieuse dans les termes de ce dilemme? Pourquoi ne pas essayer de faire nous-mêmes l'Italie, puisqu'elle ne pouvait pas encore se faire elle-même? Bonaparte, au surplus, n'attendra pas que ses raisonnements aient convaincu le Directoire. Sa lettre est à peine partie qu'il lance le décret du 4 octobre qui met Modène et Reggio, puis Bologne et Ferrare, sous la protection de la République française et les invite, « ainsi réunis sous le même bonnet », à se constituer « librement ». La République cispadane est proclamée; la France républicaine ne rendra pas la Lombardie à l'Autriche, elle ne ramènera pas les peuples qui ont eu confiance en elle au rang d'un bétail qu'on marchande [1].

A quelques desseins secrets que Bonaparte ait obéi dans ces circonstances, il parut ce jour-là, de l'un et de l'autre côté des Alpes, comme le vrai représentant de la Révolution. Sans doute, les patriotes et les démocrates italiens, qui ne se payaient pas de chimères, ne se laissèrent point prendre, même alors, au mirage de la liberté républicaine, promise à l'ombre du drapeau français; mais ils échappaient décidément à l'Allemagne et, pour le quart d'heure, c'était l'essentiel. La France, d'autre part, s'enthousiasma à l'idée de transformer en états républicains les provinces conquises sur l'Autriche ou sur les « tyrans » locaux, de faire naître ainsi, d'un bout à l'autre de l'Italie, de jeunes républiques sous les pas victorieux de la grande République émancipatrice des peuples. Cette confédération, que la monarchie avait essayé en vain de réaliser avec les gouvernements, la République la conclurait avec les peuples. Comment douter que cette République cispadane, baptisée de tant de sang français, et toutes ses sœurs de demain, parées de beaux noms classiques, échos de cette antiquité gréco-latine où la Révolution vivait comme dans son air natal, comment douter

---

1. Sybel, *loc. cit.*, IV, p. 199; Lanfrey, *Nap.*, t. I, p. 165.

que ces Républiques romaine et toscane, ligurienne et parthénopéenne, ne combleraient pas tous les vœux d'indépendance de la péninsule ? Le génie, si puissamment, mais non moins naïvement cosmopolite de la Révolution, le crut avec une entière bonne foi. En dépit des nuages qui avaient déjà traversé et assombri si souvent le ciel de ses premiers rêves, il chantait encore avec une foi profonde les strophes de l'hymne sacré : *Les peuples sont pour nous des frères.* Fils de la même mère romaine, les Italiens n'étaient-ils pas deux fois les frères des Français ?

Illusion, charmante et périlleuse illusion ! L'Italien trouve fort bon et tout naturel que la France livre batailles sur batailles pour chasser l'Autriche et, tant que durera la guerre, les fins politiques, les véhéments patriotes, ne ménagent pas leurs encouragements et leurs bravos; contre le sentiment des campagnes obstinément fidèles à l'Eglise, ils se prêtent même, ou font semblant de se prêter à toutes les combinaisons du vainqueur. Mais, dès que la victoire est gagnée, dès que l'oppresseur allemand a été chassé, le libérateur français n'est plus qu'un étranger comme un autre : ce peuple n'a point au cœur d'autre haine tenace que celle-là. La France républicaine imagine que son protectorat armé sera considéré par les Italiens comme un bienfait, puisqu'il est indispensable pour les préserver de nouvelles invasions allemandes, pour leur garantir les conquêtes politiques et civiles de la Révolution qu'elle a proclamées d'un bout à l'autre de la péninsule, qui lui ont coûté si cher et qui tombent littéralement du ciel sur la Lombardie, la Toscane et le Napolitain. Mais, alors même qu'il serait cuit de la même farine, le pain de l'étranger est toujours amer; tous ces bienfaits, pour réels qu'ils soient, c'est, pour l'Italie, le pain de l'étranger. Ce système de trois ou quatre Républiques italiennes, annexes et satellites de la République française, ce n'est donc point l'indépendance rêvée, c'en est seulement le décor, puisque « le barbare » reste toujours là, derrière la toile, qu'il a réglé la pièce gouvernementale et administrative en tous ses détails, qu'il tient des ficelles de toutes les marionnettes. La France des Valois annexait brutalement les territoires italiens; la France des Bonaparte, des Berthier et des Championnet annexe hypocritement, par voie indirecte : différence qui ne vaut pas qu'on la compte ! Déguisée ou non sous des formes républicaines, la conquête reste toujours la conquête; oppresseur ou libérateur, l'étranger est toujours l'ennemi. La politique italienne tiendra éternellement dans le mot d'Alphonse d'Este quand, avisé d'une fausse manœuvre qui plaçait ses alliés français entre le feu des Impériaux et celui de ses propres troupes, il dit tranquillement à ses canonniers : « Tirez toujours, ce sont des étrangers [1]. »

L'on a déjà dit que ces reproches et ces griefs n'étaient justes que pour une part, que ces Républiques cispadane, toscane, parthénopéenne, filles éphémères de la République française, pour factices qu'elles furent, marquèrent cependant pour l'Italie la rupture définitive, irrévocable, avec l'antique servitude, le fossé qu'on pourra encore passer et repasser, mais qu'on ne comblera plus; on ajoutera que, s'il est aisé de blâmer ce qui fut tenté, il est moins facile de concevoir ce qu'il eût fallu faire, alors que le Piémont avait refusé son concours désormais indispensable à toute œuvre durable et que, d'un aveu unanime, de l'aveu même de Botta, les Républiques italiennes, abandonnées à elles-mêmes, eussent été incapables de vivre. Quoi qu'on objecte pourtant, le contresens demeure. « Ce qu'il faut, avait « écrit d'Argenson, c'est de concentrer les puissances italiques « en elles-mêmes, *c'est de montrer l'exemple de n'y plus pré-* « *tendre.* » Or, après avoir prétendu au sol, c'était une faute nouvelle, peut-être inévitable, mais non moins funeste, de prétendre à l'hégémonie. Les politiques qui, par amour des nouveaux principes, avaient à l'origine contribué à la création des

---

1. Paul Jove, *Vie d'Alphonse d'Este, duc de Ferrare.*

Républiques italiennes et qui en avaient accepté les honneurs, ne tardèrent pas eux-mêmes à se dégoûter — et, d'abord, en Cispadane, — d'un pouvoir qui n'était que nominatif, à la discrétion perpétuelle des moindres ambassadeurs de la République suzeraine qui leur commandaient en maîtres et des généraux qui les rançonnaient. Les Républiques italiennes s'étaient élevées comme des palais de fées, au milieu des acclamations[1]; elles s'écroulèrent, au milieu des huées, comme des châteaux de cartes.

Maintenant, de ce que la République a échoué dans sa tentative de créer en Italie, sous le protectorat de la France, une fédération de Républiques sœurs, que va conclure Napoléon au lendemain de Marengo, quand nos armes auront, une fois de plus, délivré la péninsule des Allemands et que l'expérience, renouvelée pendant un an, de l'Autriche et de ses hideuses vengeances, nous ramènera à nouveau les Italiens, plus tendres et plus démonstratifs que jamais ?

La conclusion, d'une simplicité césarienne, est que le protectorat ne suffit point : il faut l'annexion et le gouvernement direct.

Napoléon, qui ne goûta jamais beaucoup les conseils, ne les souffrait pas du tout quand il s'agissait de l'Italie : l'Italie, c'est sa chose à lui, le berceau de sa race, — son père de famille toscane, sa mère de souche génoise, — la patrie de ce cerveau qui a été coulé dans le plus magnifique des moules de la Rome antique avec le bronze le plus pur de la Renaissance florentine; nul que lui ne peut décider et prononcer. Il tient ainsi, d'une part, que les Français sont naturellement incapables de rien comprendre aux choses italiennes et bafoue notamment les « imbéciles » qui croient aux sentiments affectueux de l'Italie : « C'est un peuple, au contraire, foncièrement ennemi « des Français, par préjugé, par l'habitude des siècles, par ca-

---

1. De l'aveu même de Sybel, *loc. cit.*, t. IV, p. 199, 334, t. V, p. 187.

« ractère ¹. » Mais il admet encore moins que les Italiens puissent avoir à dire quoi que ce soit dans leurs affaires et ce n'est pas du tout à l'apogée de son orgueil qu'il écrira : « Mes peuples
« d'Italie doivent me connaître assez pour ne point devoir ou-
« blier que j'en sais plus dans mon petit doigt qu'ils n'en savent
« tous dans leurs têtes réunies ². » Donc, lui seul a compris ce qui peut faire le bonheur de la péninsule et sa domination toute-puissante n'est pas moins indispensable à l'Italie qu'à la France. Il a varié fréquemment dans ses systèmes; ici, il a été immuable dans le dessein qu'il a préparé de longue main, qu'il réalise morceau par morceau, malgré Talleyrand, malgré Joseph, et d'abord, au début, « selon la méthode italienne, c'est-
« à-dire en joignant une grande prudence et une grande au-
« dace ³ ». Il met dix ans à faire de la péninsule tout entière une Gaule cisalpine; mais il n'y a pas un mois, presque pas de jour, qu'il n'y travaille. *Volli, sempre volli e fortissimamente volli*⁴. Le traité de Lunéville est une réédition, considérablement augmentée, du traité de Campo-Formio : la Toscane enlevée à l'Autriche et nominativement attribuée à l'infant de Parme, roi vassal d'Étrurie; la République cisalpine renaissant de la Sesia à l'Adriatique; nos garnisons à Brindes, aux Présides, à Turin; le Piémont réduit à la vallée du Pô. La consulte de Lyon donne ensuite des lois « plus solides » à la Cisalpine : cette fille aînée du génie de Bonaparte recevra le nom de République italienne, — grand mot où renaît l'unité de la patrie commune ; — mais, comme le premier consul n'a « trouvé
« personne parmi les Lombards qui eût assez de droits sur
« l'opinion, qui fût assez indépendant de l'esprit de localité ou
« qui eût rendu d'assez grands services à son pays pour lui con-

---

1. *Correspondance*, 29 septembre 1797, 7 octobre 1797.
2. *Correspondance*, 14 avril 1806.
3. Gioberti, *Pensieri et Giudici*, p. 189.
4. Devise d'Alfieri.

« fier la première magistrature[1] », il la prend lui-même. Un peu plus tard[2], la République ligurienne « demande » à Bonaparte de lui choisir son premier doge et les six départements du Piémont le prient humblement de les réunir à la France[3]. Puis, naturellement et du même coup de baguette magique, quand Bonaparte, premier consul de la République française, devient Napoléon empereur, le président de la République italienne devient roi d'Italie, et voici Charlemagne ressuscité : « Je suis Charlemagne, parce que, comme Charlemagne, je « réunis la couronne de France à celle des Lombards et que « mon empire confine avec l'Orient[4]. » En coiffant à Milan la couronne de fer, il proclame, sans doute, « le principe de la séparation des deux monarchies de France et d'Italie »; mais comment repousser ce doge de Gênes qui vient, si humblement, supplier le grand Empereur d'annexer à la France « cette Ligurie, premier théâtre de ses victoires » ? Comment refuser davantage au reste de la péninsule le profit et le plaisir d'être administré — car lui seul gouverne, — par ses frères et sœurs ? Donc, toujours comme Charlemagne, il distribue les principautés vassales : Piombino et Lucques à Élise-Sémiramis, Guastalla à Pauline, Naples d'abord à Joseph, puis à Murat, dix-huit grands fiefs à autant de généraux ou administrateurs français. Enfin, le trône de Charlemagne lui-même devient trop étroit pour lui ; il ne lui suffit plus de pouvoir écrire au Pape : « Votre Sain« teté est souveraine à Rome, j'en suis l'Empereur[5] ! » Mais il révoque encore, entre deux batailles, « les donations de son « auguste prédécesseur, qui, en concédant quelques domaines « aux évêques de Rome, ne les leur avait donnés qu'à titre de « fiefs[6] », et il réunit les États romains, en sus de la Toscane

---

1. Discours à la Consulte, 26 janvier 1802.
2. 4 juin 1802.
3. Sénatus-consulte de 24 fructidor an X (11 septembre 1802).
4. *Correspondance*, lettre au cardinal Fesch, 7 janvier 1806.
5. *Correspondance*, 13 février 1806.
6. Proclamation du 17 mai 1809.

et de l'Illyrie, au monstrueux empire. Rome devient la seconde ville de France et son fils, au berceau, en est le roi.

Dirai-je que, sentant en lui, dans toutes les gouttes de son sang, la fusion des deux races, il imagina vraiment, à travers cette folie carlovingienne, comédie d'ailleurs autant que folie, qu'il avait fondé œuvre durable et que le mélange des deux peuples lui survivrait d'un seul jour? Les grands *condottieri* du xve siècle, les tyrans et aventuriers de l'an 1400, « ne comptant « d'une manière absolue que sur eux-mêmes », ne furent, presque tous, que les usurpateurs ou fondateurs « d'États viagers[1] »; il descend d'eux, en ligne droite, par filiation directe, Malatesta ou Castruccio-Castracani de génie. Il ment abondamment dans le *Mémorial*, mais il y a aussi des demi-sincérités pleines de lumière. Pesez cet aveu : « Les réunions à l'Empire des « diverses parties de la péninsule n'étaient que temporaires; « elles n'avaient pour but que de rompre les barrières qui sépa- « raient les peuples et d'accélérer leur éducation pour opérer « ensuite leur fusion. J'aurais rendu l'indépendance et l'unité « à l'Italie presque entière. » Si vous en exceptez l'intention de rendre quoi que ce soit — sinon la serre du destin à la gorge, — rien de plus exact. En effet, il a rompu les barrières qui séparaient les Piémontais des Lombards, les Toscans des Napolitains, et nul n'avait encore plus puissamment travaillé à leur fusion. Il y a travaillé évidemment, sans amour pour eux, en les courbant au même joug, en les attelant au même char de triomphe, en les accablant de la même fiscalité, en les broyant dans la même conscription, en les envoyant par milliers mêler leur sang, confondus pour la première fois, sous le même drapeau, sur tous les champs de bataille de l'Europe. Ces inscriptions : *République d'Italie*, *Royaume d'Italie*, ne sont que des étiquettes; mais l'évocation du passé, qui deviendra l'avenir,

---

1. Stendhal, *Vie de Napoléon*, p. 16. — Cf. Taine, *Le Régime moderne, Napoléon Bonaparte*, p. 21.

est magique, vraiment créatrice, et le mot, une fois rétabli dans l'histoire, entraînera la chose après lui. L'Italie souffre cruellement, mais ce n'est plus de s'éteindre sous le couvercle du cercueil allemand ou espagnol, c'est de se réveiller sous l'éperon de la France qui l'entraîne avec elle à la conquête de l'univers, à la monarchie du monde. La nationalité, latente pendant des siècles, éclate ainsi en quelques années, par la communauté des illusions et des douleurs, par l'impulsion qui l'a jetée enfin, tout entière, dans le même sens, dans le même courant du monde moderne. Unité factice que celle du royaume d'Italie? Assurément, mais unité cependant, et la proclamation, même passagère, même menteuse, de l'unité géographique et politique suffit à fonder définitivement l'unité morale. Le résultat final eût peut-être été moins sûrement atteint, tant il est vrai que tout bien est produit par un mal, si Napoléon, en 1802, avait suivi les avis de la vieille sagesse française qui s'appelait Talleyrand, ou du jeune patriotisme italien, qui s'appelait Melzi. Un royaume d'Étrurie tenant, sous un prince ami de la France, mais indépendant, toute l'Italie du centre et du nord ; une République lombarde, qui eût repris de son plein gré, sous un gouvernement allié de notre République, le rôle que le Piémont avait laissé échapper, c'étaient des moyens presque certains d'arriver à l'unité matérielle. Mais l'unité morale serait sortie moins puissante et moins forte de cette paix heureuse que du creuset sanglant où Napoléon plongea et secoua l'Italie pendant dix ans.

Une autre remarque essentielle est que l'Italie, en réalité, ne fut pas annexée à la France, mais à Napoléon. Si l'on cherche à évaluer le compte des bienfaits politiques, germes féconds d'institutions et d'idées, dont l'Italie est redevable à la Révolution qui la réveilla, et des bienfaits administratifs dont Napoléon la gratifia sous sa tyrannie, est-il besoin de dire de quel côté penchera la balance? Mais quoi! la Révolution, c'est la France ; les jacobins, c'est l'étranger. Au contraire, Napoléon ne fut jamais un étranger pour l'Italie. Tout Français d'âme que fut devenu le fils de Lætitia, il resta jusqu'au bout « de caractère parfaitement italien [1] », comme il était de race italienne. Il s'en rend compte d'ailleurs, l'avoue sans embarras, en profite et en joue. « Tous les Italiens, dit-il, m'ont toujours « regardé comme un compatriote. Quand il fut question du « mariage de ma sœur Pauline avec le prince Borghèse, il « n'y eut qu'une voix à Rome et en Toscane, dans cette « famille et tous ses alliés : C'est bien, ont-ils tous dit, c'est « entre nous, c'est une de nos familles [2]. » Quelque soin qu'il ait apporté d'ailleurs à falsifier les registres de l'état civil et à avancer d'un an la date de sa naissance, afin de persuader aux Français qu'il a attendu pour venir au monde que la Corse fût française, il ne met pas le pied en Italie sans faire sonner très haut ses origines toscanes et ne parle aux Italiens qu'en leur langue. Quand il posa lui-même sur sa tête la couronne lombarde, comme il avait pris lui-même celle d'Empereur des Français, ce fut en italien qu'il prononça d'une voix tonnante les paroles sacramentelles : *Dio me l'ha data, guai a chi la toccherà* [3]! Le mot de Pie VII, qui a paru à quelques-uns une simple boutade, a été, en réalité, au fond de tous les amours-propres italiens pour les consoler : « Après tout, c'est une « famille italienne que nous imposons aux barbares pour les « gouverner; nous serons vengés des Gaulois [4]. » Pour Gioberti lui-même, Napoléon est un compatriote, son génie est « tout à fait italien [5] ». N'est-il pas, par excellence, « l'Empereur de la tradition gibeline [6] », le César idéal, évoqué du fond du xiiie siècle

---

1. Stendhal, *loc. cit.*, p. 17. — Cf. Ségur, *Hist. et Mém.*, t. I, p. 150. — Miot de Mélito, *Mém.*, t. II, p. 30, etc.
2. *Mémorial*, 6 mai 1816.
3. Thiers, *Consulat et Empire*, t. V, liv. XXI, p. 376.
4. Taine, *Napoléon*, p. 6.
5. Gioberti, *Pensieri*, p. 189.
6. Quinet, *Révolutions*, p. 477.

par Dante, « qui chaque jour éloigne sa frontière et ne consent pas même à se laisser limiter par l'Océan ? » De là, non seulement la résignation relative des Italiens à la domination impériale, mais, dans la suite, le culte persistant du « grand homme ». La joie qu'ont éprouvée à sa chute les patriotes italiens et les *carbonari* qui se précipitent au-devant de l'Autriche [1], les fureurs de la populace lombarde et de la canaille napolitaine contre les ruines croulantes de l'Empire, ce n'est pas l'étranger, c'est le tyran, le conquérant insatiable, l'insensible massacreur qui les provoque, exactement comme, en France même, au même moment, la satisfaction des libéraux et des parlementaires, les colères meurtrières des riverains du Rhône. A Milan comme à Orgon, et pour les mêmes causes, Napoléon aurait dû revêtir l'uniforme autrichien pour échapper aux bras des assassins. Mais après Waterloo et Sainte-Hélène, après la sanctification par le malheur, les patriotes, en Italie comme en France, oublient le tyran pour ne se souvenir que du héros.

Ayant cherché à montrer avec quelque détail le rôle politique de la France dans l'histoire d'Italie sous l'ancien régime, je ne puis, dans ce XIXe siècle où chaque épisode mérite un livre, que procéder par masses et toucher aux seuls sommets. Aussi bien, plus le dénouement approche, plus le drame lui-même se simplifie. Entre la chute du colosse impérial qui entraîna dans sa ruine la cause même de sa vieille ennemie, la liberté, et la victoire d'un autre Napoléon d'où sortiront à la fois pour l'Italie l'indépendance et l'unité, il n'y a pas un demi-siècle. Seulement, pendant ces quarante et quelques années, l'obstacle qui, depuis des siècles, paralysait et brisait tous les efforts, a disparu définitivement : c'est l'esprit de jalousie et de division. Dès lors, que cette volonté de redevenir une nation triomphe un seul jour par l'épée de la France, et

---

1. Massimo d'Azeglio, *Ricordi*, t. I, ch. IV.

l'Italie sera faite, politiquement, comme elle l'est enfin moralement. Solferino n'est point une plus belle victoire que Rapallo, Marignan, Lodi ou Marengo ; Napoléon III n'a point élevé ou seulement élargi dans la péninsule la politique de Henri IV, de Richelieu, de d'Argenson et du Directoire ; mais la rosée française va tomber pour la première fois sur une terre où la moisson ne demande qu'à germer.

Le drame est en trois actes : dans le premier, réveillée par la Révolution, rajeunie par les idées qu'elle en a reçues, l'Italie, sous la domination autrichienne, refait son unité morale, mais se consume en tentatives condamnées d'avance, parce qu'elles sont isolées ; dans le second, elle abdique, sous le coup de l'expérience, l'esprit fédéral qui avait dominé jusque-là son histoire et reconnaît avec Machiavel « qu'il n'existe de bonheur « que pour les peuples soumis à un gouvernement unique [1] », mais elle échoue encore une fois dans ses efforts, parce qu'elle a la prétention de ne devoir sa liberté qu'à elle-même ; dans le troisième enfin, l'Italie appelle la France au secours, et la victoire française lui donne alors, sinon l'indépendance de tout son territoire, du moins la base solide, inébranlable, où elle pourra, en dix ans, asseoir son unité définitive.

Si vous regardez en 1815, au lendemain des traités de Vienne, la carte de l'Italie, rien ne paraît changé à l'expression géographique qu'elle était avant la Révolution. L'Italie a plutôt reculé dans l'esclavage. L'Autriche a accru son domaine lombard de la Vénétie et du droit de tenir garnison dans toutes les principautés vassales de Toscane ; la République de Gênes a disparu ; tous les revenants grands ou petits ont aboli, au premier jour de leur restauration, jusqu'aux modestes réformes des « tyrannies éclairées » ; ils ont dormi depuis quinze ans et se réveillent les mêmes. Mais comparez l'état des âmes, la première stupeur une fois passée, à celui des

---

1. *Discours sur Tite-Live*, liv. I, ch. C, p. 15.

siècles précédents, quand les hasards de la guerre faisaient périodiquement retomber l'Italie sous le joug allemand. La résignation alors était générale, la seule ambition était partout de ne pas mécontenter le vainqueur ; le patriotisme était muet, quand il n'était pas proscrit. Maintenant, la révolte est dans tous les cœurs, la haine de l'étranger va jusqu'au défi ; qui pactise avec lui, le mépris ne le lâche plus. L'art des *seicentisti* avait pris lui-même la livrée du maître ou ne cherchait qu'à l'amuser ; la poésie remonte aujourd'hui à la source de Dante et se répand en mille torrents tumultueux, les hymnes de Manzoni, les canzone de Léopardi, les drames de Silvio Pellico. Point de presse, point de tribune, les canons autrichiens braqués, d'un bout à l'autre de l'année, sur toutes les places publiques. Ce pays de la pleine lumière n'hésite pas à se faire celui des conspirations souterraines : la charbonnerie creuse une voûte sous chaque citadelle ; les pèlerins blancs, dans l'ombre des confessionnaux, donnent le mot d'ordre aux patriotes. A la place de la soumission et de l'universelle léthargie d'autrefois, c'est la conspiration permanente, la sainte fièvre chronique de la révolte, Pepe à Naples, Pallavicini à Milan, Gonfalioneri à Bologne, Santa-Rosa à Turin. Le congrès de Laybach serre en vain le carcan : l'âme italienne est délivrée, on ne l'avilira plus. Cette « histoire de l'énergie en Italie », que Stendhal rêvait d'écrire, n'aurait pas de plus beau chapitre que celui-ci. Le régime moyen de la péninsule tient à la fois de l'Inquisition et de la Terreur ; le code civil, partout abrogé, remplacé par le code autrichien aggravé, avec la pendaison à chaque page ; l'horreur graduée des prisons, depuis la geôle vénitienne jusqu'au *carcere durissimo* du Spielberg pire que la mort, la torture des fers, la bastonnade même pour les femmes ; point de tribunaux : des cours martiales ; point d'administration : la police ; la dénonciation est le premier des devoirs, sous les peines les plus sévères ; ce qui s'appelle impôt n'est que la contribution de guerre à l'état permanent ; la corvée rétablie, les associations supprimées, les voyages interdits aux hommes « influents » ; et, naturellement, sous cette tyrannie combinée des prêtres et des soldats, l'ennemi, c'est cette mère de la liberté, la Science, l'Instruction, qu'on traque comme une fauve : les universités fermées, les écoles militaires abolies, les professeurs envoyés aux galères, l'enseignement réduit à un apprentissage mécanique. Mais toutes ces barbaries ne font que surexciter les « saintes colères » ; voici le fouet cinglant de Léopardi : « O mère patrie, dont la « gloire surpassa toutes les gloires, quel amour serait né dans « ton cœur pour celui de tes fils qui t'eût retirée demi-morte « d'un si ténébreux et si profond abîme !... Quoi ! avons-nous « péri à jamais ! Notre honte n'aura-t-elle point de fin ? Oh ! « pour moi, tant que je vivrai, j'irai criant partout : « Retourne-« toi vers tes pères, race dégénérée ! Regarde ces ruines, ces « écrits, ces toiles, ces marbres, ces temples ; pense à la terre « que tu foules ?... Qu'attends-tu ? Lève-toi et pars [1] ! » Et elle se relève avec les frères Cappozoli, avec le moine Targhini ; elle repart avec Mamiani, avec Zucchi, avec Tiberio Borgia, et, si elle retombe à Bologne, à Modène, à Parme, à Ancône, c'est pour se relever aussitôt, pour repartir encore, d'un nouvel élan, sous le vent furieux des chants de Giusti, avec Mazzini et la *Société de la jeune Italie*, et pour prêter le fameux serment : « Je jure par la rougeur que je sens à la face de n'avoir ni le « nom ni les droits de citoyen, ni drapeau, ni nation, ni patrie ; « je jure par le frémissement de mon âme créée pour la liberté « et impuissante à l'exercer, de mon âme créée pour l'activité « du bien et impuissante à le faire dans le silence et l'isolement « de la servitude... [2]. »

Que l'Italie était belle sous la tyrannie autrichienne ! D'autres peuples, déjà, avaient offert l'exemple d'une lutte implacable contre la domination étrangère, jamais lassés, jamais décou-

---

1. *Canti, Sopra il monumento di Dante.*
2. Mazzini, *Scritti editi ed inediti*, t. I, p. 118.

ragés dans leur protestation, défiant les mauvais traitements, bravant les supplices, sourds aux séductions, prêts toujours, à la moindre occasion, à soulever les pavés et à décrocher les fusils. Entre toutes ces résistances, aucune, pourtant, n'avait été encore plus touchante que celle-ci. Elle était universelle, unanime, confondant dans la même haine du « Tudesque » et dans le même amour de la patrie à ressusciter toutes les provinces naguère si violemment divisées, toutes les classes hier encore séparées. Du jour au lendemain, à la place de ces Toscans, de ces Napolitains et de ces Lombards qui n'avaient cessé de mêler l'étranger à leurs querelles, il n'y eut plus que des Italiens poursuivant de la même colère l'ennemi campé sur leur sol. Contre un régime qui fait de l'amour de la patrie un crime et de la délation un mérite, les plus héroïques vertus sont devenues la monnaie courante des indifférents et des sceptiques de la veille. Les femmes étaient plus ardentes encore que les hommes : aux jours de la défaite, elles ranimaient l'espérance par l'amertume de leurs sarcasmes; aux jours de bataille, elles marchaient au premier rang des révoltés ; aux jours des supplices, elles renouvelaient les exemples des martyres chrétiennes. Dans ce pays de la joie et des fêtes, le plaisir avait été comme supprimé, ajourné à la victoire. « L'heure est passée de penser à l'amour, » dit un conspirateur au marquis d'Azeglio qui observe : « Ceci n'était qu'une « bêtise, mais une bêtise qui caractérisait toute une situation [1]. » Braver la mort est devenu un jeu. L'époque de la Révolution et de l'Empire avait appris à l'Italie ce dont elle ne s'était pas encore doutée dans sa primatie intellectuelle : « qu'elle était inférieure et déshéritée [2] ». Elle jure de forcer l'estime du monde. L'Autriche, si elle en avait eu l'intention, eût été dans l'impossibilité de bien gouverner; la domination allemande avait enfin

---

1. D'Azeglio, *Ricordi*, ch. XXXIV.
2. Renan, *Essais de morale et de critique*, p. 265.

paru à tous ce qu'elle était en effet, « le fer de lance dans la plaie ; il faut l'arracher d'abord[1] ». La magie des souvenirs classiques sans cesse invoqués ajoutait encore à la grandeur du spectacle. On eût dit un peuple sorti tout entier de Plutarque ou de Tite-Live. A l'heure où les intérêts matériels, sous l'impulsion de la science, envahissaient de plus en plus le reste du monde, l'Italie ne vivait que pour une idée. Les plus positifs ne pouvaient se défendre d'admirer ; les cœurs généreux débordaient de pitié et de tendresse. L'Europe, toute l'humanité civilisée pleura, avec Manzoni, sur Silvio Pellico. Jamais nation ne fut plus aimée.

Deux éléments, aussi essentiels que la pâte et le ferment au pain, avaient manqué jusqu'à présent aux amis de la liberté italienne. Quand les émancipateurs français d'autrefois cherchaient la nationalité, ils ne trouvaient même pas de nation; maintenant, la nation est là, née dans la douleur et frémissante. Quand les patriotes cherchaient un chef de leur race pour réunir autour de lui les membres épars de l'Italie, le Piémont se dérobait et le Saint-Siège s'enfermait dans ses nuages; maintenant, trente ans après la nouvelle restauration gibeline, l'esprit des Guelfes, qui souffle des Alpes au dernier contrefort des Abruzzes, a transformé également la maison de Savoie et la papauté : le pontife romain et le roi de Sardaigne sont également de cœur et d'âme à l'Italie, exclusivement italiens. Lorsqu'elle eut reconnu l'impuissance irrémédiable des révoltes isolées qui n'aboutissaient qu'à des supplices, à la défaite chaque fois plus cruelle, l'Italie fit courageusement litière du plus ancien de ses préjugés et, pour la première fois depuis Machiavel, chercha un chef.

Qui ? le Pape ou le roi de Sardaigne ? Il sembla d'abord que ce rôle serait réservé au pontife patriote qui avait poussé tout à coup, à la stupeur des vieilles monarchies, au milieu des Apen-

---

1. Manin, *Documents et pièces authentiques*, t. Ier, p. 5.

nins illuminés de mille feux, l'appel retentissant : *Fuori i barbari!* « Un pape libéral, gémissait le vieux Metternich, maintenant tout peut arriver ! » De toutes les formes de gouvernement, la république fédérative était en effet celle qui semblait le plus conforme au génie de la race italienne et à ses intérêts, parce qu'elle ménageait le mieux l'orgueil séculaire des provinces rivales et, tout à la fois, les appréhensions qu'un grand état centralisé causerait aux peuples voisins. Quelle fédération plus séduisante d'ailleurs que celle qui aurait à sa tête le père de tous les chrétiens, le pape lui-même ! Les républicains, les révolutionnaires les plus hardis, refoulant leur philosophie, se donnèrent tout entiers à Pie IX. Le Pape, cependant, n'était ni Jules II ni Léon XIII, et la France avait à peine lancé, avec sa verve familière, le cri fameux de : « Courage, Saint-Père ! » que Pie IX s'effrayait de son rêve et se dérobait devant lui.

L'Italie, en d'autres temps, se serait abandonnée pour deux ou trois siècles ; elle se reprit cette fois sur l'heure même et se retourna, d'un seul mouvement, vers la maison de Savoie. Si Rome est le cœur de l'Italie, le Piémont en est le bras. Ce bras, assurément, pendant une longue suite d'épreuves, a refusé de s'armer pour la cause commune. A qui cependant, sinon à l'ennemi commun, pourraient servir les récriminations historiques ? Il est armé maintenant, prêt pour le combat : qui pourrait hésiter ?

Sans doute, le passé du Piémont est bien pâle et bien humble, quand on le compare aux resplendissantes annales de Florence, de Milan et de Venise ; c'est un dur sacrifice, évidemment, que d'incliner devant ce dernier venu des États italiens la fierté des vieilles cités toscanes et lombardes ; le sacrifice surtout est d'autant plus grave que les Italiens aperçurent tout de suite qu'il ne saurait plus être question avec le Piémont, comme avec le Saint-Siège, d'une fédération où seraient sauvegardés les amours-propres historiques et locaux de chacun ; fatalement, à une échéance plus ou moins lointaine, on aboutirait à une monarchie unitaire où les républiques et les principautés d'hier ne seraient plus que des provinces. Mais d'abord, quelque dure que soit l'abdication, quelques hostilités que risquera de provoquer, au jour où il surgira, le royaume unitaire qui est la conséquence inévitable de la victoire sous les ordres du Piémont, il faut vivre, et la source de vie est là. Puisque chasser les Autrichiens sans avoir le Piémont à sa tête est démontré chose impossible, pourquoi ne pas faire sortir de cette abdication nécessaire une ambition plus haute ? Du moment que l'Italie s'est décidée à répudier le génie particulariste qui a été la source de sa gloire intellectuelle et la cause de toutes ses faiblesses politiques, la fédération ne suffit pas : il faut l'unité. Les mêmes républicains, qui avaient été les premiers à immoler leur philosophie au Pape, furent encore une fois les premiers à sacrifier leur doctrine politique au roi de Sardaigne, mais en spécifiant nettement leurs conditions : à savoir « qu'il ferait l'unité italienne, *même à son profit*[1] », que, vainqueur, il serait roi d'Italie. Ainsi, plus la situation paraît désespérée à la suite de la défection du Pape, plus haut les politiques italiens, révolutionnaires et hommes d'État, élèvent leur ambition : il ne s'agissait hier que de la liberté ; l'unité est le but de demain. L'Europe, dans sa myopie, la France comme l'Autriche, la Russie comme l'Angleterre, ne soupçonne point ce mouvement : il ne se poursuit qu'avec plus de force. Mazzini qui crie, par système, ce que les autres pensent tout bas, ne paraît qu'un rhéteur et qu'un démagogue ; ses complices officiels, qui parlent encore de fédération, n'en ont que plus beau jeu. L'Italie mettra l'écusson de Savoie sur ses trois couleurs.

Si l'Italie prend ce parti de désavouer son histoire, d'abdiquer sa haine séculaire d'une souveraineté concrète sans laquelle il n'y a pas d'unité matérielle, pourra-t-elle du moins « se faire d'elle-

---

1. Mazzini, *Lettre à de Bossi*. (*Arch. trienn.*, févr. 1848, p. 443.)

même », sans le secours de l'étranger, sans l'aide de la France ? Cette ambition plus haute de l'unité, ambition qui lui parut d'abord un sacrifice, eut, en effet, ce corollaire immédiat, qui lui parut un acte d'héroïsme et qui n'était qu'une duperie d'orgueil : n'avoir besoin de personne. Il est impossible de nier que la formule générale ne fût alors celle de l'âpre auteur du *Primato*, de Gioberti : *Temo piu i Francesi amici che i Tedeschi nemici.* Jamais — les témoignages sont unanimes — le sentiment de défiance à notre endroit n'avait été encore aussi vif, d'autant plus passionné d'ailleurs qu'après avoir été fort légitime à d'autres époques, il ne pouvait s'expliquer, dans l'affreuse détresse où se débattait l'Italie, que par un amour-propre enfiévré. Ces rivalités de province à province et de ville à ville que la notion renaissante d'une patrie commune faisait taire enfin pour la première fois, avaient comme besoin d'un exutoire. Florence ne pardonnait à Rome et Milan ne s'inclinait devant Turin qu'à la condition d'opposer à la France, *la Francia scelerata e nera,* le bloc de leurs rancunes locales accumulées. Qu'était cependant la politique française et en quoi pouvait-elle justifier ce furieux accès ?

Elle ne lui avait même pas, bonne ou mauvaise, égoïste ou prudente, fourni de prétexte. Après quatre siècles d'entreprises transalpines qui toutes avaient abouti à des échecs, parfois à des désastres, et à une consommation énorme d'hommes et d'argent, les gouvernements qui avaient succédé à l'Empire s'étaient faits de la non-intervention en Italie un principe ou, tout au moins, une règle de conduite. La Restauration avait tout juste accepté de siéger aux divers congrès réunis par l'Autriche avait réunis pour condamner l'esprit révolutionnaire, c'est-à-dire la révolte de la nationalité en Italie; mais ses représentants y avaient gardé presque toujours le silence, à la fois trop tenus par le dogme de la légitimité, que le concile de Vienne avait proclamé, pour pouvoir désavouer les tyrans restaurés de la péninsule, — trop éclairés cependant, trop libéraux d'esprit pour s'engager à fond avec la politique forcenée de répression qui était celle de l'Autriche, du Saint-Siège et des Bourbons italiens. La monarchie de juillet fit preuve ensuite d'une égale réserve, sauf dans l'affaire d'Ancône, où elle mécontenta également tout le monde, sans grand résultat : le Saint-Siège, qui ne demandait point à être protégé et qui n'acceptait pas que « les nouveaux Sarrasins » lui dictassent des réformes; l'Autriche qui avait consenti, devant la menace d'une conflagration générale, à évacuer les États pontificaux, mais qui traitait de crime contre le droit des gens une occupation destinée à limiter sa prépondérance; les insurrections enfin qui, sorties de la Révolution de 1830, se disaient et se croyaient nos clientes et qu'avait grisées l'espoir de voir la France partir en guerre contre l'Europe entière pour les soutenir. Après cette leçon, les ministères les plus dissemblables d'origine ou de tendance s'étaient littéralement liés au principe de la non-intervention, comme Ulysse au mât de son vaisseau, sourds aux voix de toutes les sirènes révolutionnaires; plus particulièrement encore dans les dernières années du règne, Guizot, par *snobisme*, heureux d'être le meilleur ami du prince chancelier de Metternich, ne s'était appliqué qu'à contenter l'Autriche, risquant à peine, de temps à autre, quelques conseils de modération à Naples ou quelques encouragements discrets au Vatican. La deuxième République enfin, avec Lamartine d'abord, puis avec le général Cavaignac, ne s'était guère montrée moins décidée à ne pas concéder au parti de la guerre, sous prétexte que toutes les Révolutions sont sœurs, que la France eut l'obligation morale de combattre pour l'Italie. La résolution de ne pas intervenir était si ferme qu'elle éclatait jusque sous les formules les plus sonores de la poésie lamartinienne : « Les traités de 1815 sont déchirés *en droit* », — c'est-à-dire qu'ils subsistent en fait : « Si l'Italie se lève, qu'elle soit libre pour toujours ! » — c'est-à-dire que le sort de l'Italie ne doit dépendre que d'elle.

Puisque les gouvernements, depuis plus de trente ans, se

sont ainsi dérobés devant toute politique d'intervention en Italie, à qui donc s'adresse en 1848 cette furieuse défiance, cette crainte indignée d'être secourus ? Il faut bien le dire : c'est à la France même, à cette démocratie surtout, généreuse ou naïve, qui ne sépare point de sa propre cause celle de tous les peuples opprimés. Plus les gouvernements font montre de réserve, — égoïsme ou sagesse, — plus l'opinion s'est échauffée. Tous les libéraux de la Restauration, encore vibrants des épopées révolutionnaires, l'opposition démocratique presque tout entière, sous la monarchie de Juillet, par réaction contre la politique de la paix à tout prix, et les princes d'Orléans, par bonapartisme latent, jusque sur les marches du trône, la jeunesse républicaine enfin, après Février, par générosité naturelle de cœur et par un irrésistible besoin de se dépenser, n'ont juré et ne jurent que par l'Italie. Depuis que les blessures des guerres impériales sont cicatrisées et qu'un sang nouveau coule dans les veines, pas de jour où cette France romantique n'eût voulu partir en guerre pour quelque peuple à libérer. Dans son discours du 18 mars 1831, quand Casimir Perier prononça la grande parole : « Le sang des Français n'appartient qu'à la France ! » — ce n'avait été, parmi les démocrates, républicains ou bonapartistes, et parmi les jeunes gens, qu'un seul cri de colère : « Parole impie ! blasphème de l'ignorance et de l'inca-
« pacité ! s'écriait Louis Blanc, le génie de la France ayant
« toujours été dans le cosmopolitisme et le dévouement lui
« ayant été imposé par Dieu comme un élément de sa puis-
« sance, comme une condition de sa vie[1] ! » Mais cette ardente déraison ne va point du tout, comme elle s'en flatte, au cœur de l'Italie. A part quelques réfugiés qui, fort naturellement, trouvent bons tous les moyens de rentrer d'exil, cet amour de la France démocratique et littéraire, cette tendresse exaltée, ces serments de défier le monde entier pour affranchir la pénin-

---

1. *Histoire de Dix ans*, t. II, ch. IX, p. 311.

sule, inquiètent les politiques piémontais et agacent la fierté florentine ou romaine. C'est déjà bien assez que ces principes mêmes, au nom desquels l'Italie se soulève, souffre et lutte, soient ou passent pour être des principes essentiellement français. C'est déjà bien assez que la source de cette renaissance politique de l'Italie soit la Révolution française. Mais s'il est impossible d'effacer ce passé, impossible de faire que ce ne soit pas la France qui ait remis en honneur, dans l'Europe continentale, ces idées de progrès et de liberté, qu'au moins l'épée de cette insupportable bienfaitrice ne soit pas nécessaire à l'indépendance de l'Italie ! — Pesez tout ce qu'il y a d'amertume et de haine dans ce mot de Mazzini : « Je hais la suprématie « intellectuelle et morale que la France s'arroge dans le monde » ; — tout ce qu'il y a de colère et de fiel dans cette sentence de Gioberti : « Le premier devoir d'un Italien est de combattre notre « bassesse envers la France qui prétend être la distributrice de « la renommée et de la gloire. » — Quand Charles-Albert lancera donc la fameuse formule : *Italia fara da se*, il aura derrière lui la péninsule tout entière, réconciliée avec elle-même, redevenue nation dans ce double sentiment : la haine de l'Allemand et l'ambition d'en triompher sans la France.

Se délivrer seule, vaincre seule, ne devoir qu'à soi toute sa liberté, l'histoire, sanglante et désolée, de l'Italie pendant les années 1848 et 1849, est tout entière dans cet orgueil. Le gouvernement de la République avait beau, dans sa prudence, rester opposé à toute intervention armée sur les Alpes ; sous la pression d'une opinion surexcitée, avide de dépenser, au service de la cause italienne, le trop-plein d'ardeur et d'enthousiasme qui lui restait de la trop facile victoire de février, il avait fini cependant par faire à Turin des semblants d'avances. D'une seule voix, l'Italie repoussa la France, lui défendit, avec des menaces, de venir à son aide. « Le caractère essentiel du « mouvement qui agite l'Italie, écrit Bixio, ce qui le distingue « profondément de tous les précédents, c'est qu'il veut par-

« dessus tout rester italien. Si l'armée de la République pas-
« sait les Alpes sans être appelée, l'autorité française et les idées
« françaises seraient pour longtemps perdues en Italie.[1] »
A l'offre, d'ailleurs timide et visiblement imposée par les
déclamations de la presse et des clubs, d'envoyer un corps
d'armée en Lombardie, Charles-Albert répond « que les forts de
« la Maurienne sont armés et n'hésiteront pas à se défendre ».
Le refus est si brutal que Lamartine, interpellé à l'Assemblée,
ne peut le dissimuler qu'en prenant pour lui la formule du *fara
da se*. « Vous savez ce que nous avons dit : pour leur gloire,
« pour leur honneur, pour la solidité même de leurs institutions,
« il faut que les peuples les achètent de leur propre sang[2]. »
Venise même ne demande à la France que de la reconnaître
gouvernement de fait : « C'est le seul mode d'intervention, » avoue
Manin, seul perspicace, « qu'il lui fût permis de réclamer en
« face des illusions de l'Italie[3] ». L'illusion est générale : à Milan
comme à Venise et à Turin, « l'on n'acceptera le secours mili-
« taire de la France que le jour où il sera prouvé par une grande
« défaite que l'Italie seule est impuissante à chasser les Autri-
« chiens[4] ».

La preuve ne fut que trop vite fournie. Par deux fois, mars-
avril 1848, février-avril 1849, l'Italie se rua tout entière, mais
seule, contre l'Autriche, et, par deux fois, à Custozza, puis à
Novare, tout ce patriotisme se brisa comme verre contre le
mur d'airain de Radetzki. Seulement, quand l'Italie alors,
abattue et plus qu'à demi morte, suppliera la France de lui
venir en aide, il sera trop tard, — trop tard, parce que la
défaite était vraiment trop complète, trop écrasante, pour
qu'aux yeux mêmes des amis les plus sincères de l'Italie, la
sagesse ne fût pas de se résigner, d'attendre des temps meil-

---

1. Dépêche du 15 avril 1848. (*Aff. étr.*, Turin.)
2. Séance du 24 mai 1848.
3. Daniel Manin, *Documents et pièces authentiques*, t. Ier, p. 197.
4. Bixio, dép. du 15 avril. (*Aff. étr.*, Turin).

leurs, de guetter une heure où la moitié de l'Europe ne prendrait pas immédiatement fait et cause pour l'Autriche, — trop tard encore parce que la fièvre d'enthousiasme était tombée à Paris, que les journées de Juin avaient blessé la République au cœur et que la réaction cléricale, indifférente à Venise, à Milan et à Florence, préparait déjà l'expédition pour rétablir à Rome le pouvoir temporel expulsé par le triumvirat. Rien de plus touchant que les adresses qu'envoient, au moment de succomber, les membres des gouvernements provisoires de Lombardie et de Venise au général Cavaignac ; mais ces patriotes désolés qui mêlent, dans leur désespoir, les récriminations aux prières, ce sont les mêmes, Manin excepté, qui repoussaient hier, avec dédain et colère, quand il en était temps encore, « cette main libératrice de la France ». Rien de plus honorable encore, sous une forme déclamatoire, que les protestations de Ledru-Rollin et de Jules Favre dans l'Assemblée nationale en faveur de l'Italie et surtout de cette héroïque République sans lendemain, sortie toute vivante de l'antiquité classique, qui fut la République romaine. Mais ces discours ne tombaient plus que sur des cœurs refroidis et avaient surtout contre eux l'évidence des faits. Grande générosité ; naïveté qui ne l'était pas moins. Le lendemain de Novare, par exemple, Ledru affirme que l'Italie est plus vivace que jamais et que la victoire va revenir à la cause de l'indépendance : « la nouvelle ne doit pas être controversée ; elle vient d'un « banquier de Bologne qui s'adresse à une maison de Paris et « qui, racontant le fait, le déplore[1] ». C'était bien cependant l'Italie tout entière qui était tombée, avec la fortune de Charles-Albert, sur ce triste champ de bataille! Or, quelle que fût sa pitié pour l'Italie, la France pouvait-elle risquer, sans folie, pour cette cause momentanément perdue, sa propre existence, défier l'Europe presque tout entière, la Prusse dont l'Autriche

---

1. Discours du 31 mai 1849.

avait la parole, l'Angleterre inquiète, la Russie qui mobilisait déjà ses lourdes masses, « et, sous prétexte de chasser les Cosa-
« ques de la péninsule, les ramener sur son propre terri-
« toire[1] »? Thiers, avec son courage habituel, parla, ce jour-là encore, le langage du souverain bon sens. Du moment qu'on avait laissé évaporer la belle ardeur révolutionnaire de 48, — mais à qui la faute ? — quand la Lombardie, la Toscane et Venise échappaient à la fois à l'Autriche, se jeter en 49, après Novare et la chute de Manin, au secours de ce qui agonisait en Italie, c'eût été attirer follement et sans profit pour la péninsule une guerre européenne sur la France. Il n'y avait dès lors qu'une chose à faire utilement pour l'Italie : négocier. On négocia. Seulement, il eût fallu s'en tenir à la médiation en faveur du Piémont. C'était l'évidence, sans doute, que la République romaine n'était point viable et qu'elle s'écroulerait, dans l'isolement où elle se débattait, comme étaient tombés déjà Venise, Florence et Milan. Mais la France n'avait point à se charger de cette besogne ; sous prétexte, pour parler le langage du temps, de rétablir à Rome « un pouvoir temporel libéral », alors que l'Autriche et l'Espagne y eussent restauré « un pouvoir temporel absolu », la France n'avait pas à prendre les devants pour tirer le canon contre la ville éternelle et « égorger une République ».

La triple démonstration est faite : il ne suffit pas, pour qu'elle retrouve sa liberté, que l'Italie abdique ses autonomies provinciales et qu'elle mette la maison de Savoie à sa tête : il faut encore qu'elle ait l'épée de la France.

Félix Orsini la demanda, avant de monter à l'échafaud, et six mois plus tard, dans un village des Vosges, Napoléon III l'offrit à Cavour.

On a vu dans le tableau des entreprises françaises, au xve et au xvie siècle, en Italie, quelle avait été alors l'erreur capitale

---

1. Thiers, discours du 12 juin 1849.

de notre politique : tout faire espérer sans avoir mesuré à l'avance l'effort nécessaire. En 1859, c'est la même contradiction qui permettra à la reconnaissance italienne de durer tout juste le temps pour l'armée française de gagner deux grandes batailles.

Qu'elle en éprouve ou non du regret, la liberté de l'Italie est née à Solferino ; son acte de naissance, qu'elle ne peut supprimer, est signé de Napoléon III. Pour habile qu'ait été la diplomatie de Cavour en posant la question italienne au Congrès de Paris, pour solide que fut devenue, sous Victor-Emmanuel, l'armée piémontaise après son apprentissage de Crimée, jamais pourtant, sans le secours de la France, l'Autriche n'eût été chassée de la Lombardie. La paix bâclée de Villafranca, d'autre part, pour avoir été peut-être inévitable et d'ailleurs, contre toute prévision, favorable à l'Italie, n'en fut pas moins une faute que nous n'avons point fini de payer. Paix inévitable, parce que l'Empereur, quelque fût son dévouement superstitieux à l'Italie, ne pouvait point cependant risquer de déchaîner, en poursuivant la guerre, la sainte alliance reconstituée contre la France : l'Autriche qui refaisait ses troupes sur l'Adige, la Prusse qui armait sur le Rhin, l'Angleterre qui ne cachait même plus ses desseins hostiles. Paix heureuse pour l'Italie, parce qu'à l'abri du principe de non-intervention qui avait été proclamé à Zurich et accepté assez naïvement par l'Europe, purent s'accomplir aussitôt, comme des jeux d'enfants ou des épopées de féerie, les révolutions qui, en quelques mois, réunirent à la haute Italie la Toscane, les duchés, les Romagnes et le royaume de Naples. Mais faute cependant, et faute lourde, parce que cette paix faisait faillite à l'imprudente et magnifique formule que Napoléon III avait lancée en passant les Alpes, d'où l'amer dépit des Italiens qui ne se souvinrent que de la partie inexécutée de la promesse, et parce que l'idée de constituer sous la présidence du Pape une confédération italienne où seraient entrés le roi de Sardaigne, les ducs de Toscane et de Modène et la Vénétie, tout en demeurant sous la couronne de l'Empereur d'Autriche, n'était plus en 1859 qu'un anachronisme et qu'une illusion.

Que cette idée, renouvelée de d'Argenson, de Richelieu et de Henri IV, fût restée séduisante, on peut l'expliquer sans peine. Bien que la prépondérance de l'Autriche dans la péninsule fût loin d'offrir, au XIX° siècle, les dangers dont le domination de l'Empire allemand en Italie menaçait la France au XVI° siècle, — à vrai dire, elle ne gênait plus aucun de nos intérêts politiques ou, plus exactement, matériels ; elle offensait seulement, dans nos âmes pétries des générosités de la Révolution, la pitié pour un peuple cruellement opprimé, — la France toutefois, à moins de se replier sur elle-même, ne pouvait pas rester indifférente à une question, encore si importante, d'influences à exercer. Du moment qu'il lui était moralement interdit de se faire l'alliée de l'Autriche pour l'asservissement des Italiens, elle devait être dès lors amenée un jour ou l'autre, — et elle l'eût été sous tout autre régime que celui de l'Empire, — à prendre parti contre l'Autriche, à la fois dans la pensée de libérer un peuple malheureux et dans l'ambition de substituer son influence à celle du gouvernement de Vienne. Qu'elle se fît rendre ou non sa frontière naturelle des Alpes, — et son intérêt stratégique, conforme aux vœux certains des populations, lui commandait de le faire, — la France, d'autre part, ne pouvait se dissimuler que la constitution d'un royaume centralisé et militaire à sa porte ne serait pas longtemps inoffensive ; qu'il faudrait tôt ou tard compter avec cette puissance nouvelle « dont la fidélité aurait tout juste la durée de sa faiblesse [1] » et que cette voisine ne tarderait pas à devenir une rivale, peut-être même une ennemie. La solution fédéraliste semblait donc concilier à la fois ces deux intérêts : la liberté de l'Italie, la sécurité de la France, et elle les eût conciliés, en effet, à condition de n'avoir

---

1. Thiers, *Discours du* 13 *avril* 1865.

pas toutes les vertus à la façon de la jument de Roland. Le particularisme séculaire des différentes provinces de l'Italie n'était pas, sans doute, condamné encore depuis assez longtemps pour qu'une fédération de Républiques eût été tout à fait impossible. Mais cette République fédérale, une République seule eût pu la créer en chassant les rois, celui du Piémont, qui était le plus populaire des Italiens, comme celui de Naples, au nom d'un principe supérieur de philosophie politique — et cette œuvre, où avait d'ailleurs échoué lamentablement la première République, un gouvernement absolu comme le second Empire n'y pouvait même pas songer. Pris entre ses rêves nuageux de libérateur et des clairvoyances intermittentes de politique, quand donc Napoléon III imagina cet habit d'Arlequin, une confédération de rois « sous la présidence *honoraire* du Saint-Père [1] », il méconnaissait à la fois et la faiblesse des gouvernements amis ou dépendants de l'Autriche qu'il appelait avec elle dans la Ligue, et la force du mouvement qui portait la péninsule à l'unité, seule garantie efficace de l'indépendance. Précisément parce qu'elle était nouvelle dans l'histoire de l'Italie et à l'opposé de ses théories les plus anciennes, l'idée était d'autant plus redoutable ; plus elle était jeune, plus elle était forte. Les autonomies et les souverainetés locales, d'autre part, que les préliminaires de Villafranca restauraient et étayaient pour les faire entrer dans la Confédération, n'existaient plus que de nom ; la vague puissante et sûre de la Révolution n'avait eu qu'à avancer ; elles étaient tombées d'elle-mêmes, s'étaient évanouies, à Modène et à Florence, devant des démonstrations sans armes, à Naples devant la triomphale promenade des Mille de Garibaldi. Comment rendre un semblant de vie à ces fantômes ? Comment surtout opposer à ce torrent unitaire, dont la France elle-même avait rompu les digues, la force même qui avait donné la liberté à l'Italie ? Il n'y eut pas jusqu'à la

---

1. Préliminaires de Villafranca, § 1er.

cession de Nice et de la Savoie qui ne contribuât à précipiter le mouvement, parce que le Piémont, si longtemps indécis entre la France et l'Italie, devenait, en perdant ses provinces cisalpines, exclusivement italien. « Sans Nice et sans la Savoie, » s'écriait Carutti, « il n'y a plus de Piémont, *finis Piedimonti*. Je « lui accorde un juste tribut de regrets, je me relève et je salue « l'Italie à sa naissance. » En effet, le Piémont était fini et, avec le Piémont, la Lombardie et les Romagnes, la Toscane et les Deux-Siciles, chacun reprenant le mot de Léopardi : « Ne me « parlez pas de Recanati (sa ville natale) ; je suis citoyen de « l'Italie, et je ne connais qu'elle. »

Ainsi, qu'elle ait été ou non une faute, l'intervention française, par cela seul qu'elle était victorieuse, aboutissait nécessairement pour nous à ce dilemme[1] : « Ou l'iniquité de prétendre créer une nation qui fût éternellement dépendante, « ou la duperie de mettre au monde un État nouveau qui « serait un jour un ennemi. » Quand il eut donc constaté l'impuissance où il était de réaliser l'iniquité, Napoléon III ne voulut pas assumer la responsabilité directe de la duperie. En fataliste qu'il était, il se résigna à laisser faire, sauf pour Rome. La France, s'arrêtant dans sa victoire, en avait perdu le plus clair bénéfice ; tout l'avantage fut pour l'Italie. La guerre continuant, devenant générale, eût pu hâter de dix ans, dans la désorganisation déjà manifeste de notre armée, la catastrophe où l'Empire s'effondra et qui eût été alors partagée par l'Italie. La paix assurait, au contraire, sous l'étiquette de la non-intervention des puissances, une impunité charmante à la Révolution. D'un bond, elle emporta tout ce qu'elle voulut prendre, sûre, dans son audacieuse sagesse, que le reste viendrait par surcroît, — que le marché de Campo-Formio serait effacé à son heure et que Rome elle-même tomberait à son tour entre ses mains.

1. Thiers, 13 avril 1865. — Cf. Proudhon, *la Fédération et l'Unité en Italie ;* de Mazade, *l'Italie et les Italiens ;* Laveleye, *Lettres sur l'Italie.*

J'ai dit les faits. Pour un peuple qui n'a qu'à gagner, selon les principes des diplomaties orthodoxes, à être entouré de voisins faibles et divisés, est-ce un titre de gloire, est-ce au contraire folie d'avoir versé son sang pour affranchir des opprimés qui auront le droit, sinon le devoir, d'user librement ensuite de leur indépendance au gré de leurs intérêts? C'est le lieu, en tout cas, de rappeler le mot de Joseph de Maistre : « Si c'est un mal, il aurait fallu y penser plus tôt. » Je crois, en effet, avoir montré que cette pensée française de libérer l'Italie ne date point d'hier et remonte au plus loin de l'ancien régime, alors comme de nos jours, intermittente, et compromettant ainsi elle-même ses résultats, mais alors aussi, comme de nos jours, généreuse et, par conséquent, digne de nous. L'historien, au surplus, n'a point à conclure, c'est affaire au politique; il écrit pour raconter, non pour prouver; je crois avoir raconté sincèrement.

TABLE DES MATIÈRES

Avant-propos 1
Chapitre premier. L'Italie carlovingienne. 5
Chapitre II. L'Italie angevine 13
Chapitre III. La papauté en Avignon. 23
Chapitre IV. Charles VIII en Italie. 34
Chapitre V. Les entreprises françaises 59
Chapitre VI. Henri IV et la liberté d'Italie 87
Chapitre VII. Richelieu et l'Italie. 111
Chapitre VIII. La Révolte de Naples 128
Chapitre IX. Louis XIV et l'Italie 147
Chapitre X. La Convention de Turin. 172
Chapitre XI. Le Grand dessein de d'Argenson. 189
Chapitre XII. L'Unité italienne. 205

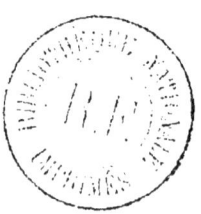

ÉVREUX, IMPRIMERIE DE CHARLES HÉRISSEY

ANCIENNE LIBRAIRIE GERMER BAILLIÈRE ET Cie
FÉLIX ALCAN, ÉDITEUR

RECUEIL DES INSTRUCTIONS

DONNÉES

AUX AMBASSADEURS ET MINISTRES DE FRANCE

DEPUIS LES TRAITÉS DE WESTPHALIE JUSQU'A LA RÉVOLUTION FRANÇAISE

Publié sous les auspices de la Commission des Archives diplomatiques au ministère des Affaires étrangères

---

I. — AUTRICHE, avec une introduction et des notes, par Albert Sorel, 1 vol. grand in-8°, sur papier de Hollande. 20 fr.

II. — SUÈDE, avec une introduction et des notes, par A. Geffroy, 1 vol. grand in-8°, sur papier de Hollande. 20 fr.

III. — PORTUGAL, avec une introduction et des notes, par le Vte de Caix de Saint-Aymour, 1 vol. grand in-8°, sur papier de Hollande. 20 fr.

IV et V. — POLOGNE, avec une introduction et des notes, par Louis Farges, 2 vol. grand in-8°, sur papier de Hollande. 30 fr.

VI. — ROME (1re partie, jusqu'en 1687), avec une introduction et des notes, par M. Hanotaux, 1 vol. grand in-8°, sur papier de Hollande. 20 fr.

VII. — BAVIÈRE, PALATINAT, DEUX-PONTS, avec une introduction et des notes, par André Lebon, 1 vol. grand in-8°, sur papier de Hollande. 25 fr.

VIII et IX. — RUSSIE, avec une introduction et des notes, par Alfred Rambaud, 2 vol. grand in-8°, sur papier de Hollande. Le 1er vol. 20 fr., le 2e vol. 25 fr.

X. — NAPLES ET PARME, avec une introduction et des notes, par Joseph Reinach, 1 vol. grand in-8°, sur papier de Hollande. 20 fr.

LA PUBLICATION SERA CONTINUÉE PAR LES VOLUMES SUIVANTS :

Espagne, par M. Morel Fatio.
Prusse, par M. E. Lavisse.
Angleterre, par M. Jusserand.
Turquie, par M. Girard de Rialle.

Diète Germanique, par M. Chuquet.
Danemark, par M. A. Geffroy.
Venise, par M. Jean Kauler.
Savoie et Mantoue.

INVENTAIRE ANALYTIQUE

DES ARCHIVES DU DÉPARTEMENT DES AFFAIRES ÉTRANGÈRES

Publié sous les auspices de la Commission des Archives diplomatiques

SIX VOLUMES PARUS

ANGLETERRE

Correspondance politique (1538-1547). *Ambassades de MM. de Castillon et de Marillac*, p. Jean Kaulek, avec la collaboration de MM. Louis Farges et Germain Lefèvre-Pontalis. 1 vol. grand in-8°. **15 fr.**

Correspondance politique (1546-1549). *Ambassade de M. Odet de Selve*, par M. Germain Lefèvre-Pontalis, 1 vol. grand in-8°. **15 fr.**

SUISSE

Papiers de Barthélemy, ambassadeur de France en Suisse, par M. Jean Kaulek, chef de bureau au Ministère des affaires étrangères.

    Tome I (1792). 1 vol. grand in-8°. **15 fr.**
    Tome II (janvier-août 1793). 1 vol. grand in-8°. **15 fr.**
    Tome III (septembre 1793-mars 1794). 1 vol. grand in-8°. **18 fr.**
    Tome IV (avril 1794-février 1795), 1 vol. grand in-8°. **20 fr.**

E. PLANTET. — *Correspondance des deys d'Alger avec la cour de France* (1579-1833), recueillie dans les dépôts d'archives des Affaires étrangères, de la Marine, des Colonies et de la Chambre de commerce de Marseille, et publiée avec une introduction, des éclaircissements et des notes, par E. Plantet, attaché au Ministère des affaires étrangères, 2 vol. in-8° raisin, sur papier de Hollande. **30 fr.**

— *Correspondance des beys de Tunis et des consuls de France avec la cour* (1577-1830), publiée sous les auspices du Ministère des affaires étrangères. Tome Ier (1577-1700). 1 fort vol. in-8° raisin. **15 fr.**

HISTOIRE DIPLOMATIQUE DE L'EUROPE

De 1815 à 1878

PAR

A. DEBIDOUR

Inspecteur général de l'Instruction publique
Ancien Doyen de la Faculté des lettres de Nancy

2 vol. in-8° de la *Bibliothèque d'histoire contemporaine*. **18 fr.**

www.ingramcontent.com/pod-product-compliance
Lightning Source LLC
Chambersburg PA
CBHW050348170426
43200CB00009BA/1773